COMÉRCIO INTERNACIONAL
E POLÍTICA EXTERNA BRASILEIRA

S113c   Saba, Sérgio
        Comércio internacional e política externa brasileira /
Sérgio Saba. — Porto Alegre: Livraria do Advogado, 2002.
        240p.; 16x23cm.

        ISBN 85-7348-208-7

        1. Comércio exterior. 2. Relações internacionais. 3. Polí-
tica externa. 4. Direito Internacional: Economia. 5. Tratado
comercial. I. Título.

                        CDU 347.7:341

        Índices para o catálogo sistemático:

        Comércio exterior
        Relações internacionais
        Política externa
        Direito Internacional: Economia
        Tratado comercial

        (Bibliotecária resposável: Marta Roberto, CRB-10/652)

Sérgio Saba

COMÉRCIO INTERNACIONAL
e
POLÍTICA EXTERNA BRASILEIRA

livraria
DO ADVOGADO
editora

Porto Alegre 2002

© Sérgio Saba, 2001

Capa, projeto gráfico e diagramação de
Livraria do Advogado Editora

Revisão de
Rosane Marques Borba

Direitos desta edição reservados por
Livraria do Advogado Ltda.
Rua Riachuelo, 1338
90010-273 Porto Alegre RS
Fone/fax: 0800-51-7522
livraria@doadvogado.com.br
www.doadvogado.com.br

Impresso no Brasil / Printed in Brazil

Para meus pais,
Argemiro Rangel do Carmo
e Tânia Saba

Agradecimentos

Aos meus pais, *Argemiro Rangel do Carmo* e *Tânia Saba*, pessoas exemplares e admiráveis, pelo sempre incondicional apoio, em todos os sentidos e em todos os momentos, para a concretização dos meus projetos e ideais;

Ao Prof. *Celso Lafer*, que me orientou na realização deste trabalho, matriz intelectual de minha formação acadêmica, e com quem aprendi a amar o direito internacional, sob a luz da interdisciplinaridade;

À Profa. *Cláudia Perrone-Moisés*, amiga de todas as horas, sempre presente nos momentos mais difíceis, com quem venho debatendo os grandes temas de direito internacional; agradeço especialmente a leitura das primeiras versões deste livro, com um rigor técnico ímpar, dando valiosas contribuições para o seu aprimoramento;

À Profa. *Maristela Basso*, amiga e pessoa formidável, fiel incentivadora de minha carreira acadêmica, que despertou minha vocação para a atividade docente, e que primeiro abriu-me as portas para a pesquisa e a reflexão, ainda na graduação, sobre o tema que analiso neste livro;

Ao Prof. *José Roberto Franco da Fonseca*, meu primeiro mestre de direito internacional público na graduação da Faculdade de Direito da USP; agradeço de modo especial o incentivo ao estudo de matérias afins ao direito internacional, e fundamentais para sua reflexão, como história, economia, política internacional e diplomacia;

Ao meu irmão *Carlos*, e a todos os meus amigos - especialmente a *Caula*, *Clarisse*, *Gabriela*, *Marcio*, *Naná*, *Samantha* e *Tatiana* -, presentes em todos os momentos e incentivadores entusiastas de meu trabalho, porque a amizade sincera é o substrato que anima o desenvolvimento de qualquer trabalho, sobretudo o acadêmico;

Aos *meus alunos*, que constituem a maior recompensa da atividade docente;

À *Fundação Ryoichi Sasakawa*, pela bolsa de estudos concedida, a qual possibilitou minha dedicação exclusiva à pesquisa e à contemplação, no processo de redação deste trabalho.

Devemos sempre entoar a melodia da nossa especificidade, sem esquecer, no entanto, que ela deve estar em harmonia com o mundo, pois é circunscrito o espaço para as dissonâncias atonais.

CELSO LAFER

(*A OMC e a Regulamentação do Comércio Internacional*, 1998, p. 61)

Prefácio

Os temas de comércio e relações internacionais, e sua regulamentação jurídica, sempre estiveram no centro de minhas reflexões acadêmicas. O exercício da função pública - como ministro das Relações Exteriores (1992), embaixador-chefe da missão brasileira junto aos organismos sediados em Genebra (1995-8), e novamente à frente do Itamaraty a partir de 2001 - tem enriquecido e aprofundado o conteúdo de minhas reflexões numa implicação-polaridade importante, de um lado, para a delimitação da latitude do diálogo teórico sobre os grandes temas da agenda internacional e, de outro, para a ampliação do debate político, que permeia a construção, através do agir conjunto - como diria Hannah Arendt -, das regras que circunscrevem e/ou promovem o desenvolvimento das relações internacionais. Na condição de professor, minhas experiências no Governo, por esta razão, constituíram sempre substrato para a reflexão teórica, e jamais implicaram distanciamento do ambiente acadêmico. Assim, evocando a melhor tradição da Faculdade de Direito do Largo São Francisco, é que gostaria de registrar minha grande satisfação pessoal e intelectual de apresentar este livro de Sérgio Saba.

O Autor foi meu orientando no curso de pós-graduação da Faculdade de Direito da USP, e este livro constitui a dissertação com que Sérgio concluiu esplendidamente, ao final de 2000, seu mestrado em direito internacional. Este trabalho, que agora o leitor tem em mãos, apresenta grandes virtudes que, inicialmente, gostaria de ressaltar. Em primeiro lugar, constitui uma original e bastante completa reflexão sobre o comércio internacional, enquanto campo de ação e do conhecimento, e sobre o papel do Brasil no universo das relações internacionais econômicas. A abrangência e a complexidade do argumento, a que me dediquei em diversos escritos, reclamam uma análise interdisciplinar que o Autor desenvolve de forma bastante original, e com uma notável competência, utilizando-se, além do direito, de outros campos do conhecimento como a filosofia política - com fulcro no pensamento de Bobbio e na lição dos clássicos -, a política internacional - a partir das leituras de Hedley Bull e Martin

Wight, por exemplo - e a história diplomática brasileira, que fundamenta as suas reflexões sobre o processo de inserção do Brasil no cenário das relações internacionais.

No Capítulo 1, são apresentadas algumas notas sobre o sistema internacional contemporâneo e o papel do Brasil, enquanto articulador de consensos, no universo das relações internacionais econômicas. Retomando a lição dos clássicos, discute as teorias sobre o desenvolvimento das relações internacionais - realismo maquiavélico-hobbesiano, racionalismo grociano e idealismo kantiano -, e os campos de análise da gênese internacional - estratégico-militar, econômico e axiológico -, conceitos que permeiam as reflexões de Sérgio sobre o comércio internacional e política externa brasileira. Aponta as características da bipolaridade, e a alteração de paradigma de funcionamento das relações internacionais advinda com o término da guerra fria, que inaugura um período de polaridades indefinidas caracterizado pelas lógicas da globalização - forças centrípetas - e fragmentação - forças centrífugas. A diluição dos conflitos de concepção sobre como organizar a vida em sociedade operou uma consolidação e ampliação da visão liberal no quadro normativo do GATT/OMC sobre o funcionamento das relações internacionais econômicas, e enfatizou o papel de países de escala continental como o Brasil na construção do arcabouço jurídico multilateral - daí a sua importância, através de uma diplomacia *rule-oriented*, na articulação de consensos para conformação da ordem internacional, entendida como um conjunto de regras e instituições que constituem a matriz de funcionamento do jogo internacional.

O Capítulo 2 é dedicado aos temas de política externa, de direito internacional e à regulação das relações internacionais econômicas. A partir da leitura dos textos de Bobbio, Sérgio desenvolve, com bastante talento, uma reflexão sobre as relações entre a política externa e o direito internacional, utilizando-se de conceitos elaborados por Bobbio na construção de uma teoria sobre a caracterização do poder político - enquanto monopólio legítimo da força -, e suas relações com o direito - que lhe circunscreve o exercício. Desenvolvendo os argumentos de Bobbio, apresenta as relações entre a política externa - enquanto exteriorização do poder político exercido no plano internacional para a tradução criativa das necessidades internas em possibilidades externas - e o direito internacional - cuja função é, num primeiro momento, a delimitação deste exercício com a finalidade de manter a paz e evitar a guerra. Estas normas de coexistência pacífica, cuja matriz é uma multiplicidade de soberanias, estão associadas ao paradigma realista de funcionamento das relações internacionais que considera a política internacional como a política do poder. Como diria Raymond Aron, embora as máquinas e a técnica não façam a História, elas modificam as condições a partir das quais os homens as fazem e, neste sentido, o fenômeno da interdependência, iniciado no século XIX e enfatizado no pós-guerra, ao diluir as rígidas fronteiras entre o *interno* e o *externo*, ampliou o papel da cooperação na promoção dos interesses comuns. A cooperação internacional tem por substrato normas de mútua colaboração - na expressão de Friedmann -, cujo paradigma é o racionalismo grociano que assinala o potencial de solidariedade e sociabilidade presente na vida internacional e capaz de conformar uma governança em prol do bem-estar universal. É neste contexto que se insere a regulação das relações internacionais econômicas, e o arcabouço jurídico multilateral construído no pós-1945 sob a inspiração liberal e o patrocínio norte-americano.

Os Capítulos 3 e 4 constituem uma ampliação da análise sobre a regulação das relações internacionais econômicas, que conclui o Capítulo 2, nos planos multilateral e regional. No Capítulo 3, o Autor discorre de forma bastante abrangente sobre o multilateralismo econômico, suas origens no pós-guerra, os princípios e exceções presentes no Acordo Geral sobre Tarifas e Comércio (GATT), de 1947, as rodadas de negociação do GATT e a posição dos países em desenvolvimento, até a criação da Organização Mundial do Comércio (OMC) ao final da Rodada Uruguai, em 1994, procedendo a uma análise sobre esta organização que, pela abrangência *ratione materiae* e *ratione personae*, pode ser considerada a primeira organização internacional verdadeiramente pós-guerra fria. O Capítulo 4 é dedicado ao sistema regional de comércio, discutindo os objetivos da integração, as teorias sobre a conformação dos grupos regionais de comércio - através da aplicação dos argumentos realista e racionalista -, os clássicos modelos de acordos regionais - livre comércio, união aduaneira, mercado comum e união econômico-política -, e o ressurgimento do regionalismo nos anos oitenta, pelas modificações operadas no plano interno e no sistema internacional. Examina com especial atenção a integração latino-americana e o Mercosul, que representa um importante ativo da diplomacia brasileira no contexto do entorno sub-regional.

O Capítulo 5 trata da articulação do regionalismo com o sistema multilateral de comércio sob os auspícios da OMC, a partir de três vertentes: no plano econômico, discute as teorias da criação e do desvio de comércio que fundamentam a análise do impacto do grupo regional nos fluxos de comércio intra e extrabloco; no plano jurídico, apresenta os *standards* previstos no sistema da OMC - especialmente o artigo XXIV e o Entendimento sobre sua interpretação concluído na Rodada Uruguai - que traduzem os requisitos para a conformação de grupos regionais com substrato nas idéias econômicas de criação e desvio de comércio; e por fim, politicamente, indica que a articulação do regional com o multilateral tem por matriz o princípio da subsidiariedade, uma vez que há matérias cuja sensibilidade política inviabiliza o trato universal e podem ser melhor equacionados num âmbito associativo menor. É por esta razão que as teorias econômicas não explicam a magnitude do fenômeno regional, que traduzem a circunstância - como diria Ortega y Gasset - dos países da região. Além da ampliação do peso político destes países na conformação, pelo agir conjunto, das regras e instituições que conformam a ordem internacional, tanto o regionalismo quanto o multilateralismo ultrapassam, para recordar as lições de Kant e Montesquieu, os dados econômicos por seu papel na persecução da paz, tema-chave da vida internacional, ao promover a integração dissolvendo preconceitos.

A política externa brasileira, entendida como tradução criativa de necessidades internas em possibilidades externas, é o objeto do Capítulo 6 do livro. Esta transcrição do singular no universal tem como item permanente na agenda os interesses do país, que devem ser identificados e especificados pela diplomacia. Neste sentido, a liberação de forças diplomáticas operada por Rio Branco, consolidando a integridade territorial através do bem-sucedido encaminhamento de nossas questões de fronteiras, possibilitou a alteração do vetor diplomático brasileiro para privilegiar, a partir de JK, o desenvolvimento do espaço nacional - na expressão de Seixas Corrêa -, que tem servido de substrato à atuação internacional do Brasil. No período de polaridades definidas, o Brasil optou por uma política externa que traduzia a idéia de autonomia pela distância, afastando-se dos contrangimentos do jogo internacional no quadro de um nacionalismo de fins. O término da guerra fria e as polaridades indefinidas do jogo internacional, a internalização do mundo nos países pela diluição das fronteiras entre o *interno* e o *externo*, e o esgotamento do modelo cepalino de desenvolvimento por substituição de importações, responderam pelo projeto de reinserção internacional do Brasil que traduzisse uma autonomia pela participação no universo das relações internacionais. A dimensão econômica desta partipação tem fulcro na OMC, por nossa condição de comerciante global, ao mesmo tempo que enfatiza a consolidação e o aprofundamento do Mercosul, que não constitui uma mera opção diplomática, mas representa a nossa própria circunstância. Nesta perspectiva, pode ser considerado um complemento natural do processo de internacionalização da economia brasileira a partir da transformação das fronteiras-separação em fronteiras-cooperação.

Gostaria de concluir, ressaltando, mais uma vez, minha grande satisfação em apresentar este trabalho que representa, a todo momento, um diálogo com as minhas reflexões sobre os temas de comércio internacional e política externa brasileira. É bastante estimulante perceber como Sérgio, a partir de meu pensamento, construiu um trabalho sistemático e interdisciplinar sobre estes dois grandes argumentos recorrentes de minha pesquisa. Esta é uma das alegrias próprias da experiência universitária que gostaria de registrar na condição de professor da Faculdade de Direito da USP. Se a ação principia mesmo pela palavra pensada, como dizia Guimarães Rosa, a reflexão acadêmica representa um substrato indispensável ao exercício da atividade política, e sobretudo diplomática, que procura identificar e especificar os interesses nacionais para transcrição criativa nas possibilidades do sistema internacional.

Brasília, setembro de 2001

Celso Lafer

Sumário

Introdução 23

Capítulo 1
Notas sobre o sistema internacional contemporâneo e o papel do Brasil
no universo das relações internacionais econômicas 27

1.1. Três teorias sobre o desenvolvimento das relações internacionais 27
1.2. Os campos de análise das relações internacionais 30
1.3. A guerra fria e as polaridades definidas 31
1.4. O pós-guerra fria e as polaridades indefinidas 34
1.5. O Brasil e o atual cenário das relações internacionais econômicas 37
1.6. A estratégia diplomática brasileira 39

Capítulo 2
Política externa, direito internacional e a regulação das relações
internacionais econômicas 43

2.1. Política e poder 43
2.2. O poder político 44
2.3. Poder político e direito 46
2.4. Política externa: a transcrição do singular no universal 47
2.4.1. Diplomacia: continuidade e mudança 48
2.4.2. Nichos de oportunidade: as possibilidades externas 50
2.4.3. Diplomacia econômica 51
2.4.4. Política externa e direito internacional 52
2.5. O direito internacional público da coexistência pacífica 52
2.5.1. A ordem diplomática do concerto europeu 53
2.5.2. Um direito internacional da paz e da guerra 54
2.5.3. Uma aplicação do argumento realista 55
2.6. O direito internacional público da cooperação 58
2.6.1. A promoção de interesses comuns 58
2.6.2. A ordem do Pós-Primeira Guerra 59
2.6.3. A ampliação do papel do Estado 60
2.6.4. Uma aplicação do argumento racionalista 61
2.7. A interdependência econômica no Pós-Segunda Guerra 63
2.8. A regulação das relações internacionais econômicas 64
2.9. O direito internacional econômico 66
2.10. A nova ordem internacional econômica do Pós-Segunda Guerra 68

Capítulo 3
A regulação multilateral do comércio internacional: do GATT à OMC .. 71
3.1. Origens da regulação multilateral do comércio internacional 72
3.2. A Carta de Havana e o GATT 74
3.3. A entrada em vigor do GATT 75
3.4. A posição inicial dos países em desenvolvimento 77
3.5. GATT - princípios gerais 78
3.5.1. A nação mais favorecida 79
3.5.2. O tratamento nacional 81
3.5.3. A proibição de restrições quantitativas 83
3.6. GATT - exceções aos princípios gerais 83
3.7. As rodadas de negociação do GATT 85
3.7.1. A posição dos países em desenvolvimento 86
3.7.2. A Rodada Kennedy (1964-7) 88
3.7.3. A Rodada Tóquio (1973-9) 89
3.7.4. A Rodada Uruguai (1986-93) 91
3.7.4.1. Os novos temas 91
3.7.4.2. A posição dos países em desenvolvimento 93
3.7.4.3. O lançamento oficial da rodada e a posição brasileira 94
3.7.4.4. As reuniões de Montreal, Genebra e Bruxelas 96
3.7.4.5. A conclusão da rodada 98
3.8. A Organização Mundial do Comércio (OMC) 99
3.8.1. A importância da nova organização 100
3.8.2. A OMC: uma organização pós-guerra fria 101
3.8.3. O papel da OMC na regulação do comércio internacional 101
3.8.4. O consenso enquanto *confidence-building measure* 102
3.8.5. A estrutura orgânica da OMC 103
3.8.6. A solução de controvérsias no âmbito da OMC 104
3.8.7. A conferência ministerial de Seattle (EUA) 105

Capítulo 4
Os acordos regionais de comércio 109
4.1. Regionalização e regionalismo 109
4.2. Objetivos da integração econômica regional 111
4.3. Teorias sobre a conformação dos agrupamentos regionais 114
4.3.1. Uma aplicação do argumento realista 114
4.3.2. Uma aplicação do argumento racionalista 115
4.4. Modelos de acordos regionais de comércio 116
4.4.1. Área de livre comércio 117
4.4.2. União aduaneira 118
4.4.3. Mercado comum e união econômico-política 119
4.5. O regionalismo europeu no Pós-Segunda Guerra 119
4.5.1. A criação do Benelux (1944) 120

4.5.2. O congresso de Haia (1948) 120
4.5.3. A Organização Européia da Cooperação Econômica (OECE, 1948) . . 121
4.5.4. A Comunidade Européia do Carvão e do Aço (CECA, 1951) 121
4.5.5. Das Comunidades Européias (1957) à União Européia (1992) 122
4.6. O regionalismo nos anos sessenta 122
4.7. O ressurgimento do regionalismo nos anos oitenta 124
4.7.1. Razões para uma nova onda regionalista 125
4.7.2. Origens e características do novo regionalismo 126
4.7.3. O novo regionalismo na perspectiva do sul 129
4.8. A integração latino-americana 130
4.8.1. A criação da CEPAL (1948) 131
4.8.2. A fase romântica do integracionismo latino-americano 131
4.8.2.1. A Área Latino-Americana de Livre Comércio (ALALC, 1960) 132
4.8.2.2. A Associação Latino-Americana de Integração (ALADI, 1980) 133
4.8.3. A fase pragmática do integracionismo latino-americano 134
4.9. O Mercosul 135
4.9.1. Antecedentes: a cooperação bilateral Brasil-Argentina 136
4.9.2. Os documentos fundacionais: Assunção (1991) e Ouro Preto (1994) . . 137
4.9.3. O Tratado de Assunção (1991) e o período transitório 138
4.9.4. O Protocolo de Ouro Preto (1994) e a estrutura definitiva do Mercosul . 139

Capítulo 5
**Multilateralismo e regionalismo: os acordos regionais de comércio no
sistema do GATT/OMC** 143
5.1. Os acordos regionais de comércio e a nação mais favorecida 143
5.2. Os efeitos do regionalismo para o sistema multilateral 144
5.3. Criação e desvio de comércio 145
5.3.1. O impacto do regionalismo no sistema global 146
5.3.2. Cinco hipóteses de análise 147
5.3.3. O caso europeu 148
5.3.4. Desvio de comércio: uma questão de comportamento 149
5.3.4.1. O desvio de comércio numa perspectiva estática: a estrutura do
bloco regional de comércio 150
5.3.4.2. O desvio de comércio numa perspectiva dinâmica: as motivações
dos Estados envolvidos 151
5.4. O princípio da subsidiariedade na articulação do regional com o
multilateral 152
5.5. Os *standards* multilaterais sobre os acordos regionais de comércio 152
5.5.1. As propostas de exceção à nação mais favorecida 153
5.5.2. O artigo XXIV do GATT, a cláusula de habilitação e o Entendimento
da Rodada Uruguai 154
5.5.3. Os acordos regionais previstos no âmbito do GATT 155
5.6. O papel dos acordos regionais de comércio no sistema do GATT 156

5.6.1. O regionalismo enquanto complemento do sistema multilateral
de comércio 157
5.6.2. O *standard* do *substantially all trade* 159
5.6.2.1. A delimitação de seu conteúdo 160
5.6.2.2. Exceções ao *substantially all trade* 161
5.6.3. Os *standards* sobre o acordo provisório 162
5.6.4. A proibição de ampliação das barreiras comerciais ao comércio
com terceiros mercados "no seu conjunto" 163
5.6.5. A cláusula de habilitação 164
5.6.6. As propostas de reforma dos *standards* multilaterais sobre o
regionalismo 166
5.7. A OMC no controle do regionalismo 167
5.7.1. A obrigação de notificar 167
5.7.2. A solicitação de derrogação temporária (*waiver*) 169
5.7.3. A criação do comitê sobre acordos regionais de comércio 170

Capítulo 6
**Reflexões sobre a política externa brasileira enquanto tradução de
necessidades internas em possibilidades externas** 173
6.1. Política externa brasileira: três momentos 173
6.1.1. Defesa e consolidação da integridade territorial 175
6.1.1.1. A política externa do império 175
6.1.1.2. A importância de Rio Branco 176
6.1.1.3. A presença brasileira nos foros multilaterais 178
6.1.2. Uma diplomacia ornamental e aristocrática 178
6.1.2.1. Eqüidistância pragmática 180
6.1.2.2. A política externa de Dutra nos limites da bipolaridade 180
6.1.2.3. A qualificação da parceria norte-americana 181
6.1.2.4. O conceito de segurança econômica coletiva 182
6.1.2.5. A Operação Pan-Americana (OPA, 1958) 183
6.1.3. O desenvolvimento do espaço nacional 184
6.2. Diplomacia para o desenvolvimento 185
6.3. A Política Externa Independente (PEI) 186
6.3.1. A recusa aos alinhamentos automáticos 187
6.3.2. A busca pela universalização das relações comerciais 188
6.3.3. San Tiago Dantas na Chancelaria 189
6.3.4. Araújo Castro: a continuidade da independência 190
6.4. O retorno aos limites estreitos da bipolaridade 191
6.5. O Pragmatismo Responsável 192
6.5.1. Interesses e situações 193
6.5.2. Causas da reorientação da política exterior 193
6.5.3. A reafirmação do universalismo 194
6.5.4. A prioridade latino-americana 195
6.5.5. O diálogo norte-sul 195

6.6. A política externa universalista de Saraiva Guerreiro 196

6.7. Sarney e a busca pelo restabelecimento da confiabilidade internacional do Brasil 197

6.8. A reinserção internacional do Brasil 199

6.8.1. Alterações no plano interno e no sistema internacional 199

6.8.2. Celso Lafer na Chancelaria 200

6.8.2.1. Adaptação criativa e visão de futuro 201

6.8.2.2. Parcerias estratégicas e nichos de oportunidade 202

6.9. A Gestão do Ministro Lampreia no Itamaraty: continuidade no projeto de reinserção internacional do Brasil 203

6.9.1. Autonomia pela participação 204

6.9.2. O Brasil na conformação da ordem internacional 204

6.10. A opção brasileira pelo multilateralismo 206

6.10.1. O Brasil enquanto *global trader* 206

6.10.2. América Latina: a nossa circunstância 208

6.10.3. Alargamento e aprofundamento da integração na sub-região do Cone Sul 209

6.10.4. A organização do espaço sul-americano 210

6.10.5. A idéia-força de regionalismo aberto 211

6.10.5.1. Uma parceria transatlântica: as relações com a União Européia . . 211

6.10.5.2. A Área de Livre Comércio das Américas (ALCA) 212

Conclusões 215

Bibliografia 221

Sites na Internet 232

Anexos

I - Artigo XXIV do GATT 233

II - Entendimento sobre o artigo XXIV do GATT 236

III - Cláusula de habilitação 239

Introdução

Este livro tem por objetivo analisar a regulação dos aspectos públicos do comércio internacional nos seus níveis regional e multilateral, e a atuação da diplomacia econômica brasileira no quadro geral das relações internacionais econômicas. A idéia de proceder a esta análise adveio das modificações operadas no plano interno e no sistema internacional no passado recente que modificaram as percepções do Brasil quanto ao papel do comércio internacional no seu projeto de desenvolvimento. No plano interno, o esgotamento do paradigma de desenvolvimento por substituição de importações, patente a partir das crises do petróleo e da dívida, levou o País a buscar uma reinserção competitiva no universo das relações internacionais econômicas. Por outro lado, o término da confrontação Leste-Oeste diluiu os conflitos de concepção sobre como organizar a vida em sociedade e consolidou o papel da cooperação de corte grociano na gestão da vida internacional.

Como o mercado não se apresenta como um arranjo espontâneo e não opera no vazio, as regras que pautam o desenvolvimento das relações internacionais econômicas, num período de polaridades indefinidas, resultam de um abrangente e complexo processo de articulação de consensos a partir do agir conjunto. Neste contexto, a política externa de um país, ao articular o singular com o universal, procura transcrever necessidades internas em possibilidades externas, ao mesmo tempo em que, ao gerar poder pelo agir conjunto, conforma a ordem internacional, vale dizer, as regras que possibilitam o desenvolvimento das relações internacionais também no campo econômico.

Este livro é estruturado em seis Capítulos, no decorrer dos quais buscaremos analisar os sistemas multilateral e regional de comércio, e a atuação da diplomacia econômica brasileira enquanto tradução de necessidades internas em possibilidades externas. O Capítulo 1, que pode ser considerado um capítulo introdutório, tem por finalidade delinear um panorama sobre o sistema internacional contemporâneo e o papel do Brasil no universo das relações internacionais econômicas no pós-guerra fria, marcado pelas polaridades indefinidas.

No Capítulo 2, desenvolvemos as relações entre poder, política e direito, tendo por matriz o pensamento de Norberto Bobbio, bem como as relações entre política externa e direito internacional, e o papel das regras jurídicas, especialmente do direito internacional econômico, que regulam os aspectos públicos desta atividade econômica que é o comércio internacional, enquanto limites ao exercício da diplomacia econômica e promotoras da mútua colaboração de vertente grociana no universo das relações internacionais econômicas.

O sistema multilateral de comércio é o objeto do Capítulo 3 deste livro. Nele procuramos traçar um quadro geral sobre a regulação multilateral do comércio internacional, desde as origens do Acordo Geral sobre Tarifas e Comércio (GATT), subproduto da Conferência das Nações Unidas para o Comércio e o Emprego (1948), os princípios e exceções do GATT, suas rodadas de negociação e a posição do Brasil, e a criação da Organização Mundial do Comércio (OMC), ao final da Rodada Uruguai de negociações do GATT (1986-93), concluída em Marraqueche, no Marrocos (1994), e que substituiu o Acordo Geral na regulação multilateral do comércio internacional. A criação da OMC assinala um novo e importante momento para as relações internacionais econômicas ao fortalecer o sistema multilateral como um todo.

O Capítulo 4 é dedicado à análise dos acordos regionais de comércio, vale dizer, à regulação do comércio internacional operada no nível regional. Neste particular, diferenciamos, inicialmente, a regionalização - resultado da atuação privada - do regionalismo - que surge da atuação positiva dos Estados -, e procuramos explicitar as teorias sobre as motivações que operam a conformação dos agrupamentos regionais. Discutimos, ademais, as modalidades de acordos regionais, o ressurgimento do regionalismo ao final dos anos oitenta, e tratamos da integração latino-americana, com especial atenção ao Mercosul, o agrupamento sub-regional do cone sul criado a partir de entendimentos bilaterais entre Brasil e Argentina, e cujos marcos fundacionais são o Tratado de Assunção (1991) e o Protocolo de Ouro Preto (1994).

No Capítulo 5, analisamos as relações entre o regionalismo e o multilateralismo, no âmbito do GATT/OMC, a partir dos *standards* previstos no art. XXIV do GATT e na cláusula de habilitação - *enabling clause* - inserta no sistema multilateral ao final da Rodada Tóquio de negociações (1979), e que prevê um tratamento diferenciado para os países em desenvolvimento na conclusão de acordos regionais de comércio. Neste Capítulo também são retomadas as discussões sobre as teorias da criação e desvio de comércio, desenvolvidas inicialmente por Jacob Viner, e o papel da Organização Mundial do Comércio (OMC) no controle do regionalismo.

No Capítulo 6, por fim, apresentamos algumas reflexões sobre a política externa brasileira, procurando traçar um panorama da atuação da diplomacia econômica brasileira, sobretudo a partir do governo Kubitschek. Neste Capítulo, procuramos identificar as inflexões de nosso posicionamento diplomático no cenário internacional, que traduzem uma alteração de percepção das necessidades internas a serem traduzidas em possibilidades externas - a consolidação da integridade territorial até Rio Branco (1902-12), e o desenvolvimento do espaço nacional após o governo JK. O projeto de reinserção internacional do País, a partir dos anos noventa, é especialmente analisado tendo em vista as alterações verificadas nos planos interno e internacional.

Capítulo 1

Notas sobre o sistema internacional contemporâneo e o papel do Brasil no universo das relações internacionais econômicas

O tema da paz e da guerra entre as nações é o centro por excelência das preocupações do direito internacional. Evitar a guerra e manter a paz constituem, assim, o *leitmotiv* dos operadores e estudiosos deste ramo do Direito, permeando suas indagações e reflexões que possam contribuir para seu contínuo desenvolvimento, numa comunidade pacífica. Não obstante o importante papel da antítese, que como assinala Bobbio permite que cada um dos termos jogue luz sobre o outro,[1] é de se notar que esta dicotomia guerra-paz, como bem lembra Gelson Fonseca Jr.,[2] traduz situações extremas, que em sua pureza original não caracterizam o sistema internacional como um todo. A guerra, expressão última da violência, e a paz, ideal maior da comunidade internacional, escondem, em verdade, um processo complexo, um *continuum* de situações de violência e de cooperação que ora tendem a um, ora a outro sentido.[3]

1.1. TRÊS TEORIAS SOBRE O DESENVOLVIMENTO DAS RELAÇÕES INTERNACIONAIS

O sistema internacional, desde muito cedo, foi objeto de análise por pensadores que procuram, a partir de um modelo teórico, enten-

---

[1] Bobbio, Norberto, *Stato, Governo, Società - Frammenti di un Dizionario Politico*, 2ª ed., Torino, Einaudi, 1995, p. 3-4.

[2] Fonseca Jr., Gelson, *A Legitimidade e outras Questões Internacionais*, São Paulo, Paz e Terra, 1998, p. 33.

[3] Como observa Gelson Fonseca Júnior, "mesmo quando o conflito impera, como ocorreu durante as Guerras Mundiais, algum ingrediente de cooperação existirá se lembrarmos a formação de alianças ou mesmo a obediência, precária, é verdade, a algumas normas do direito internacional, como o respeito aos neutros e às populações civis." Fonseca Jr., ob. cit., p. 33.

der o funcionamento da gênese internacional e antever o seu desenvolvimento,[4] a partir de um processo de seleção e ordenação dos fenômenos observados.[5] Três teorias gerais, ou tradições, como prefere Martin Wight,[6] têm procurado explicar como atuam os atores no plano internacional, dando origem a alguma medida de ordem: realismo, idealismo e racionalismo, que constituem diferentes análises ou leituras da fenomenologia internacional e acabam por influir no entendimento dos desafios e oportunidades, ou paradoxos e possibilidades, que decorrem de sua lógica particular.[7] Como explica Hedley Bull,

> "In the fifteenth, sixteenth and seventeenth centuries, when the universal political organisation of Western Christendom was still in process of disintegration, and modern states in process of articulation, the three patterns of thought purporting to describe the new international politics, and to prescribe conduct within it, first took shape. On the one hand, thinkers like Machiavelli, Bacon and Hobbes saw the emerging states as confronting one another in the social and moral vacuum left by the preceding *respublica Christiana*. On the other hand, Papal and Imperialist writers fought a rearguard action on behalf of the ideas of the universal authority of Pope and Emperor. As against these alternatives there was asserted by a third group of thinkers, relying upon the tradition of natural law, the possibility that the princes now making themselves supreme over local rivals and inde-

---

[4] Philippe Braillard explica que "la fonction de la théorie est l'explication de la réalité, ce qui consiste à montrer pourquoi l'objet dont elle doit rendre compte est tel qu'il est et pas autrement, à donner un sens aux divers éléments constitunt cet objet en établissant un certain nombre de liens entre ces éléments, notamment des liens de causalité. A cette fonction d'explication peut être rattachée une fonction de prévision, consistant à prévoir l'évolution future de la réalité qui est objet de la théorie." Braillard, Philippe, *Théories des Relations Internationales*, Paris, PUF, 1977, p. 14.

[5] Nas palavras de Philippe Braillard, "on peut définir la théorie des relations internationales comme un ensemble cohérent et systématique de propositions ayant pour but d'éclairer la sphère des relations sociales que nous nommons internationales. Une telle théorie est ainsi censée présenter un schéma explicatif de ces relations, de leur structure, de leur évolution, et notamment d'en mettre à jour les facteurs déterminants. Elle peut aussi, à partir de là, tendre à prédire l'évolution future de ces relations, ou au moins à dégager certaines tendences de cette évolution." Braillard, ob. cit., p. 17.

[6] Wight, Martin, *International Theory - The Three Traditions*, London, Leicester University Press, 1994.

[7] Sobre o assunto, v. Dunne, Timothy, "Liberalism", *in* Baylis, John & Smith, Steve (editors), *The Globalization of World Politics - An Introduction to International Relations*, Oxford, Oxford University Press, 1997, p. 147-63; Dunne, Timothy, "Realism", *in* Baylis, John & Smith, Steve (editors), *The Globalization of World Politics - An Introduction to International Relations*, Oxford, Oxford University Press, 1997, p. 109-24; Gonidec, P.-F., *Relations Internationales*, Paris, Montchrestien, 1974, p. 21-62.

pendent of outside authorities were nevertheless bound by common interests and rules".[8]

O realismo anárquico, de matriz maquiavélico-hobbesiana, tem por fundamento a noção de estado de natureza, e considera que o sistema internacional, em virtude da ausência de uma autoridade central capaz de monopolizar o uso da força, caracteriza-se por uma guerra de todos contra todos, insolúvel pela impossibilidade de um contrato social, como ocorrera no âmbito interno. Sendo a lei da sobrevivência a determinante do comportamento dos atores soberanos, o sistema internacional nada mais seria do que a política do poder, um jogo de soma-zero em que os ganhos de um correspondem, de modo imperativo, à perda do outro.

Em contraposição a este paradigma, o racionalismo grociano procura compatibilizar os paradoxos e possibilidades da vida internacional pela cooperação mútua e positiva, pois existiria, no plano internacional, um potencial de solidariedade e sociabilidade capaz de engendrar a governança comum em prol do bem-estar universal. O jogo internacional não é, sob este prisma, de soma-zero, mas em parte produtivo e em parte distributivo.[9] Por outras palavras, como lembra Lafer, o antagonismo não é o traço característico da convivência internacional, a cooperação é possível, vale em si, e leva ao surgimento de organizações internacionais que, em última análise, acabam por exprimir o potencial de solidariedade e sociabilidade presente na vida internacional.[10]

Além destes dois argumentos - que são amplamente discutidos no Capítulo 2 deste livro -, uma terceira tradição, de índole idealista e universalista, e matriz kantiana, admite a uniformidade de valores de todos os povos. Existiria uma unidade moral na sociedade internacional capaz de limitar a ação dos atores soberanos, operando além da cooperação interessada do modelo grociano para privilegiar a inserção da razão abrangente do ponto de vista da humanidade.[11] O argumento kantiano está na origem dos chamados temas globais, como direitos humanos, meio ambiente e democracia, que têm ampliado a agenda internacional dos Estados. Como observa Smouts,

---

[8] Bull, Hedley, *The Anarchical Society - A Study of Order in World Politics*, London, Mac Millan, 1990, p. 27-8.

[9] Idem, p. 26-7.

[10] Lafer, Celso, "Prefácio", *in* Fonseca Jr., Gelson, *A Legitimidade e Outras Questões Internacionais*, São Paulo, Paz e Terra, 1998, p. 10.

[11] Lafer, Celso, *Comércio, Desarmamento, Direitos Humanos - Reflexões sobre uma Experiência Diplomática*, São Paulo, Paz e Terra, 1999, p. 148.

"Dans ces conditions nouvelles, l'État ne peut plus être une fin en soi. Ses fonctions ne sont plus - ou en tout cas plus seulement - d'incarner une collectivité mais de servir une communauté humaine mondialisée et interdépendante. La diffusion des enjeux éthiques par des réseaux humanitaires ou écologiques plus ou moins relayés par les mouvements sociaux est là pour le rappeler".[12]

1.2. OS CAMPOS DE ANÁLISE DAS RELAÇÕES INTERNACIONAIS

Estes três paradigmas clássicos, entretanto, não explicam, de modo satisfatório, a gênese internacional em todos os seus aspectos. Para uma melhor compreensão da dinâmica internacional, faz-se mister a distinção do universo internacional em três campos de análise, como observam Celso Lafer e Gelson Fonseca Jr., a fim de que possamos compreender a lógica determinante de cada um destes planos, a saber: o estratégico-militar, o econômico e o dos valores. Como apontam Lafer e Fonseca Jr., o estratégico-militar lida com os temas da paz e da guerra, cuidando da sobrevivência dos Estados como unidades independentes no sistema internacional; o econômico considera os espaços territoriais em seu valor de mercado, traduzindo o que um país significa para o outro em termos de "ganho/perda" no plano dos interesses materiais; e, por fim, o dos valores acentua as afinidades e discrepâncias quanto às formas de conceber a vida em sociedade, introduzindo o tema dos modelos de organização social.[13]

A cada um destes campos de análise podemos aplicar um dos argumentos acima mencionados, vale dizer, enquanto as questões atinentes ao tema da paz e da guerra são informadas pelo realismo anárquico, o plano da economia internacional desenvolve-se consoante o argumento racionalista grociano e, finalmente, a instância dos valores, que reflete as afinidades e discrepâncias relacionadas com os modos de conceber a vida em sociedade, tem como matriz determinante o idealismo kantiano. É de se notar, entretanto, que embora cada um destes campos possa ser associado a um paradigma de funcionamento, eles se apresentam como interdependentes, in-

---

[12] Smouts, Marie-Claude, "La Mutation d'une Discipline", *in* Smouts, Marie-Claude (dir.), *Les Nouvelles Relations Internationales - Pratiques et Théories*, Paris, Presses de Sciences Po, 1998, p. 24.

[13] Lafer, Celso & Fonseca Jr., Gelson, "Questões para a Diplomacia no Contexto das Polaridades Indefinidas - notas analíticas e algumas sugestões", *in* Fonseca Jr., Gelson & Castro, Sérgio Henrique Nabuco de (org.), *Temas de Política Externa II*, vol. I, 2ª ed., São Paulo, Paz e Terra, 1997, p. 50.

fluenciam-se reciprocamente e comportam, ao mesmo tempo, elementos das três leituras dependendo da conjuntura mutável do sistema internacional.[14]

No paradigma racionalista grociano das relações internacionais econômicas - âmbito onde se inserem nossas reflexões sobre o multilateralismo, o regionalismo e a política externa brasileira -, o comércio entre as nações ocupa lugar de destaque como modo de se evitar a guerra e manter a convivência pacífica, que é o valor maior da comunidade internacional. Montesquieu[15] e Kant,[16] neste particular, atribuem significativa importância ao intercâmbio comercial como meio de se manter uma interdependência que não coexiste com a atividade de beligerância.

1.3. A GUERRA FRIA E AS POLARIDADES DEFINIDAS

Ao final da Segunda Guerra Mundial, o lançamento do Plano Marshall (1947) pelo governo norte-americano, que objetivava instrumentalizar a doutrina formulada pelo Presidente Truman de *containment* do expansionismo soviético, respondeu pela divisão do espaço internacional em dois blocos antagônicos, cujo enfrentamento estratégico-militar, a chamada corrida armamentista, dava a cadência da gênese internacional. Daí a caracterização do sistema bipolar, para Jaguaribe, como interimperial.[17] Na análise feita por Raymond Aron, o traço característico da guerra fria foi o equilíbrio pelo terror, que originou um período de *paix impossible et guerre improbable*.[18]

[14] Lafer, *Comércio, Desarmamento, Direitos Humanos*, ob. cit., p. 18.

[15] Montesquieu afirma ser o efeito natural do intercâmbio comercial entre as nações trazer a paz por afastar os preconceitos destruidores. O *doux commerce* faz com que nações que juntas comerciem tornem-se reciprocamente dependentes. Nas palavras de Montesquieu, "l'effet naturel du commerce est de porter à la paix. Deux nations qui négocient ensemble se rendent réciproquement dépendantes: si l'une a intérêt d'acheter, l'autre a intérêt de vendre; et toutes les unions sont fondées sur des besoins mutuels." Montesquieu, *De l'Esprit des Lois*, tome II, Paris, Garnier, 1956, p. 8-9.

[16] Após discutir os artigos preliminares e os definitivos para a paz perpétua entre os Estados, Kant trata da garantia deste projeto de paz eterna: a natureza (*natura daedala rerum*), pois é ela que, na discórdia dos homens, faz surgir harmonia, mesmo contra a sua vontade. Embora tivesse separado os povos pelas diferenças de língua e religião, a natureza, presente nas inclinações humanas, sabiamente os une para o seu próprio proveito recíproco. O filósofo do criticismo também desenvolve, então, a idéia de *espírito comercial*, que não pode coexistir com a guerra, e que, mais cedo ou mais tarde, apodera-se de todos os povos. Kant, Immanuel, *A Paz Perpétua e Outros Opúsculos*, trad. Artur Morão, Lisboa, Edições 70, 1995, p. 140 e ss.

[17] Jaguaribe, Hélio, *O Novo Cenário Internacional - Conjunto de Estudos*, Rio de Janeiro, Guanabara, 1986, p. 33-4.

[18] Aron, Raymond, *Études Politiques*, Paris, Gallimard, 1972, p. 479-94; Aron, Raymond, *Paix et Guerre entre les Nations*, 6e éd., Paris, Calmann-Lévy, 1962, p. 400-4.

Comércio internacional e política externa brasileira

Como apontam Lafer e Fonseca Jr., a cortina de ferro, que separava mundos completamente diversos, respondia por um cenário internacional cuja característica dominante seriam as polaridades definidas, a partir do eixo Leste-Oeste, matriz do funcionamento do jogo internacional nos seus três campos de análise acima mencionados.[19] A guerra fria, na perspectiva realista, apresentava três traços marcantes, que acabavam por inserir no jogo internacional uma certa estabilidade/previsibilidade, pelo conhecimento de *quem* joga - blocos catalisadores de alianças ideológicas -, de *como* se joga - através de uma dialética de ameaças - e de como se ganha o jogo - pela disputa das áreas de influência contestável.[20] Como observa Henry Kissinger,

> "In the Cold War world, the traditional concepts of power had substantially broken down. Most of history has displayed a synthesis of military, political, and economic strength, which in general has proved to be symmetrical. In the Cold War period, the various elements of power became quite distinct. The former Soviet Union was a military superpower and at the same time an economic dwarf. It was also possible for a country to be an economic giant but to be military irrelevant, as was the case with Japan".[21]

O enfrentamento ideológico-militar, que dava a cadência do desenvolvimento das relações internacionais, entretanto, não era de todo absoluto, existindo momentos de cooperação, como no caso da *détente*, pois como observa Celso Lafer, a tecnologia tende a provocar uma certa convergência de regimes políticos em sociedades do mesmo gênero - a sociedade industrial.[22] Mesmo no quadro geral da bipolaridade característica da guerra fria, os alinhamentos verificados não eram de todo automáticos. Nas brechas abertas pela configuração bipolar do poder mundial, em virtude da disjunção entre ordem e poder,[23] os países em desenvolvimento, que se multiplica-

---

[19] Lafer & Fonseca Jr., ob. cit., p. 51 e ss.

[20] Fonseca Jr., Gelson, "Anotações sobre as Condições do Sistema Internacional no Limiar do Século XXI: A Distribuição dos Pólos de Poder e a Inserção Internacional do Brasil", *Política Externa*, 7 (4): 36-57, 1999, p. 38.

[21] Kissinger, Henry, *Diplomacy*, New York, Simon & Schuster, 1994, p. 23.

[22] Lafer, Celso, "Uma Interpretação do Sistema das Relações Internacionais do Brasil", *in* Lafer, Celso & Peña, Félix, *Argentina e Brasil no Sistema das Relações Internacionais*, São Paulo, Duas Cidades, 1973, p. 104-9.

[23] Sobre o tema da disjunção entre ordem e poder, que permitiu a inserção de novos interesses e aspirações na agenda internacional, v. Lafer, Celso, *Paradoxos e Possibilidades - Estudos sobre a Ordem Mundial e sobre a Política Exterior do Brasil num Sistema Internacional em Transformação*, Rio de Janeiro, Nova Fronteira, 1982, p. 95-148; Lafer, Celso & Peña, Félix, "Contribuição para uma Perspectiva Latinoamericana do Sistema das Relações Internacionais", *in* Lafer, Celso & Peña, Félix, *Argentina e Brasil no Sistema das Relações Internacionais*, São Paulo, Duas Cidades, 1973, p. 15-60.

vam com os processos de descolonização a partir da década de cinqüenta, e sobretudo nos anos sessenta e setenta, buscavam reafirmar sua especificidade e procuravam caminhos próprios alternativos ao enfrentamento ideológico e estratégico-militar em torno do eixo Leste-Oeste. Esta busca por caminhos próprios ensejou a inserção, na agenda internacional e a partir das brechas que se abriam no interior do conflito Leste-Oeste, do diálogo Norte-Sul, responsável pela articulação, no plano político, do movimento não-alinhado e, no campo econômico, do Grupo do 77, de importância decisiva para a configuração de uma nova ordem internacional que refletisse as aspirações terceiro-mundistas.[24]

As polaridades definidas Leste-Oeste e Norte-Sul respondiam, para voltar a Aron, pela conformação de um sistema internacional heterogêneo,[25] que redundava em concepções distintas sobre como organizar as relações internacionais econômicas. Por esta razão, além dos conflitos de interesse, persistiam - como observa Celso Lafer - conflitos de concepção que acabavam por determinar distintas visões sobre como promover os interesses comuns através das normas de mútua colaboração do direito internacional econômico.[26] Assim, na visão do Leste, sendo o Estado o ator primordial do desenvolvimento econômico, a cooperação internacional teria por objetivo o comércio administrado - no caso, pelo Comecon. Na perspectiva do Sul, pretendia-se uma harmonização da atuação do Estado com o funcionamento do mercado, para corrigir as falhas deste e lidar com as desigualdades. Daí a pressão por uma nova ordem econômica internacional através de acordos intergovernamentais sobre produtos primários - café, por exemplo -, da criação da Conferência das Nações Unidas para o Comércio e o Desenvolvimento (UNCTAD, 1964) e da idéia de um direito internacional do desenvolvimento como ramo do direito internacional econômico.[27] A visão do Norte-Oeste, por outro lado, acentuava o papel dos atores privados atuando no mercado, cujo paradigma era o GATT, moldura engendrada para a promoção do intercâmbio comercial num cenário marcado

---

[24] O movimento dos não-alinhados, cuja hipótese básica era o enfrentamento Leste-Oeste, buscava articular uma possível terceira posição para os países em desenvolvimento, que se situavam entre o primeiro e o segundo mundos. O Grupo dos 77, onde o Brasil continua tendo um papel importante, enfatizava a relevância econômica das matérias-primas originárias dos países em desenvolvimento para o funcionamento da economia internacional. Lafer, Celso, *Política Externa Brasileira: Três Momentos*, São Paulo, Konrad-Adenauer-Stiftung, 1993, p. 6.

[25] Aron, *Paix et Guerre entre les Nations*, ob. cit., p. 108-13.

[26] Lafer, Celso, *A OMC e a Regulamentação do Comércio Internacional - Uma Visão Brasileira*, Porto Alegre, Livraria do Advogado, 1998, p. 20-3.

[27] Lafer, *Paradoxos e Possibilidades*, ob. cit., p. 124-6. Sobre o assunto, v. Stern, Brigitte, *Un Nouvel Ordre Economique International?*, Paris, Economica, 1983.

Comércio internacional e política externa brasileira

pelo liberalismo.[28] A conseqüência deste sistema internacional heterogêneo de polaridades definidas e permeado por conflitos de concepção era a impossibilidade de acordos multilaterais consensuais e abrangentes sobre como organizar as relações internacionais econômicas.[29]

1.4. O PÓS-GUERRA FRIA E AS POLARIDADES INDEFINIDAS

O fim da guerra fria, que para Hobsbawn coloca termo ao *breve* século XX - uma era de extremos[30] -, e a alteração dos vetores da gênese internacional pela disjunção entre o poder estratégico-militar e o econômico - que já se iniciara nos anos setenta -, levaram à alteração do paradigma de funcionamento das relações internacionais pelo surgimento de polaridades indefinidas, que contrastam com o período anterior.[31] A mudança de paradigma ampliou as análises sobre o sistema internacional e seu desenvolvimento, levando a interpretações divergentes a partir do primado da economia - que sinalizaria o fim da história, para Fukuyama - e da cultura - que, para Huntington, responderia por um choque de civilizações.[32]

Entretanto, estas interpretações - que, para Hassner, conduzem a verdadeiros mitos simplificadores[33] -, pela unicidade de argumento, não explicam de modo satisfatório a fenomenologia internacional. Na análise feita por Lafer e Fonseca Jr., poderíamos distinguir dois momentos diversos que marcam o mundo pós-guerra fria. Num primeiro momento, a queda do muro de Berlim (1989) e a bem-sucedida intervenção das Nações Unidas na Guerra do Golfo (1990), sinalizavam a formação, no mundo dos valores, de grandes unanimidades, representadas pela democracia, economia de mercado e segurança coletiva sob os auspícios do Conselho de Segurança da ONU. O desmantelamento da União Soviética e as rivalidades étnicas na ex-Iugoslávia (1991), entretanto, eventos que emblematizam o segundo pós-guerra fria, vieram enfatizar o papel das forças cen-

---

[28] Lafer, *Comércio, Desarmamento, Direitos Humanos*, ob. cit., p. 30-3.

[29] Lafer, *A OMC e a Regulamentação do Comércio Internacional*, ob. cit., p. 22.

[30] Hobsbawn, Eric, *Era dos Extremos - O Breve Século XX (1914-1991)*, trad. Marcos Santarrita, São Paulo, Companhia das Letras, 1995.

[31] Lafer & Fonseca Jr., ob. cit., p. 54 e ss.

[32] Sobre o assunto, v. Fukuyama, Francis, *The End of History and the Last Man*, New York, Free Press, 1992; Huntington, Samuel P., "The Clash of Civilizations", *Foreign Affairs*, 72 (3): 22-49, 1993.

[33] Hassner, Pierre, "De la Crise d'une Discipline à celle d'une Époque ?", *in* Smouts, Marie-Claude (dir.), *Les Nouvelles Relations Internationales - Pratiques et Théories*, Paris, Presses de Sciences Po, 1998, p. 391.

trífugas de desagregação e fragmentação presentes no plano internacional, ao lado das forças centrípetas de globalização.[34] Nesta perspectiva, pode-se dizer que o cenário internacional que emerge com o fim da bipolaridade é de complexidade crescente e está sendo trabalhado simultaneamente por forças centrípetas e centrífugas, que respondem - para lembrar Ignacio Ramonet - por uma geopolítica do caos, e são estas forças que acabam por dar a cadência da gênese internacional como um todo.[35] Como observa Celso Lafer,

> "As forças centrípetas de unificação dizem respeito aos processos de *globalização* - da economia, dos valores, da informação, da segurança, percebidos como hegemônicos na etapa que vai da queda do muro de Berlim à Guerra do Golfo. As forças centrífugas de *fragmentação* readquirem presença na etapa subseqüente. Exprimem-se na secessão de Estados, na afirmação de novas identidades nacionais, nos fundamentalismos, nos protecionismos (...)".[36]

Com efeito, voltando a Lafer, pode-se dizer que sobre o cenário internacional contemporâneo incidem duas heranças básicas que nos legaram, respectivamente, a Ilustração, do século XVIII, e o Romantismo, do século XIX. A primeira delas, com origem nas luzes francesas, afirma a objetividade de uma expansão universal da racionalidade, da cientificidade, da paz e do comércio. Esta vertente articula um paradigma cujo ponto fundamental é a unidade do gênero humano capaz de engendrar uma comunidade universal. A segunda, que deriva do ideário romântico, ao privilegiar a emoção em detrimento da razão, pretende a subjetividade da liberdade da auto-expressão individual e coletiva, e sustenta o pluralismo das especificidades que, na diversidade dos povos, exprime a busca pelas identidades nacionais.[37] A lógica da fragmentação, cujo substrato é a afirmação das identidades nacionais numa perspectiva assinaladora das especificidades, demonstra que as forças centrípetas não diluíram a importância do Estado como instância pública intermediadora na dinâmica da vida internacional, ao mesmo tempo que conforma a latitude da inserção de um país no universo pluralista das relações internacionais.[38] Nas palavras de Celso Lafer,

---

[34] Lafer & Fonseca Jr., ob. cit., p. 54-66.

[35] Kissinger, ob. cit., p. 23; Lafer, *Política Externa Brasileira*, ob. cit., p. 3; Ramonet, Ignacio, *Geopolítica do Caos*, trad. Guilherme João de Freitas Teixeira, Rio de Janeiro, Vozes, 1998, p. 7.

[36] Lafer, Celso, *Desafios: Ética e Política*, São Paulo, Siciliano, 1995, p. 241.

[37] Lafer, *Política Externa Brasileira*, ob. cit., p. 3.

[38] Lafer, Celso, "O Cenário Mundial e o Relacionamento União Européia/Mercosul", *Política Externa*, 9 (1): 88-91, 2000, p. 89.

"Numa dialética de complementaridade contraditória, estão presentes na agenda internacional, tanto temas centrípetos como o da modernização, que diz respeito à contínua e universal ampliação da abrangência da racionalidade operativa das sociedades nacionais, através de procedimentos culturais, econômicos, políticos e sociais, compatíveis com o que ocorre no plano mundial, quanto temas centrífugos, como o do particularismo das nacionalidades e das paixões religiosas e étnicas (...)".[39]

Neste cenário internacional pós-guerra fria, o arrefecimento do enfrentamento estratégico-militar, cujo substrato eram visões distintas sobre como organizar a vida em sociedade, outras dimensões do funcionamento das relações internacionais, como a econômica, passaram a ser decisivas para a compreensão da incipiente ordem internacional conformada de modo pontual e tópico. Para Rubens Ricupero, é esta forma de reorganização do sistema internacional que diferencia o atual pós-guerra dos anteriores, quando as potências buscaram restaurar a ordem internacional de modo institucionalizado no âmbito de congressos ou conferências, como em Viena (1815) - que instituiu o concerto europeu -, Versalhes (1919) - que procurou reordenar as relações internacionais sob os auspícios da Liga das Nações - e São Francisco (1945) - cujo projeto de restauração política tinha por vértice as Nações Unidas.[40] A nova disjunção entre ordem e poder, advinda com o término da guerra-fria, amplia os recursos de poder do Brasil na conformação de uma nova ordem internacional, enquanto um país médio de presença global - pelo comércio e pela presença em organismos multilaterais - e forte presença sub-regional na América do Sul.[41]

No plano econômico, o término do conflito Leste-Oeste levou à universalização do modelo capitalista fundado na liberdade do mercado, que responde por um consenso em torno de como organizar a vida econômica internacional com fulcro no mercado. Como assinala

---

[39] Lafer, *Política Externa Brasileira*, ob. cit., p. 3.

[40] Como observa Rubens Ricupero, "o singular de nossa época é que pela primeira vez se assiste à morte de um mundo e ao nascimento de outro sem um processo formal de negociações. A nova ordem nascente, a ordem da globalização, se impõe de maneira parcial, fragmentária, *ad hoc*, sem um projeto explícito. É um pouco como se, em vez da assembléia constituinte e da constituição escrita introduzidas pelas revoluções americana e francesa, se preferisse o sistema inglês de elaboração gradual e pragmática de uma constituição não-escrita." Ricupero, Rubens, *O Ponto Ótimo da Crise*, Rio de Janeiro, Revan, 1998, p. 82. Sobre o assunto, v. também Ricupero, Rubens, "Os Estados Unidos da América e o Reordenamento do Sistema Internacional", *in* Fonseca Jr., Gelson & Castro, Sérgio Henrique Nabuco de (org.), *Temas de Política Externa II*, vol. I, 2ª ed., São Paulo, Paz e Terra, 1997, p. 80.

[41] Fonseca Jr., "Anotações sobre as Condições do Sistema Internacional no Limiar do Século XXI", ob. cit., p. 51.

Ricupero, com a falência do socialismo real, já não haveria, no mercado das ideologias, alternativa possível.[42] O progresso científico e tecnológico tornou-se o insumo decisivo do desenvolvimento, alterando os padrões de produção e a estrutura dos serviços. Na análise feita por Celso Lafer, a revolução científico-tecnológica, que operou nos domínios do tempo e do espaço, aprofundou as forças centrípetas e centrífugas que incidem no mercado mundial a partir da redução dos custos dos transportes e das comunicações, da desagregação das cadeias produtivas e da *internalização* do mundo na vida cotidiana dos países pela diluição do significado das fronteiras.[43] As forças centrípetas, ou de integração, tendem a consolidar a globalização da produção e dos movimentos de capital, ao passo que as forças centrífugas, ou de desagregação, vêm afastando o Norte desenvolvido do Sul em desenvolvimento, em particular a África e a América Latina.[44]

1.5. O BRASIL E O ATUAL CENÁRIO DAS RELAÇÕES INTERNACIONAIS ECONÔMICAS

Neste contexto de multipolaridade econômica, para voltar a Lafer, poderíamos dizer que o mundo se tornou mais relevante para os países em desenvolvimento em geral, e o Brasil em particular, do que estes para o mundo: estrategicamente, pela diminuição de nosso peso político, conseqüência da erosão do paradigma Leste-Oeste de funcionamento do jogo internacional e, economicamente, pelo arrefecimento do papel dos países exportadores de *commodities*, produtos com baixo valor agregado, em virtude do progresso tecnológico e científico verificado no passado recente.[45] Tais fatores, que acabaram por diminuir o peso dos países agroexportadores na dinâmica inter-

---

[42] Ricupero, "Os Estados Unidos da América e o Reordenamento do Sistema Internacional", ob. cit., p. 83.

[43] Lafer, "O Cenário Mundial e o Relacionamento União Européia/Mercosul", ob. cit., p. 89.

[44] Como assinala Celso Lafer, a crise dos anos oitenta não foi global, mas especificamente africana e latino-americana. É para esses dois continentes que a década de oitenta pode ser qualificada como trágica e perdida. A falta de sintonia africana e latino-americana com as transformações globais é resultado de uma plêiade de complexos problemas. O primeiro deles, que ocupou o centro das atenções na década de oitenta, relaciona-se com a crise da dívida externa crônica, de certa forma hoje superada pelo processo de reescalonamento. Por outro lado, há que se mencionar o declínio de importância dos produtos primários e matérias-primas exportados tradicionalmente pelos dois continentes, conseqüência do progresso científico e tecnológico que diminui o consumo de energia, criou novos materiais, e permitiu a auto-suficiência alimentar de países outrora importadores dos produtos primários e matérias-primas originárias de economias agroexportadoras. Lafer, *Política Externa Brasileira*, ob. cit., p. 8-9.

[45] Idem, p. 11.

Comércio internacional e política externa brasileira

37

nacional, de certa forma minaram as pretensões dos países em desenvolvimento por uma nova ordem internacional mais justa, que se exprimiam, no período da bipolaridade, no movimento dos não-alinhados - vertente política - e no Grupo dos 77 - vertente econômica -, tornando-se imperiosa uma alteração no posicionamento internacional desses países, para privilegiar uma inserção competitiva de suas economias. Como explica Gelson Fonseca Jr., o contexto do pós-guerra fria alterou o paradigma de posicionamento do mundo em desenvolvimento frente ao sistema internacional para privilegiar uma *autonomia pela participação*, em detrimento da *autonomia pela distância*, que caracterizou a diplomacia dos países em desenvolvimento por ocasião da bipolaridade.[46] Nas palavras de José Honório Rodrigues, "porque na área internacional se decide também o progresso nacional é que ela se tornou o nó górdio da decisão sobre o nosso futuro".[47] Para voltar a Lafer,

> "O processo brasileiro, bem sucedido até o final dos anos 70, de, primeiro, substituir importações e, depois, aprofundar a industrialização e expandir exportações no contexto de uma produção que se transnacionalizava globalmente, foi válido enquanto a oferta de matérias-primas e o custo reduzido da mão-de-obra eram fatores decisivos de competitividade internacional. Hoje a crescente eficiência dos processos diminuiu a importância destes fatores e a velocidade do progresso científico-tecnológico não dá o tempo necessário que o modelo de substituição de importações requer - tempo que é pressuposto da reserva implícita ou explícita de mercado".[48]

As polaridades indefinidas, que simbolizam o fim da confrontação bipolar, trouxeram a diluição dos conflitos de concepção sobre como organizar a vida econômica mundial e a aceitação de que, no campo econômico, o que há são conflitos de interesse numa dimensão liberal de funcionamento do mercado.[49] O novo cenário internacional, assim delineado, possibilitou, no plano multilateral, a bem-sucedida conclusão da Rodada Uruguai do GATT (1986-93) e a criação da Organização Mundial do Comércio (OMC), consolidando e ampliando a visão do direito internacional econômico como um

---

[46] Fonseca Jr., *A Legitimidade e Outras Questões Internacionais*, ob. cit., p. 359 e ss.

[47] Rodrigues, José Honório, *Interesse Nacional e Política Externa*, Rio de Janeiro, Civilização Brasileira, 1966, p. 74.

[48] Lafer, *Política Externa Brasileira*, ob. cit., p. 11.

[49] Lafer, *Comércio, Desarmamento, Direitos Humanos*, ob. cit., p. 33-4; Lafer, *A OMC e a Regulamentação do Comércio Internacional*, ob. cit., p. 22.

GATT-plus,[50] e enfatizando, por outro lado, o papel dos agrupamentos regionais na inserção competitiva dos países.

No plano interno, o esgotamento do modelo de desenvolvimento autárquico por substituição de importações, nos moldes cepalinos, acabou por determinar uma alteração no paradigma de desenvolvimento dos países que, durante a bipolaridade, pretendiam-se não-alinhados. No caso brasileiro, os anos noventa marcaram o início do processo de modernização, articulado em duas vertentes: internamente, através de reformas estruturais - desregulamentação, privatização etc. - que buscavam transformar um Estado-máximo num Estado-ótimo, enxuto, atuante e eficaz; externamente, a partir da reinserção internacional do Brasil no contexto das relações internacionais econômicas.[51] O comércio internacional, para voltar a Ricupero, tornou-se o motor, a locomotiva da economia internacional.[52] Dada a percepção generalizada de que não é possível o desenvolvimento em isolamento autárquico, as normas da OMC têm por função conectar as economias nacionais e/ou regionais num mundo interdependente, pois o mercado não é um arranjo espontâneo e não opera no vazio. Necessita de normas jurídicas, resultado de uma construção política, que circunscrevam a competência discricionária das soberanias nacionais objetivando, como normas de mútua colaboração, a promoção dos interesses comuns.[53] Como aponta Celso Lafer, "não temos o poder dos grandes, a regra nos favorece. O unilateralismo nos enfraquece. É uma realidade de poder".[54]

1.6. A ESTRATÉGIA DIPLOMÁTICA BRASILEIRA

John H. Jackson, analisando as técnicas de atuação diplomática, observa que toda política exterior pode ser caracterizada como *power-oriented*, quando a conformação da ordem internacional deriva, direta ou indiretamente, do poder relativo das partes envolvidas neste processo, ou *rule-oriented*, se a idéia de ordem está relacionada a um abrangente processo de negociação de normas e instituições

---

[50] Lafer, *Comércio, Desarmamento, Direitos Humanos*, ob. cit., p. 34-5.

[51] Moreira, Marcílio Marques, "O Brasil e o Novo Contexto Econômico Internacional", *in* Albuquerque, José Augusto Guilhon (org.), *Sessenta Anos de Política Externa Brasileira (1930-1990) - Diplomacia para o Desenvolvimento*, vol. II, São Paulo, Cultura, 1996, p. 27.

[52] Ricupero, Rubens, *Visões do Brasil - Ensaios sobre a História e a Inserção Internacional do Brasil*, Rio de Janeiro, Record, 1995, p. 252.

[53] Lafer, *A OMC e a Regulamentação do Comércio Internacional*, ob. cit., p. 24-5.

[54] Lafer, Celso, *Globalização da Economia - O Papel das Organizações Multilaterais*, São Paulo, FIESP/CIESP, 1996, p. 12.

para delimitação do desenvolvimento das relações internacionais.[55] Não obstante toda diplomacia envolva técnicas *power-oriented* e *rule-oriented*, pode-se dizer, com Jackson, que a história do direito internacional aponta para uma evolução da política do poder rumo a uma ordem internacional construída pelo direito, em especial pela presença das organizações internacionais, que são formas de institucionalização da cooperação internacional.[56] Esta análise retoma os argumentos do realismo maquiavélico-hobbesiano e do racionalismo grociano, a que fizemos referência acima, e enfatiza o papel das normas internacionais, criadas pelo agir conjunto, no jogo internacional. O Brasil, na condição de país médio, tem uma natural preferência pela diplomacia e pelo direito, afastando-se da política de poder.[57] Por isso, nas palavras de Seixas Corrêa, a diplomacia brasileira não se baseia na busca de prestígio ou afirmação externa do poder nacional, mas busca criar um ambiente externo mais favorável ao desenvolvimento nacional.[58] Como observa o Chanceler Luiz Felipe Lampreia,

> "Para um país como o Brasil, que é um país médio, que tem uma participação no comércio internacional de pouco mais de 1% do total, um produto bruto que, também, é uma fração pequena do produto bruto internacional, o interesse maior nosso está na consolidação das regras e de uma ordem que seja previsível e o oposto da 'lei do mais forte', na qual nós, certamente, sairíamos perdendo".[59]

Estas normas são elaboradas tanto no nível regional, quanto no multilateral, e atuam como limites à atuação do poder político no plano internacional. Para o Brasil, um *global trader* cujos interesses no sistema das relações internacionais econômicas são verdadeiramente universais pela diversificação de parceiros comerciais e mercadorias transacionadas, é na Organização Mundial do Comércio (OMC) que está a nossa maior defesa.[60] A OMC, que tem por patri-

---

[55] Jackson, John H., *The World Trading System - Law and Policy of International Economic Relations*, 2nd ed, Cambridge, MIT, 1997, p. 109-10.

[56] Idem, ibidem.

[57] Fonseca Jr., "Anotações sobre as Condições do Sistema Internacional no Limiar do Século XXI", ob. cit., p. 52.

[58] Seixas Corrêa, Luiz Felipe de, "O Brasil e o Mundo no Limiar do Novo Século: Diplomacia e Desenvolvimento", *Revista Brasileira de Política Internacional*, 42 (1): 5-29, 1999, p. 12.

[59] Lampreia, Luiz Felipe, *Diplomacia Brasileira - Palavras, Contextos e Razões*, Rio de Janeiro, Lacerda, 1999, p. 85.

[60] Idem, p. 268. Neste particular, Marcílio Marques Moreira observa que "caberá a nossa diplomacia empenhar-se na gradual reconstrução de uma nova ordem, mais estável e verdadeiramente multiltateral e universalista. É o que mais interesa a um país como o Brasil, na

mônio suas próprias regras, é um sistema que procura conformar o comércio multilateral através de regras transparentes e um eficiente mecanismo de solução de controvérsias. Não obstante o interesse primordial do Brasil esteja centrado na OMC, por sua própria natureza de *global trader*, o regionalismo aparece como complemento natural da atuação da diplomacia econômica brasileira na tradução criativa das necessidades internas em possibilidades externas. A conformação regional, enquanto *second best*, figura como *building bloc* do sistema multilateral, contribuindo para uma maior liberalização do comércio em escala global. Por isso, sem abandonar a eleição do multilateralismo como vetor de nossa política externa, o País tem como prioridade diplomática a consolidação do Mercosul, que possibilita a inserção competitiva dos países participantes no cenário internacional, ao reproduzir no plano sub-regional os desafios e paradoxos do multilateralismo. Por isso, na metáfora musical cara a Celso Lafer,

> "Devemos sempre entoar a melodia da nossa especificidade, sem esquecer, no entanto, que ela deve estar em harmonia com o mundo, pois é circunscrito o espaço para as dissonâncias atonais".[61]

---

sua condição de *global trader*. É por isso que nossa diplomacia tem que explorar todas as oportunidades de construção de um sistema multilateral verdadeiramente simétrico, baseado em regras estáveis, justas e consensualmente estabelecidas. Já Aristóteles argüia que era aos pequenos e fracos que mais interessa um sistema de direito, objetivo e justo. Os poderosos têm a alternativa de recorrer a medidas unilaterais de força ou a polícias particulares." Moreira, ob. cit., p. 21.

[61] Lafer, *A OMC e a Regulamentação do Comércio Internacional*, ob. cit., p. 61.

Comércio internacional e política externa brasileira

Capítulo 2

Política externa, direito internacional e a regulação das relações internacionais econômicas

2.1. POLÍTICA E PODER

Na sua significação tradicional, que nos vem de Aristóteles, a política aparece como reflexão sobre a atividade da *pólis*, designando o estudo do espectro das atividades humanas ligadas à *res publica*. Da contemplação à ação, modernamente o vocábulo *política* designa, como lembra Bobbio, a atividade ou conjunto de atividades cuja referência é a *pólis*, o Estado. Este aparece sujeito da atividade política ao emitir prescrições cujo conteúdo é um direito, um dever ou uma autorização, e ao colocar em prática as chamadas *políticas públicas*.[62] Nesta última acepção, a política, enquanto *policy*, equivale a programa de ação, muitas vezes se opondo à política-domínio da decisão numa situação de escassez de meios.[63]

Como a idéia de política parte, necessariamente, da análise do fenômeno do poder, a teoria política insere-se no quadro geral das teorias que procuram explicar o fenômeno do poder. Podemos vislumbrar três análises sobre o poder: a *substancialista*, de matriz hobbesiana, que entende o poder como um bem suscetível de posse e apropriação como qualquer outro; a *subjetivista*, desenvolvida por Locke, consoante a qual o poder não é um bem, mas a capacidade

---

[62] Bobbio, Norberto, *Teoria Generale della Politica*, Torino, Einaudi, 1999, p. 101-2.

[63] Como aponta Celso Lafer, "a política-domínio é o ponto em que se opõem os diversos programas de ação, pois eles não são todos necessariamente compatíveis e congruentes. Dada uma situação de escassez, por exemplo, não é possível investir simultaneamente numa multiplicidade de coisas. É preciso escolher entre diversas alternativas. No momento dessa escolha surge a política-domínio, através da intervenção do poder que se configura no processo pelo qual se decide e escolhe entre diversas alternativas de ação." Lafer, Celso, *O Sistema Político Brasileiro - Estrutura e Processo*, 2ª ed., São Paulo, Perspectiva, 1978, p. 22-3.

Comércio internacional e política externa brasileira

do sujeito de obter certos efeitos;[64] e a *relacional*, construção do discurso político contemporâneo, pela qual o fenômeno do poder se revela numa relação entre dois sujeitos, onde um deles obtém do outro um comportamento que, de outra forma, não ocorreria.[65] O poder, nesta perspectiva pragmática, manifesta-se num conjunto de articulações complexas limitadas externamente pelo mundo circundante e internamente pela estrutura da situação interacional.[66] Esta última posição, sustentada por Bobbio, parece também ser a de Hannah Arendt, ao afirmar que o poder não é um dado do mundo fático ou atributo do indivíduo no singular, mas algo construído pelo agir conjunto.[67] Numa palavra, é o consenso do agir conjunto que gera o poder.[68]

2.2. O PODER POLÍTICO

Como há várias formas de poder do homem sobre o homem, mister se faz diferenciá-las e traçar os lindes do poder político. Na tradição clássica aristotélica, três são as formas de poder: o poder paterno (do pai sobre os filhos), o poder despótico (do senhor sobre os escravos) e o poder político (do governante sobre os governados).[69] Locke acrescenta a esta tipologia os fundamentos de cada um deles: a natureza (*ex natura*), o delito (*ex delicto*) e o contrato (*ex contractu*), respectivamente.[70] Entretanto, como a tradição clássica

---

[64] Como observa Bobbio, é o significado atribuído ao vocábulo *poder* nas expressões "o fogo tem o poder de fundir os metais", e "o soberano tem o poder de fazer as leis". Bobbio, Norberto, *Stato, Governo, Società - Frammenti di un Dizionario Politico*, 2ª ed., Torino, Einaudi, 1995, p. 67.

[65] Idem, p. 68.

[66] Ferraz Jr., Tércio Sampaio, *Teoria da Norma Jurídica - Ensaio de Pragmática da Comunicação Normativa*, 3ª ed., Rio de Janeiro, Forense, 1999, p. 13 e ss.

[67] Para Hannah Arendt, "poder corresponde à capacidade humana não somente de agir mas de agir de comum acordo. O poder nunca é propriedade de um indivíduo; pertence a um grupo e existe somente enquanto o grupo se conserva unido. Quando dizemos que alguém está 'no poder', queremos dizer que está autorizado por um certo número de pessoas a atuar em nome delas. No momento em que o grupo do qual se originou a princípio o poder (...) desaparecer, 'seu poder' some também." Arendt, Hannah, *Crises da República*, trad. José Volkmann, São Paulo, Perspectiva, 1973, p. 123. Como assinala Lafer, "o poder é um recurso gerado pela formação de uma vontade comum, isto é, pela capacidade da cidadania de uma comunidade política de concordar com um curso comum de ação." Lafer, Celso, *Hannah Arendt - Pensamento, Persuasão e Poder*, Rio de Janeiro, Paz e Terra, 1979, p. 35 e ss.

[68] Lafer, Celso, *O Brasil e a Crise Mundial - Paz, Poder e Política Externa*, São Paulo, Perspectiva, 1984, p. 35.

[69] Aristóteles, *La Politique*, 2ᵉ éd., trad. J. Tricot, Paris, Librairie Philosophique J. Vrin, 1970, p. 22.

[70] Para Locke, "o poder político é o que cada homem tendo no estado de natureza cedeu às mãos da sociedade e dessa maneira aos governantes, que ela instalou sobre si, com o encargo expresso ou tácito de que seja empregado para o bem e para a preservação da mesma." Locke,

aristotélico-lockiana serve-se de critérios axiológicos, acaba por definir o poder político como este deveria ser, e não como o é, tanto que ambos reconhecem a possibilidade de um poder patriarcal ou despótico do governante, que seriam as formas corruptas de governo.[71]

Por esta razão, na tipologia moderna das formas de poder, o critério para a classificação de suas várias formas deixa de ser o axioteleológico - juízo sobre as finalidades da política - para privilegiar os *meios* de que se serve o sujeito ativo da relação para determinar o comportamento de seu sujeito passivo. Este critério instrumental permite-nos diferenciar também três modalidades de poder: o econômico, o ideológico e o político, ou seja, da riqueza, do saber e da força.[72] O poder econômico origina-se do controle sobre certos bens, numa situação de escassez, pois como observa Comparato, "o problema fundamental da economia moderna não é mais a titularidade da riqueza, mas o controle sobre ela".[73] O poder ideológico nasce do exercício do saber, das idéias, doutrinas e conhecimentos, como o dos sacerdotes medievais e dos intelectuais contemporâneos. Por fim, o poder político é aquele fruto da força física, sua condição necessária porém não suficiente.[74]

Não basta, entretanto, a possibilidade do recurso à força para traçarmos as fronteiras do poder político. Seu exercício deve ser exclusivo, monopolizado. Como aponta Bobbio, o Estado pode renunciar ao monopólio do poder econômico - como pretendeu com o liberalismo do *laissez faire, laissez passer* -, ou mesmo ao monopólio do poder ideológico - como ocorreu no processo de laicização do Estado Moderno -, mas não pode abdicar do monopólio do poder coativo, da força, sob pena de sua própria descaracterização.[75] É de se notar que o tema da exclusividade do uso da força como característica do poder político é hobbesiano por excelência, na sua construção teórica do Estado-Leviatã.[76] Para voltar a Bobbio,

---

John, *Segundo Tratado sobre o Governo Civil*, 5ª ed., trad. E. Jacy Monteiro, São Paulo, Nova Cultural, 1991, p. 284 e ss.

[71] Bobbio, *Stato, Governo, Società*, ob. cit., p. 69 e ss.

[72] Idem, p. 72.

[73] Comparato, Fábio Konder, *O Poder de Controle na Sociedade Anônima*, 3ª ed., Rio de Janeiro, Forense, 1983, p. 5. Sobre o assunto, v. também Berle, Adolf Augustus & Means, Gardiner C., *A Moderna Sociedade Anônima e a Propriedade Privada*, trad. Dinah de Abreu Azevedo, São Paulo, Abril Cultural, 1984.

[74] Bobbio, *Teoria Generale della Politica*, ob. cit., p. 104-5.

[75] Bobbio, Norberto, "La Teoria dello Stato e del Potere", *in* Rossi, Pietro (cura), *Max Weber e l'Analisi del Mondo Moderno*, Torino, Einaudi, 1981, p. 219-20.

[76] Bobbio, *Stato, Governo, Società*, ob. cit., p. 71-2.

Comércio internacional e política externa brasileira

"Ciò che caratterizza il potere politico è l'esclusività dell'uso della forza rispetto a tutti i gruppi che agiscono in un determinato contesto sociale, esclusività che è il risultato di un processo svolgentesi in ogni società organizzata verso la monopolizzazione del possesso e dell'uso dei mezzi con cui è possibile esercitare la coazione fisica".[77]

2.3. PODER POLÍTICO E DIREITO

O poder político, cuja peculiaridade é, pois, o exercício do monopólio legítimo da força, não opera, entretanto, de modo ilimitado. Seus limites retomam as reflexões sobre poder e direito, e suas relações.[78] Neste particular, da perspectiva do jurista, o direito aparece como um conjunto de normas de organização para definição de competências, o que permite o exercício do poder, inclusive o poder de criar novas normas jurídicas.[79] Como lembra Bobbio, desde a Antigüidade, o problema se coloca através da seguinte indagação: *auctoritas facit legem* ou *lex facit regem*?[80] Aristóteles, diante desta questão, optou pelo governo das leis, pois estas não têm paixões, como toda alma humana.[81]

O governo das leis, com efeito, desde Aristóteles, tem ocupado lugar de destaque na filosofia política.[82] Questão ulterior é a de se saber de onde provêm as normas às quais estariam submetidos os próprios governantes, que detêm o poder e positivam as leis. Ainda no âmbito da filosofia política, duas parecem ser as soluções clássicas: de um lado, o jusnaturalismo, nas suas várias vertentes, afirmando a existência de leis naturais, derivadas da própria natureza do homem vivendo em sociedade[83] - não foi por outra razão que Antí-

---

[77] Bobbio, *Teoria Generale della Politica*, ob. cit., p. 106.

[78] Para uma análise do tema no pensamento de Miguel Reale, v. Lafer, Celso, "Direito e Poder na Reflexão de Miguel Reale", *Revista do Serviço Público*, 39 (110): 33-47, 1982.

[79] Lafer, *O Brasil e a Crise Mundial*, ob. cit., p. 20.

[80] Bobbio, *Stato, Governo, Società*, ob. cit., p. 86; Bobbio, *Teoria Generale della Politica*, ob. cit., p. 196. Para uma discussão sobre o assunto, v. Bobbio, Norberto, *O Futuro da Democracia - Uma Defesa das Regras do Jogo*, 6ª ed., trad. Marco Aurélio Nogueira, São Paulo, Paz e Terra, p. 151-71.

[81] Aristóteles, ob. cit., p. 246 e ss.

[82] A expressão filosofia política é aqui utilizada para indicar as construções teóricas que procuram explicitar o fundamento último do poder. Nas palavras de Bobbio, "in questa accezione la filosofia politica si risolve tutta quanta nella soluzione del problema della giustificazione del potere ultimo, o, in altre parole, nella determinazione di uno o più criteri di *legittimità* del potere." Bobbio, *Teoria Generale della Politica*, ob. cit., p. 6.

[83] Sobre o assunto, v. Bobbio, Norberto, *Locke e o Direito Natural*, 2ª ed., trad. Sérgio Bath, Brasília, UNB, 1998, p. 13-65; Bobbio, Norberto, "O Modelo Jusnaturalista", *in* Bobbio, Norberto & Bovero, Michelangelo, *Sociedade e Estado na Filosofia Política Moderna*, 3ª ed., trad. Carlos Nelson Coutinho, São Paulo, Brasiliense, 1991, p. 13-100.

gona enfrentou Creonte para sepultar seu irmão; de outro, houve aqueles que, como Rousseau, atribuíram ao homem sábio, ao grande legislador, as regras primeiras do ordenamento, às quais os futuros governantes estariam submetidos - hipótese tradicionalmente representada pela lenda de Licurgo.[84]

No processo de imposição de limites internos ao exercício do poder político, merecem relevo a construção teórica da separação dos poderes de Montesquieu, responsável por um sistema de *freios e contrapesos* (*checks and balances*) ao poder político, posteriormente colocada em prática na Constituição norte-americana (1776), e também a gradual afirmação dos direitos fundamentais como esfera intangível pelo poder político, desde a Magna Carta (1215) até a constitucionalização moderna destes direitos, muitas vezes consubstanciando *cláusulas pétreas* nos ordenamentos jurídicos nacionais.[85] O poder político não enfrenta, entretanto, limitações apenas no âmbito interno.

No plano internacional, a concepção unitária e laica de poder da época Moderna ensejou a formação de um sistema internacional com fulcro na lógica da Vestfália (1648) dominado por dois princípios básicos: de um lado, a soberania do Estado no plano interno tinha por contrapartida sua independência no plano internacional frente aos demais membros da sociedade internacional - *rex est imperator in regno suo* - e, de outro, todos os Estados seriam considerados iguais, do ponto de vista jurídico-formal, independentemente de quaisquer considerações geopolíticas acerca de seu tamanho ou poder.

2.4. POLÍTICA EXTERNA: A TRANSCRIÇÃO DO SINGULAR NO UNIVERSAL

A política externa de um país, enquanto exercício do poder político no plano internacional, deve representar, em última análise, um esforço de compatibilizar as necessidades internas com as possibilidades externas, vale dizer, traduzir a capacidade de qualquer sociedade nacional de conformar o seu próprio destino pela apropriada inserção no mundo, no quadro das tendências do sistema

---

[84] Bobbio, *Stato, Governo, Società*, ob. cit., p. 87-8.

[85] Idem, p. 90 e ss. Sobre o assunto, v. Bobbio, Norberto, *A Era dos Direitos*, 9ª ed., trad. Carlos Nelson Coutinho, Rio de Janeiro, Campus, 1999; Comparato, Fábio Konder, *A Afirmação Histórica dos Direitos Humanos*, São Paulo, Saraiva, 1999; Lafer, Celso, *A Reconstrução dos Direitos Humanos - Um Diálogo com o Pensamento de Hannah Arendt*, São Paulo, Companhia das Letras, 1988.

Comércio internacional e política externa brasileira

internacional, uma vez que as necessidades internas não podem ser alcançadas em isolamento autárquico. Por esta razão, pode-se dizer, lembrando Lafer, que a vida internacional de um país se move pela conjugação entre o *universal* - vale dizer, o pensar a humanidade -, e o *específico* - ou seja, o cogitar sobre o nacional e o regional.[86] Numa dialética de implicação e complementaridade incidem, de um lado, valores e princípios de aceitação geral, e de outro, aspirações e interesses particulares, com fundamento na sua singularidade cultural, histórica, econômica e política.[87] Numa palavra, a política externa faz a interface entre um e outro planos, transcrevendo o singular no universal e, por isso, nas palavras de José Honório Rodrigues, a política externa é apenas a outra face da política nacional.[88] Como observa Celso Lafer,

> "A política externa - substância da ação diplomática - é uma política pública. É, no entanto, um tipo especial de política pública, mais qualitativa do que quantitativa, que exige como passo prévio uma análise, em cada conjuntura, tanto das demandas da sociedade nacional quanto das oportunidades oferecidas pelo momento internacional".[89]

2.4.1. Diplomacia: continuidade e mudança

Como a tarefa da política externa é transcrever no plano internacional as aspirações nacionais, e estas são, em geral, constantes no tempo, a atuação diplomática do País tem um inegável componente de tradição, que é a *necessidade de coerência no tempo*, de que nos fala San Tiago Dantas.[90] Estas aspirações nacionais traduzem, para José Honório Rodrigues, os objetivos de bem-estar do povo, e da unidade política e integridade territorial do Estado,[91] e na análise feita por Luiz Felipe de Seixas Corrêa, conformam os objetivos da ação diplo-

---

[86] Lafer, Celso, *Política Externa Brasileira: Três Momentos*, São Paulo, Konrad-Adenauer-Stiftung, 1993, p. 3.

[87] Idem, p. 18.

[88] Rodrigues, José Honório, *Interesse Nacional e Política Externa*, Rio de Janeiro, Civilização Brasileira, 1966, p. 82.

[89] Lafer, *Política Externa Brasileira*, ob. cit., p. 43.

[90] Nas palavras do Chanceler, "a continuidade é requisito indispensável a toda política exterior, pois se em relação aos problemas administrativos do país são menores os inconvenientes resultantes da rápida liquidação de uma experiência ou da mudança de um rumo adotado, em relação à política exterior é essencial que a projeção da conduta do Estado no seio da sociedade internacional revele um alto grau de estabilidade e assegure crédito aos compromissos assumidos." Dantas, San Tiago, *Política Externa Independente*, Rio de Janeiro, Civilização Brasileira, 1962, p. 17.

[91] Rodrigues, ob. cit., p. 76-7.

mática, que busca preservar a independência e a segurança do país, proteger e promover seus interesses, influenciar os demais atores da sociedade internacional e resistir às influências indevidas de terceiros.[92]

Por esta razão, o *tempo diplomático* é um tempo mais dilatado do que o tempo imediato da conjuntura, medindo-se, para Gelson Fonseca Jr., em ritmos mais lentos que obedecem aos processos de afirmação de interesses mais permanentes e duradouros do que os que movem o jogo político interno.[93] Numa palavra, não se apresenta a política exterior como um comportamento reativo às alterações do sistema internacional.[94] Como assinala Celso Lafer, a política externa e a atividade diplomática têm como item permanente na agenda representar os interesses de um país no plano internacional. Daí a necessidade de identificá-los e especificá-los, diferenciando-os dos interesses dos demais atores que operam no plano internacional, o que faz da diplomacia um exercício diário de representação da identidade coletiva de um país.[95] Para voltar a Lafer,

"Traduzir necessidades internas em possibilidades externas para ampliar o poder de controle de uma sociedade sobre o seu destino, que é, no meu entender, a tarefa da política externa considerada como uma política pública, passa por uma avaliação da especificidade destes interesses. Esta avaliação baseia-se numa visão, mais ou menos explícita, de como realizar o bem comum da coletividade nacional e não é uma tarefa singela".[96]

Por outro lado, embora os *valores* perseguidos por cada sociedade internacional sejam relativamente estáticos - por exemplo, o desenvolvimento nacional, assegurado o imperativo da justiça social etc. -, os *modos* de que dispõem os Estados para sua consecução variam no tempo, em virtude das transformações operadas na conjuntura internacional, resultado da conjunção das atitudes individuais de cada ator das relações internacionais. Nas palavras de Fernando Henrique Cardoso,

---

[92] Seixas Corrêa, Luiz Felipe de, "Diplomacia e História: Política Externa e Identidade Nacional Brasileira", *Política Externa*, 9 (1): 22-32, 2000, p. 23.

[93] Fonseca Jr., Gelson, *A Legitimidade e Outras Questões Internacionais*, São Paulo, Paz e Terra, 1998, p. 300.

[94] Lampreia, Luiz Felipe, *Diplomacia Brasileira - Palavras, Contextos e Razões*, Rio de Janeiro, Lacerda, 1999, p. 75.

[95] Lafer, Celso, "A Identidade Internacional do Brasil e a Política Externa Brasileira - Passado, Presente, Futuro", mimeo, 1999, p. 2.

[96] Idem, p. 3.

"A política exterior está vinculada fundamentalmente a interesses nacionais de longo prazo, permanentes. (...) Nada disso, contudo, significa que a diplomacia esteja isenta de sofrer os efeitos da passagem do tempo. Os países mudam, as sociedades se transformam, envelhecem as visões de mundo, e os diplomatas se defrontam com o desafio de responder aos novos tempos sem perder as referências tradicionais, atualizar-se sem desenraizar-se, abrir-se ao novo sem romper equilíbrios delicados (...)".[97]

Esta dinamicidade dos modos de instrumentalização da atuação diplomática de um país responde pelo componente de *inovação*, presente em toda política externa, ao lado do elemento *tradição*. Os modos de inserção no mundo não são, por isso, estáticos, pois os fatores de mudança presentes na vida internacional exigem dos países respostas a essas transformações, identificando as possibilidades de convergência - ou divergência - com Estados e regiões. Neste contexto, o papel do Estado como instância pública de intermediação externa permanece indispensável, partindo da noção de identidade coletiva, de um *nós* assinalador de especificidades. Dentre estas especificidades, Lafer destaca a localização geográfica, a experiência histórica, o código da língua e da cultura, os níveis de desenvolvimento e os dados de estratificação social.[98] Para Ronaldo Sardenberg, são as circunstâncias históricas que delimitam e condicionam as opções diplomáticas de qualquer Estado, pois uma atuação exterior em descompasso com as possibilidades presentes no cenário internacional tende a se perder na mediocridade e no imobilismo.[99]

2.4.2. Nichos de oportunidade: as possibilidades externas

Deste modo, toda política externa não opera uma simples acomodação e passiva aceitação de uma ordem internacional *in fieri*, mas tem o desafio de encontrar *nichos de oportunidades* que lhe possibilitem transcrever necessidades internas em possibilidades externas.[100] O desafio permanente da política externa está, pois, na avaliação das grandes tendências das relações internacionais, e no processo de adaptação, pela diplomacia, dos interesses nacionais neste macrossistema internacional.[101] Como aponta Lafer,

---

[97] Cardoso, Fernando Henrique, "Prefácio", *in* Lampreia, Luiz Felipe, *Diplomacia Brasileira - Palavras, Contextos e Razões*, Rio de Janeiro, Lacerda, 1999, p. 9.

[98] Lafer, "A Identidade Internacional do Brasil e a Política Externa Brasileira", ob. cit., p. 4-5.

[99] Sardenberg, Ronaldo Mota, "Estudo das Relações Internacionais", *Curso de Relações Internacionais*, vol. IV, Brasília, UNB, 1982, p. 22.

[100] Lafer, *Política Externa Brasileira*, ob. cit., p. 3 e ss.

[101] Barbosa, Rubens Antônio, *Panorama Visto de Londres - Política Externa e Economia*, São Paulo, Aduaneiras, 1998, p. 23.

"A inserção do Brasil no mundo, que é um tema crucial para a percepção dos caminhos do como realizar, para empregar um termo clássico, o bem comum, requer um juízo de orientação que leve em conta tanto a legitimidade dos fins - que é o grande tema da especificidade de uma identidade coletiva - quanto a eficácia dos meios - que é o grande tema da operacionalidade, com a sua inevitável dimensão de pragmatismo e realismo".[102]

2.4.3. A diplomacia econômica

Como a política externa opera a transcrição do singular no universal, traduzindo as necessidades internas em possibilidades externas, uma vez que o vetor da atuação diplomática passa a ser o desenvolvimento do espaço nacional, os temas econômicos adquirem importância crescente na agenda diplomática dos países, que buscam instrumentalizar o desenvolvimento nacional a partir de um correto processo de inserção no universo das relações internacionais econômicas.

Por esta razão, a abrangência *ratione materiae* da política externa que, no passado, dividiu os teóricos em partidários ou não da inclusão de temas econômicos na agenda internacional hoje parece superada com o aprofundamento da interdependência e a insuficiência do *hard power* da política internacional na conformação de uma ordem mundial. Como o interesse nacional também compreende uma vertente econômica de importância crescente, a ativa mobilização para uma maior participação no mercado internacional ocupa posição necessária na atividade diplomática.[103] Assim, se no passado a política exterior brasileira orientava-se para a consolidação da unidade nacional pelo traçado definitivo das fronteiras, hoje privilegia inegavelmente o desenvolvimento econômico nacional pela inserção competitiva do País no cenário internacional.[104]

---

[102] Lafer, *Política Externa Brasileira*, ob. cit., p. 4.

[103] Flecha de Lima, Paulo Tarso, *Caminhos Diplomáticos - 10 Anos de Agenda Internacional*, Rio de Janeiro, Francisco Alves, 1997, p. 284-5. Sobre o assunto, v. Almeida, Paulo Roberto, *O Brasil e o Multilateralismo Econômico*, Porto Alegre, Livraria do Advogado, 1999, p. 35 e ss.

[104] Como observa Paulo Tarso Flecha de Lima, "cabe à diplomacia a defesa do interesse nacional concebido em sentido amplo, seja sob forma de temas políticos, seja sob a forma de apoio a interesses econômicos concretos. Nesse sentido, uma ativa mobilização a favor de uma maior participação no comércio internacional e um engajamento decidido na conquista de mercados seriam parte necessária da tarefa diplomática." Flecha de Lima, *Caminhos Diplomáticos*, ob. cit., p. 284. Para uma análise da atuação diplomática brasileira, v. Capítulo 6 deste livro.

2.4.4. Política externa e direito internacional

A atuação diplomática, em geral, e a brasileira, em particular, portanto, são norteadas pelos componentes da tradição e da inovação, que respondem por um equilíbrio dinâmico no processo de tradução dos interesses nacionais no cenário internacional. Estas atuações, entretanto, não operam na anomia, pois há limites externos ao poder político, entendido como *policy*, quando exercido no plano internacional. Estes *limites externos*, de que nos fala Bobbio,[105] são representados pelas normas de direito internacional, que circunscrevem o exercício do poder político no sistema internacional e promovem a mútua colaboração de vertente Grociana.

Com efeito, como os Estados convivem num mesmo macrossistema de relações internacionais, mister se fazem limites à atuação internacional dos mesmos. Por outras palavras, a política externa, que pode ser entendida como o vetor internacional da exteriorização do poder político, encontra limites traçados pelo direito internacional público, cujas funções básicas são, como bem aponta Celso Lafer: a) a distribuição de competências entre os Estados no âmbito da comunidade internacional, vale dizer, a regulamentação da competência territorial do Estado; b) a preservação e promoção dos interesses comuns dos Estados - normas de mútua colaboração; e, c) a regulação do uso da força no plano internacional, por meio da constitucionalização das relações internacionais[106] - neste aspecto, merecem menção o Pacto da Sociedade das Nações (1919), o Pacto Briand-Kellog (1928) e a Carta das Nações Unidas (1945).

2.5. O DIREITO INTERNACIONAL PÚBLICO DA COEXISTÊNCIA PACÍFICA

No período pós-Vestfália (1648), e notadamente durante o concerto europeu, a ausência de uma autoridade central capaz de impor uma ordem tal qual no plano interno respondeu por um relacionamento internacional cujo pano de fundo era a chamada *balança de poder* que prevenisse o surgimento de pretensões hegemônicas. Como os Estados não conhecem nenhuma autoridade superior a eles próprios no plano internacional, o poder encontra-se, neste nível, logicamente descentralizado ou, como prefere Dupuy, disperso, in-

---

[105] Bobbio, *Stato, Governo, Società*, ob. cit., p. 92 e ss.

[106] Lafer, Celso, *Comércio e Relações Internacionais*, São Paulo, Perspectiva, 1977, p. 65 e ss.; Lafer, Celso, *Paradoxos e Possibilidades - Estudos sobre a Ordem Mundial e sobre a Política Exterior do Brasil num Sistema Internacional em Transformação*, Rio de Janeiro, Nova Fronteira, 1982, p. 108.

condicionado e violento, traços característicos da sociedade relacional,[107] um sistema fundamentalmente anárquico. Não é por outra razão que Richard Falk entende o direito internacional como um conjunto de normas que estruturam relações de coordenação, e não de subordinação, como no plano interno.[108]

2.5.1. A ordem diplomática do concerto europeu

No âmbito interno, como assinala Fonseca Júnior, as discussões envolvendo a existência, a extensão e os limites da *ordem* podem alcançar um certo grau de precisão, de um lado, pela maior homogeneidade dos valores - os *interesses básicos* da nação são mais claramente identificáveis do que os da sociedade internacional - e, de outro, pela existência de uma autoridade central que *produz* e *organiza* a ordem. No plano internacional, a ausência de instituições que uniformizem os valores e a inexistência de uma autoridade central colocam em questão a noção de ordem.[109] Entretanto, como um mínimo de paz e ordem são indispensáveis às relações entre os Estados, certas regras definindo os direitos e deveres dos atores internacionais faziam-se necessárias.

Não obstante a ordem precária do concerto europeu tivesse uma natureza mais político-diplomática do que propriamente jurídica, pelo funcionamento da *balança de poder* através do consenso entre as grandes potências da época, começam a surgir e se consolidar, neste período, as primeiras regras para a circunscrição da atuação diplomática dos Estados, cujo fundamento é a concertação de uma multiplicidade de centros de poder. Lafer, analisando o trinômio ordem-poder-consenso, aponta que o consenso tem origem na *reciprocidade* de interesses entre os centros de poder, o que supera, num determinado momento, a tendência ao conflito.[110]

---

[107] Dupuy, René-Jean, *Le Droit International*, 7e éd., Paris, PUF, 1986, p. 21 e ss.

[108] Falk, Richard Anderson, "International Jurisdiction: Horizontal and Vertical Conceptions of Legal Order", *Temple Law Quarterly*, (32): 295-320, 1959.

[109] Fonseca Jr., ob. cit., p. 40-1.

[110] Nas palavras de Lafer, "no campo do direito internacional, a positividade de qualquer regulamentação jurídica depende fundamentalmente do consenso, em virtude da multiplicidade dos centros de poder no sistema internacional. Este consenso se origina de uma reciprocidade de interesses entre os centros de poder que supera, num determinado momento, a tendência ao conflito, por um esforço de cooperação. Este consenso, no entanto, não é estático, pois as tendências ao conflito e os esforços em prol da colaboração não se anulam, porém permanecem e, ao permanecer, numa tensão dialética de implicação e polaridade, como diria Miguel Reale, explicam e orientam a interpretação que se deve dar ao Direito em vigor. A interpretação do Direito em vigor e dos seus efeitos requer, portanto, uma investigação concomitante da norma e de sua aplicação." Lafer , *Comércio e Relações Internacionais*, ob. cit., p. 13 e 65 e ss.

2.5.2. Um direito internacional da paz e da guerra

As normas necessárias ao regramento das relações internacionais neste período inicial tinham por finalidade última manter a paz e evitar a guerra num cenário caracterizado por uma pluralidade de soberanias. Por isso, estas normas, que em conjunto formavam um verdadeiro *direito internacional da paz e da guerra*, tinham por conteúdo básico um *não-fazer* (*non facere*), ou uma *mútua abstenção*, prescrevendo para os Estados comportamentos negativos que não alterassem a paz pelo equilíbrio das superpotências européias. Um dos princípios surgidos neste período era justamente o da não-intervenção, exemplo primeiro de como manter a paz preservando a independência dos atores soberanos.[111] Como assinala Celso Lafer,

> "A lógica de Vestfália e a teoria tradicional de soberania geraram o Direito Internacional Clássico, baseado em normas de mútua abstenção, que tiveram condições de regular uma sociedade internacional, de membros pouco numerosos e de relacionamento pouco diferenciado, que se colocavam uns em relação aos outros de forma mais ou menos justaposta".[112]

Estas regras iniciais, ao objetivarem a paz sem macular o princípio da soberania, consubstanciam um *direito internacional público da coexistência pacífica*, que em última análise traduz uma nítida separação entre o *interno* e o *externo*, e privilegia a ótica individual do Estado Moderno, caracterizado *inter alia* pela centralização administrativa, pelo protecionismo econômico e pela criação de exércitos permanentes - o que levou à elaboração dos conceitos de soberania e *raison d'État* -, e não a sociedade internacional como um todo, em seus vetores econômicos e sociais.[113] O propósito primeiro destas normas, como lembra Friedmann, é a regulação da comunicação diplomática e o respeito mútuo às soberanias nacionais, configurando regras de contenção do comportamento estatal.[114] Fausto de Quadros observa que, sendo um direito de mera coexistência pacífica, o direito internacional clássico apresenta-se como uma ordem jurídica *passiva*, esgotando-se num sistema de coordenação de soberanias individuais.[115]

---

[111] Lafer, Celso, *Comércio, Desarmamento, Direitos Humanos - Reflexões sobre uma Experiência Diplomática*, São Paulo, Paz e Terra, 1999, p. 26.

[112] Lafer, *Paradoxos e Possibilidades*, ob. cit., p. 71.

[113] Lafer, Celso, *O Convênio do Café de 1976 - Da Reciprocidade no Direito Internacional Econômico*, São Paulo, Perspectiva, 1979, p. 7.

[114] Friedmann, Wolfgang, *The Changing Structure of International Law*, New York, Columbia University Press, 1964, p. 60.

[115] Quadros, Fausto de, *Direito das Comunidades Européias e Direito Internacional Público - Contributo para o Estudo da Natureza Jurídica do Direito Comunitário Europeu*, Lisboa, Almedina, 1991, p. 388.

A ausência de normas de direito público, quer interno, quer internacional, que dispusessem sobre assuntos econômicos, explica-se pela própria natureza do Estado Liberal do século XIX, que procurava deixar tais domínios sob a égide do direito privado, em que imperava o princípio da autonomia da vontade, consolidado e difundido pela codificação napoleônica. É de se notar, entretanto, como aponta Celso Lafer, que sendo aspiração do Estado Liberal o livre comércio sem restrições, o intercâmbio comercial provocou a intensificação dos conflitos de normas no espaço, colocando-se o problema do relacionamento entre ordenamentos jurídicos nacionais concorrentes no equacionamento de relações jurídicas privadas complexas, ou multinacionais, o que impulsionou o desenvolvimento do direito internacional privado, cujo objeto é justamente a solução dos conflitos de normas no espaço.[116]

2.5.3. Uma aplicação do argumento realista

O direito internacional público, nesta fase inicial, encontra sua matriz no realismo anárquico de Maquiavel e Hobbes, consoante o qual o fator a comandar o jogo internacional é a política do poder, cuja finalidade última é a sobrevivência de seus atores primordiais, vale dizer, os Estados soberanos e iguais juridicamente, no quadro geral da lógica da Vestfália. Dois princípios fundamentais estão na base do argumento realista, que levou à idéia de *raison d'État*, ou *realpolitik*: um, de índole estrutural, relaciona-se com a própria característica soberana dos atores internacionais - a soberania, que caracteriza o Estado Moderno, apresenta um aspecto externo que traduz a sua não-submissão a qualquer autoridade que lhe seja superior no cenário internacional; o outro, processual, reflete seu caráter aquisitivo e expansionista, origem de um conflito de todos contra todos em escala universal.[117]

O egoísmo que impera no estado de natureza hobbesiano domina também o jogo internacional, pois em última análise este nada mais é do que a guerra de todos contra todos em escala global.[118] Internamente, lembra Hobbes, a transferência das liberdades individuais originais foi responsável pelo surgimento de um Estado-Le-

---

[116] Lafer, *O Convênio do Café de 1976*, ob. cit., p. 8-9. Sobre o assunto, v. Castro, Amílcar de, *Direito Internacional Privado*, 5ª ed., Rio de Janeiro, Forense, 1997, p. 127 e ss.; Dolinger, Jacob, *Direito Internacional Privado (Parte Geral)*, 5ª ed., Rio de Janeiro, Renovar, 2000, p. 1 e ss.; Strenger, Irineu, *Direito Internacional Privado*, 3ª ed., São Paulo, LTr, 1996, p. 215 e ss.

[117] Fonseca Jr., ob. cit., p. 44.

[118] Susco, Elvira M. Battaglia de, "Una Aproximación a la Hipótesis Hobbesiana del 'Estado de Naturaleza' Aplicada al Area de las Relaciones Internacionales", *Revista Occidental - Estudios Latinoamericanos*, 9 (1): 77-101, 1991.

viatã, detentor do monopólio do poder e da força. No plano internacional, pela ótica realista, um contrato dessa mesma índole não seria possível, e a situação de anarquia seria irremediável, uma vez que cada entidade soberana busca, sem o constrangimento de quaisquer limitações, a maximização de seus interesses nacionais.[119]

Os dois princípios balisadores do realismo - soberania e expansionismo -, combinados, conformam um sistema internacional caracterizado pelo conflito constante, de guerra de todos contra todos nos moldes hobbesianos, interminável e recorrente.[120] A partir desta constatação fática, não resta aos atores internacionais senão buscar sua autopreservação, quer isoladamente, quer mediante a constituição de alianças, daí por que a guerra, na perspectiva realista, aparece como um direito soberano do Estado, uma contingência normal do jogo de poder. A atividade de beligerância, enfim, está na natureza das coisas.[121] Como aponta Celso Lafer,

> "O poder, sem mais, seria, para apropriar-me de uma frase de *sir* Lewis Namier, a verdadeira música da vida internacional, e as idéias e valores, inclusive a justiça e a legitimidade, são *a mere libretto, often of a very inferior quality*".[122]

Numa situação de poder descentralizado, a anarquia irremediável pode presenciar instáveis momentos de estabilidade, por um mecanismo de balança de poder, que acaba por introduzir uma precária ordem no universo das relações internacionais. É através da balança de poder, pois, que os realistas procuram explicar a introdução de um mínimo de ordem no sistema internacional. Esta esta-

---

[119] Bull explica que "the Hobbesian prescription for international conduct is that the state is free to pursue its goals in relation to other states without moral or legal restrictions of any kind. Ideas of morality and law, on this view, are valid only in the context of a society, but international life is beyond the bounds of any society. If any moral or legal goals are to be pursued in international politics, these can only be the moral or legal goals of the state itself." Bull, Hedley, *The Anarchical Society - A Study of Order in World Politics*, London, Mac Millan, 1990, p. 25.

[120] Como assevera Fonseca Júnior, "se o expansionismo fosse inato ao Estado, mas houvesse uma autoridade superior, moral, jurídica ou política, poderia ser sistematicamente contido. O processo internacional teria, como pivô da ordem, algum foco institucional de autoridade, uma espécie de Leviatã mundial (...) Em contrapartida, a soberania, em si mesma, não seria ameaçadora, caso não fossem os Estados contaminados pelo vírus da aquisição e da expansão." Fonseca Jr., ob. cit., p. 45.

[121] Nas palavras de Fonseca Júnior, "a preservação do Estado é um valor que garante a possibilidade de realização de todos os outros valores e, portanto, ganha a força de um verdadeiro imperativo ético." E mais adiante: "o cálculo frio que preconiza o realismo vai comportar a mais ampla e variada gama de atitudes: em certas ocasiões, a linha correta de ação será a guerra; em outras, a aliança e a cooperação." Fonseca Jr., ob. cit., p. 46 e ss.

[122] Lafer, Celso, "Prefácio", *in* Fosenca Jr., Gelson, *A Legitimidade e Outras Questões Internacionais*, São Paulo, Paz e Terra, 1998, p. 13.

bilidade instável é obtida através de uma intensa atividade diplomática que procura superpor ao jogo internacional um complexo de alianças de geometria variável. A falha na habilidade diplomática pode levar à guerra, que o realismo entende como um procedimento normal na luta pelo poder (*struggle for power*).[123]

Desta sorte, como não existe, no plano internacional, uma autoridade que monopolize o uso da força, como ocorre no nível interno dos Estados soberanos, torna-se impraticável o controle do comportamento de seus atores, através da imposição de sanções. Esta é a posição dos realistas quanto ao sentido do direito internacional da coexistência. Como lembra Morgenthau, expoente do realismo contemporâneo,

> "The decentralized nature of international law is the inevitable result of the decentralized structure of international society. Domestic law can be imposed by the group that holds the monopoly of organized force; that is, the officials of the state. It is an essential characteristic of international society, composed of sovereign states, which by definition are the supreme legal authorities within their respective territories, that no such central law-giving and law-enforcing authority can exist there".[124]

As normas do direito internacional da coexistência, nesta perspectiva, aparecem como subordinadas à estratégia de cada um dos atores da cena internacional. Como lembra Fonseca Júnior, "a palavra empenhada será ou não cumprida em função do custo e da oportunidade do cumprimento. O elemento de cálculo é que decide no cumprimento da norma, e não o fato de que existe a obrigação convencional".[125] Por isso, não sem razão aponta Charles de Visscher que tal concepção conduz à própria negação do direito internacional.[126] Este sistema anárquico vai comportar, entretanto, o estabelecimento de uma certa ordem, ainda que tensa, a partir de processos de generalização do cálculo, vale dizer, ao passo que cada Estado calcula a melhor equação de sua sobrevivência, num dado sistema internacional comum, surge a balança de poder caracterizada por um certo equilíbrio, onde todos os atores internacionais se autopreservam, independentes e soberanos. Numa palavra, a noção de or-

---

[123] Fonseca Jr., ob. cit., p. 56 e ss.

[124] Morgenthau, Hans J., *Politics Among Nations - The Struggle for Power and Peace*, 3rd ed., New York, Alfred A. Knopf, 1961, p. 278.

[125] Fonseca Jr., ob. cit., p. 53.

[126] Visscher, Charles de, *Théories et Réalités en Droit International Public*, 4e éd., Paris, Pedone, 1970, p. 25.

Comércio internacional e política externa brasileira

dem para o realismo supõe o funcionamento da balança de poder, e por isso pode ser caracterizada como algo mais político-diplomático do que propriamente jurídico.[127]

2.6. O DIREITO INTERNACIONAL PÚBLICO DA COOPERAÇÃO

A partir do século XIX, com a internacionalização crescente da economia e a difusão do livre-cambismo, a idéia de Estados autônomos e auto-suficientes, que caracterizara o período anterior, tornou-se irreal. Ainda naquele século começam a aparecer as primeiras normas de direito internacional de conteúdo qualitativamente diverso das regras anteriores, e o esgotamento, com a eclosão da Segunda Guerra, do modelo de ordem baseado no consenso das superpotências - a balança de poder do concerto europeu -, origina uma tentativa de propor uma ordem mundial de natureza mais jurídica do que diplomática. A tomada de consciência, por parte dos Estados, de que não seria possível o desenvolvimento em isolamento autárquico, e de que num mundo interdependente a cooperação é inescapável, faz com que apareçam normas de mútua colaboração, preconizando não mais um comportamento negativo aos seus sujeitos mas, ao contrário, um comportamento positivo, ativo. Não mais um *não-fazer* (*non facere*) mas um *fazer* (*facere*), tendo em vista a necessidade de administrar a interdependência de Estados num sistema internacional crescentemente complexo.[128]

2.6.1. A promoção de interesses comuns

Estas normas, de conteúdo positivo, dão origem a um *direito internacional público da cooperação*, para lembrar a clássica expressão de Friedmann,[129] ou *da solidariedade internacional*, como prefere Fausto de Quadros,[130] cuja função é promover interesses comuns.[131] As crises e as dificuldades, sobreturo do período pós-Segunda Guerra, passaram a exigir um direito internacional público *ativo*, inspirado por uma filosofia intervencionista que lhe permitisse promover o bem-estar dos povos e instaurar uma ordem internacional cujo pano

---

[127] Fonseca Jr., ob. cit., p. 56; Lafer, *Comércio e Relações Internacionais*, ob. cit., p. 66.

[128] Lafer, Celso, *A OMC e a Regulamentação do Comércio Internacional - Uma Visão Brasileira*, Porto Alegre, Livraria do Advogado, 1998, p. 20.

[129] Friedmann, ob. cit., p. 60 e ss.

[130] Quadros, ob. cit., p. 386.

[131] Lafer, *A OMC e a Regulamentação do Comércio Internacional*, ob. cit., p. 20.

de fundo fosse constituído pelos valores da solidariedade e da justiça social. Celso Lafer observa que, no plano internacional,

> "Estas normas têm como origem a reciprocidade de interesses na cooperação internacional, derivada das realidades da interdependência que afetam, no mundo contemporâneo, a capacidade de qualquer Estado em atender, isoladamente, às suas necessidades numa base exclusivamente territorial".[132]

Esta evolução apresenta uma natureza *qualitativa* essencial, uma vez que se relaciona com a própria *estrutura* das regras de direito internacional público: estas deixaram de tirar seu fundamento exclusivamente do princípio da *soberania* para privilegiar a *solidariedade* internacional, pois o que unia os Estados passou a ser mais forte do que o elemento que os separava.[133] Os princípios da soberania e da solidariedade passam a fundamentar as normas de direito internacional público num equilíbrio dialético dinâmico, havendo domínios tendentes ao primeiro (soberania) - o que faz com que estas normas se aproximem da primeira fase -, enquanto outras tiram seu fundamento de modo precípuo do segundo (solidariedade).[134] Por isso, as normas de direito internacional público da segunda fase não se sobrepõem às da primeira, mas convivem harmonicamente pela diversidade dos domínios de umas e outras. Nas palavras de Fausto de Quadros,

> "O DIP não deixou de regular relações entre Estados soberanos mas passou a preocupar-se com muito mais: com a solidariedade e a justiça social entre os Homens e os Povos. Por outras palavras, o DIP não deixou de assentar na soberania dos Estados mas passou a considerá-la numa relação de recíproca limitação com o princípio da solidariedade internacional (...)".[135]

2.6.2. A ordem do pós-Primeira Guerra

Como assinala Lafer, a expansão do comércio internacional conviveu com a lógica da Vestfália graças à ordem de fato imposta pela *pax britannica*, politicamente viabilizada pelo concerto europeu, militarmente sustentada pela *Royal Navy* e administrativamente facilitada pelo colonialismo.[136] Mesmo assim, neste período começam a

---

[132] Lafer, *Paradoxos e Possibilidades*, ob. cit., p. 108.

[133] Quadros, ob. cit., p. 388-9.

[134] Idem, p. 403.

[135] Idem, p. 400.

[136] Lafer, *Paradoxos e Possibilidades*, ob. cit., p. 73.

Comércio internacional e política externa brasileira

59

surgir normas cujo conteúdo positivo prescrevia a *cooperação* entre os Estados, congregados em torno de um objetivo comum, cooperação esta que poderia ou não se institucionalizar, mediante a criação de uma organização internacional, dotada de subjetividade funcional, consoante os interesses dos Estados envolvidos. A tentativa de se forjar uma ordem de índole mais jurídica do que diplomática deu origem, no pós-Primeira Guerra, à Liga das Nações (1919), cujo propósito seria limitar juridicamente, através da cooperação, o arbítrio dos Estados no exercício de suas competências soberanas. A eficácia deste projeto foi, entretanto, limitada. Politicamente, porque faltava à Sociedade das Nações, que se converteu numa instituição anglo-francesa, os recursos de poder necessários ao estabelecimento de uma ordem estável tal qual o concerto europeu. Economicamente, pela reversão do liberalismo, com a crise de 1929, e a volta ao protecionismo, como alternativa ao desenvolvimento nacional.[137]

2.6.3. A ampliação do papel do Estado

O que ocorre, no plano internacional, é um processo evolucionista bastante similar àquele que, nos domínios internos, levara à substituição do Estado Polícia pelo Estado Providência, fazendo com que a comunidade internacional passasse a absorver tarefas que âté então integravam o rol das competências exclusivas dos Estados. O Estado Intervencionista passou a regulamentar a economia, muitas vezes assumindo a função de agente econômico através de empresas públicas e sociedades de economia mista, e a impor limites à autonomia da vontade por meio de normas imperativas no campo da liberdade contratual privada.[138]

Lafer, lembrando Leibniz, aponta que os *imperativos negativos*, que caracterizam as normas de mútua abstenção, à semelhança do contratualismo político que originou o Estado Moderno - conversão do estado de natureza em sociedade politicamente organizada -, respondem por restrições que os homens estabelecem a sua primitiva liberdade, o que representa a corporificação do *neminem laedere*, o não lesar a outrem, no plano internacional. São obrigações negativas que não geram, necessariamente, a recíproca cooperação entre os Estados. Daí a transformação, no plano interno, do Estado Liberal

---

[137] Lafer, *O Convênio do Café de 1976*, ob. cit., p. 10. Para uma análise da participação do Brasil na Liga das Nações, v. Garcia, Eugênio Vargas, *O Brasil e a Liga das Nações (1919-1926): Vencer ou não Perder*, Porto Alegre, UFRGS, 2000.

[138] Lafer, *O Convênio do Café de 1976*, ob. cit., p. 10. Sobre o assunto, v. Venâncio Filho, Alberto, *A Intervenção do Estado no Domínio Econômico - O Direito Público Econômico no Brasil*, ed. fac-similar, Rio de Janeiro, Renovar, 1998, p. 3-21.

em Estado Intervencionista, cujo ordenamento jurídico apresenta imperativos positivos, superando o estágio do *neminem laedere* para privilegiar o *suum cuique tribuere*, também na escala ampliada do macrossistema das relações internacionais.[139]

2.6.4. Uma aplicação do argumento racionalista

Do mesmo modo como a primeira fase da evolução das normas de direito internacional público pode ser associada ao paradigma realista de funcionamento das relações internacionais, podemos vislumbrar no processo cooperativo internacional que tem início no século XIX a matriz racionalista grociana do jogo internacional, que procura compatibilizar os paradoxos e as possibilidades da vida internacional pela cooperação mútua, vale dizer, existiria no sistema internacional um potencial de solidariedade e sociabilidade capaz de engendrar uma governança comum em prol do bem-estar universal.[140]

Não obstante o Estado Moderno, oficializado na Paz de Vestália (1648), tivesse o atributo da soberania, cujo aspecto externo respondia por sua não submissão a qualquer autoridade que lhe fosse superior no plano internacional, para Grócio todos os Estados formariam, em conjunto, uma verdadeira sociedade internacional.[141] Como explica Marie-Claude Smouts, a anarquia passa a ser temperada por regras, que permitem a conformação de uma sociedade de Estados, ou sociedade internacional.[142] Enfim, identificamos a existência dos conflitos no mundo da realidade, ou do ser, mas também a possibilidade de cooperação. Como aponta Lafer,

> "Para os racionalistas, o antagonismo não é o traço exclusivo da convivência internacional. A cooperação é possível, vale em si, leva à criação de organizações internacionais que exprimem o potencial de sociabilidade presente na vida internacional. Por isso, a ordem, no plano mundial, não é apenas uma ordem diplomática, fruto dos equilíbrios momentâneos da distribuição indi-

---

[139] Lafer, *O Convênio do Café de 1976*, ob. cit., p. 12.

[140] Lafer, *O Brasil e a Crise Mundial*, ob. cit., p. 48 e ss.

[141] Nas palavras de Bull, "on the one hand princes and peoples had indeed become independent of one another and of central authorities and were sovereign. But on the other hand they were not in a state of nature, but part of the great society of all mankind, *magna communitas humani generis*. Even without central institutions, rulers and peoples might constitute a society among themselves, an anarchical society or society without government." Bull, Hedley, "The Importance of Grotius in the Study of International Relations", *in* Bull, Hedley et al. (editors), *Hugo Grotius and International Relations*, Oxford, Clarendon, 1992, p. 72.

[142] Smouts, Marie-Claude, "La Mutation d'une Discipline", *in* Smouts, Marie-Claude (dir.), *Les Nouvelles Relations Internationales - Pratiques et Théories*, Paris, Presses de Sciences Po, 1998, p. 18.

Comércio internacional e política externa brasileira

vidual e desigual de poder entre os Estados, calibrados pela inteligência astuciosa e esquiva do cálculo de interesses da 'razão de estado'. É um processo que comporta a perspectiva construtiva da criação de instituições exemplificada na existência e nas atividades de múltiplas organizações internacionais. Estas têm a capacidade de ir superando o onipresente risco de anomia no plano mundial, pois a variável institucional é configuradora de uma efetiva domesticação do poder ao ensejar a condução dos conflitos".[143]

Daí por que os racionalistas procuram propor modos de articular, no sistema internacional, regras e instituições que exerçam alguma forma de contenção do comportamento dos Estados soberanos. A sociabilidade que, na perspectiva aristotélica, é o traço característico do homem, também está presente no plano internacional, e oferece os parâmetros para que se determine se um dado comportamento está ou não conforme a *reta razão*. Gelson Fonseca Jr. explica que,

> "Do momento em que é possível conhecer, pela razão, o que é a vantagem de todos, será conseqüentemente possível determinar, na ação concreta do Estado, o comportamento nocivo, o comportamento que prejudica o bem comum; numa palavra, será possível determinar o comportamento ilegal ou injusto, o comportamento que viola os preceitos da razão (...)".[144]

Como lembra Hedley Bull, se quisermos comparar a fenomenologia das relações internacionais com algum esquema pré-contratual clássico de estado de natureza entre os homens, a melhor forma seria não a de Hobbes, a qual fizemos referência acima, mas a de Locke, onde não existe uma autoridade central que monopolize a força e seja capaz de aplicar o direito internacional, restando aos membros individuais a prerrogativa de fazê-lo.[145] Os atores internacionais soberanos, em suas relações recíprocas no ínterim da sociedade internacional, atuam tendo em vista regras e instituições por eles mesmos criadas, sendo seu pano de fundo imperativos morais e legais. Estes

---

[143] Lafer, "Prefácio", ob. cit., p. 10.

[144] Fonseca Jr., ob. cit., p. 66.

[145] Bull, *The Anarchical Society*, ob. cit., p. 48. Locke, discorrendo sobre o estado de natureza, aponta que "apesar de ter o homem naquele estado liberdade incontrolável de dispor da própria pessoa e posses, não tem a de destruir-se a si mesmo ou a qualquer criatura que esteja em sua posse, senão quando uso mais nobre do que a simples conservação o exija. O estado de natureza tem uma lei de natureza para governá-lo, que a todos obriga; e a razão, que é essa lei, ensina a todos os homens que tão-só a consultem, sendo todos iguais e independentes, que nenhum deles deve prejudicar a outrem na vida, na saúde, na liberdade ou nas posses." Locke, ob. cit., p. 218.

imperativos acentuam as diferenças entre os Estados e afirmam a coexistência e a cooperação entre eles. Nas palavras de Bull,

"The Grotian prescription for international conduct is that all states, in their dealings with one another, are bound by the rules and institutions of the society they form. As against the view of the Hobbesians, states in the Grotian view are bound not only by rules of prudence or expediency but also by imperatives of morality and law. But as against the view of the universalists, what these imperatives enjoin is not the overthrow of the system of states and its replacement by universal community of mankind, but rather acceptance of the requirements of coexistence and cooperation in a society of states".[146]

2.7. A INTERDEPENDÊNCIA ECONÔMICA NO PÓS-SEGUNDA GUERRA

A cooperação de matriz grociana e inspiração no princípio da solidariedade respondeu por normas de mútua colaboração nos mais diversos domínios temáticos das relações internacionais. O fenômeno da *interdependência* dos Estados, que encontra raízes na expansão ultramarina e no comércio dos europeus com o novo continente do além-mar nos moldes mercantilistas da Modernidade, acentuou-se no pós-Segunda Guerra com a definitiva tomada de consciência por parte dos Estados de que não eram auto-suficientes e de que não seria possível o desenvolvimento em isolamento autárquico.[147] Uma dimensão verdadeiramente universal das relações internacionais levou a uma nova tentativa de sua constitucionalização com a criação das Nações Unidas e a busca da superação dos erros que haviam levado a Liga das Nações ao fracasso.[148]

A interdependência crescente do pós-Guerra resultou, de um lado, da revolução tecnológica operada nos domínios do tempo e do espaço: a rapidez e a diminuição dos custos dos transportes associadas à comunicação instantânea tornaram a produção e a circulação de riquezas no plano internacional não adstritas aos lindes das fronteiras nacionais. Por outro lado, as instituições criadas no período, sob inspiração liberal, forneceram o arcabouço jurídico considerado

---

[146] Bull, *The Anarchical Society*, ob. cit., p. 27.

[147] Basso, Maristela, "O Direito e as Relações Internacionais no Novo Cenário Mundial: O Fenômeno Crescente das Organizações Internacionais", *Estudos Jurídicos*, (25) 65: 107-28, 1992, p. 107.

[148] Lafer, *O Convênio do Café de 1976*, ob. cit., p. 11.

Comércio internacional e política externa brasileira

necessário ao desenvolvimento das relações internacionais econômicas, tais como o Fundo Monetário Internacional (FMI) e o Banco Mundial (BIRD), o Acordo Geral sobre Tarifas e Comércio (GATT) e, mais recentemente, a Conferência das Nações Unidas para o Comércio e o Desenvolvimento (UNCTAD), a Organização Mundial do Comércio (OMC), além dos inúmeros acordos de integração regional.[149]

As normas positivas de mútua colaboração, no campo econômico, constituem, para voltar a Lafer, uma das dimensões do fenômeno da integração política internacional, que privilegia o sistema coletivo de tomada de decisões entre os Estados em substituição aos meios e processos exclusivamente nacionais, corolário da diluição das rígidas fronteiras que separavam o *interno* do *externo* pelas revoluções científica e tecnológica operadas na segunda metade do século XX, e da conseqüente impossibilidade de calcar o desenvolvimento numa base exclusivamente individual e territorial.[150] Como observa Pierre Hassner, a intensificação das comunicações e da interdependência, em vez de diluir o papel do Estado no jogo das relações internacionais econômicas, tornou a cooperação interestatal indispensável à sua regulação, uma vez que o mercado não opera no vazio.[151] A diluição das fronteiras entre o interno e o externo responde, nesta perspectiva, pela *política internacional econômica*, da qual resulta a regulação internacional da economia.[152]

2.8. A REGULAÇÃO DAS RELAÇÕES INTERNACIONAIS ECONÔMICAS

O regime jurídico da criação internacional de riquezas, sua mobilidade e seu financiamento - que constitui, para Carreau e Juillard,

---

[149] Jackson, John H., *The World Trading System - Law and Policy of International Economic Relations*, 2nd ed, Cambridge, MIT, 1997, p. 6-7.

[150] Lafer, *O Convênio do Café de 1976*, ob. cit., p. 13. Como assinala Roger Tooze, "states have over the past hundred years attempted to construct ways of managing industrial change within the context of the international economy that help them to achieve their national policies. This has involved creating a large number of international institutions and agreements for the collective management of the international economy. In this way what could be seen previously as 'national economics' becomes rapidly translated into 'national politics', and 'national' politics and economics become the concern of 'international' actions and a major focus of international relations." Tooze, Roger, "International Political Economy in an Age of Globalization", *in* Baylis, John & Smith, Steve (editors), *The Globalization of World Politics - An Introduction to International Relations*, Oxford, Oxford University Press, 1997, p. 216.

[151] Hassner, Pierre, "De la Crise d'une Discipline à celle d'une Époque ?", *in* Smouts, Marie-Claude (dir.), *Les Nouvelles Relations Internationales - Pratiques et Théories*, Paris, Presses de Sciences Po, 1998, p. 380.

[152] Sobre a política internacional econômica, v. Tooze, ob. cit., p. 212-30.

o próprio objeto do *direito internacional econômico*[153] - tem oscilado entre o liberalismo e o intervencionismo em função das doutrinas dominantes acerca do papel do Estado na economia. Embora as primeiras normas de direito internacional econômico só tenham surgido no pós-Segunda Guerra, o Estado, individualmente considerado, desde o final da Idade Média já manifestava preocupação com as relações internacionais econômicas. Assim, a *belle époque* foi marcada pelo *laissez faire, laissez passer* de Adam Smith e David Ricardo, que criticavam as doutrinas mercantilistas colocadas em prática pelo Estado Moderno,[154] enquanto o período do entreguerras presenciou o retorno do protecionismo, nos moldes keynesianos, como alternativa ao desenvolvimento nacional, no contexto da Grande Depressão.[155] O pós-Segunda Guerra trouxe, sob inspiração norte-americana, a volta do liberalismo econômico em nível internacional e a concepção de comércio internacional como motor do desenvolvimento.[156] Como apontam Carreau e Juillard,

> "Tous les Etats sont maintenant invités à maintenir ou instituer une économie ouverte fondée sur le marché, compte tenu des mérites et du succès de cette forme d'organisation de la production et des échanges".[157]

O ideário liberal, nesta perspectiva, preconiza nuclearmente a não-interferência do Estado na movimentação de produtos e serviços

---

[153] Carreau, Dominique & Juillard, Patrick, *Droit International Economique*, 4e éd., Paris, LGDJ, 1998, p. 8. Sobre o assunto, v. também McRae, Donald M., "The Contribution of International Trade Law to the Development of International Law", *Recueil des Cours*, (260): 99-237, 1996-IV; Mello, Celso D. de Albuquerque, *Direito Internacional Econômico*, Rio de Janeiro, Renovar, 1993, p. 71-86.

[154] Para os mercantilistas, a riqueza das nações estaria diretamente relacionada com a quantidade de metais preciosos acumulada pelos Estados. Daí os esforços para uma balança comercial favorável e as grandes navegações que levaram ao colonialismo. Os liberais criticaram a posição mercantilista, afirmando que acumulação de riquezas não se traduziria necessariamente em benefício para a população, podendo, muitas vezes, prejudicar a economia nacional por gerar inflação e a perda de competitividade no cenário internacional. Jackson, *The World Trading System*, ob. cit., p. 14.

[155] Carreau & Juillard, ob. cit., p. 6.

[156] Como assinala Celso Lafer, "o liberalismo buscou limitar a ação do estado, o que, enquanto teoria política, veio a significar a idéia do estado mínimo, enquanto teoria econômica a defesa da economia de mercado e enquanto teoria jurídica o respeito ao princípio da legalidade inerente à *rule of law* do estado de direito." Lafer, Celso, *Ensaios Liberais*, São Paulo, Siciliano, 1991, p. 80.

[157] Carreau & Juillard, ob. cit., p. 21. É de se notar, entretanto, que os países em desenvolvimento recebem - ou deveriam receber - um tratamento diferenciado, tendo em vista sua especial condição. As normas de direito internacional econômico que buscam um tratamento mais favorável aos países em desenvolvimento constituem o núcleo do chamado direito internacional do desenvolvimento. Sobre o assunto, v. Moisés, Cláudia Perrone-, *Direito ao Desenvolvimento e Investimentos Estrangeiros*, São Paulo, Oliveira Mendes, 1998, p. 47-70.

Comércio internacional e política externa brasileira

através das fronteiras nacionais. A noção de divisão internacional do trabalho, que implica as vantagens comparativas, teorizadas por David Ricardo em *The Principles of Political Economy and Taxation* (1817), está na base do argumento liberal:[158] os Estados são diferentes entre si em recursos, o que faz com que cada um apresente vantagens na produção de determinadas mercadorias, comparativamente aos demais. A economia de escala, resultado da especialização produtiva, incrementa os ganhos singulares, e o comércio internacional, de outra parte, responde pela tradução das vantagens individuais no máximo de produtividade.[159]

2.9. O DIREITO INTERNACIONAL ECONÔMICO

A doutrina não é unânime quanto ao conteúdo do direito internacional econômico.[160] Numa perspectiva ampliada, este ramo do direito internacional da cooperação compreende o conjunto de regras sobre todas as operações internacionais econômicas, não importando sua natureza. Assim, a atuação internacional, quer dos Estados celebrando tratados com seu *ius imperii* - aspectos públicos das relações internacionais econômicas -, quer dos operadores econômicos privados contratando fora dos lindes das fronteiras nacionais - aspectos privados das relações internacionais econômicas (uma compra e venda internacional, por exemplo) -, estaria submetida às regras do direito internacional econômico.[161] Como explica John H. Jackson,

> "Some would have it cast a very wide net, and embrace almost any aspect of international law that relates to any sort of economic matter. Considered broadly, almost all international law

---

[158] Ricardo, na construção de seu modelo teórico, tomou o comércio de panos e vinhos entre Portugal e Grã-Bretanha, e a força de trabalho empregada como fator principal de produção.

[159] Nas palavras de Fábio Nusdeo, "os diversos povos tendem a se especializar na produção daqueles bens e serviços para os quais são melhor dotados em relação aos demais, não devendo, pois, produzir internamente produtos outros. Será, assim, sempre mais vantajoso trocar os bens produzidos internamente em melhores condições por outros importados de terceiros países, por sua vez melhor dotados com relação a tais produtos. Trata-se, como se vê, de uma extensão internacional da teoria da divisão do trabalho." Nusdeo, Fábio, *Curso de Economia - Introdução ao Direito Econômico*, São Paulo, Revista dos Tribunais, 1997, p. 372-3. Para uma análise do modelo ricardiano das vantagens comparativas, v. Krugman, Paul R. & Obstfeld, Maurice, *Economia Internacional - Teoria e Política*, 4ª ed., trad. Celina Martins Ramalho Laranjeira, São Paulo, Makron, 1999, p. 13-38.

[160] Para um estudo aprofundado sobre tema, v. Weil, Prosper, "Le Droit International Economique - Mythe ou Réalité ?", *Aspects du Droit International Economique - Colloque d'Orléans*, Paris, Pedone, 1972, p. 3-34.

[161] Carreau & Juillard, ob. cit., p. 7.

could be called international economic law, because almost every aspect of international relations touches in one way or another on economics".[162]

Por outro lado, numa concepção restritiva - por nós adotada neste livro -, mister se faz uma diferenciação das normas que regulam o comércio internacional em três campos, ou *níveis,* como prefere Jackson: o primeiro refere-se aos aspectos privados da relação comercial internacional, e tem por ponto fulcral a resolução dos conflitos de normas no espaço incidentes sobre a relação jurídica complexa, ou multinacional; o segundo compreende os aspectos internos da regulação do comércio internacional; e, por fim, um terceiro nível, que se relaciona com os aspectos internacionais públicos da regulação do comércio internacional.[163] Feita esta distinção, apenas as últimas normas estariam no âmbito do direito internacional econômico, pois as demais formariam ramos distintos do fenômeno jurídico, a saber: as primeiras localizam-se no âmbito do direito internacional privado tradicional e da "nova *lex mercatoria"* ou *droit des affaires internationales,* de fonte precipuamente transnacional,[164] e as segundas comporiam o direito econômico público interno dos Estados. Na clássica definição de Georg Schwarzenberger,

"International Economic Law is the branch of Public International Law which is concerned with (1) the ownership and exploitation of natural resources; (2) the production and distribution of goods; (3) invisible international transactions of an economic or financial character; (4) currency and finance; (5) related services and (6) the status and organisation of those engaged in such activities. (...) International Economic Law is concerned only with such aspects of economic phenomena as come within the purview of *Public* International Law".[165]

---

[162] Jackson, *The World Trading System,* ob. cit., p. 25. Sobre o assunto, v. também Giovan, Ileana di, *Derecho Internacional Economico,* Buenos Aires, Abeledo-Perrot, 1992, p. 76 e ss.

[163] Jackson, John H., *World Trade and the Law of the GATT - A Legal Analysis of the General Agreement on Tariffs and Trade,* Indianapolis, Bobbs-Merrill, 1969, p. 7 e ss.

[164] Sobre a nova *lex mercatoria,* v. Goldman, Berthold, "Frontières du Droit et *Lex Mercatoria",* *Archives de Philosophie du Droit,* (9): 177-92, Paris, Sirey, 1964; Kahn, Philippe, "Droit International Économique, Droit du Développement, *Lex Mercatoria:* Concept Unique ou Pluralisme des Ordres Juridiques?", *Le Droit des Relations Économiques Internationales - Études Offertes à Berthold Goldman,* Paris, Librairies Techniques, 1982, p. 97-107; Lagarde, Paul, "Approche Critique de la *Lex Mercatoria", Le Droit des Relations Économiques Internationales - Études Offertes à Berthold Goldman,* Paris, Librairies Techniques, 1982, p. 125-50.

[165] Schwarzenberger, Georg, "The Principles and Standards of International Economic Law", *Recueil des Cours,* (117): 1-98, 1966-I, p. 7.

Comércio internacional e política externa brasileira

Não obstante conte o direito internacional econômico com outras fontes,[166] as normas que o compõem são, portanto, basicamente fruto do poder de celebrar tratados dos Estados (*treaty making power*),[167] o que os torna - para lembrar Carreau e Juillard - governantes e governados no plano internacional.[168] Estes tratados podem, consoante o número de Estados envolvidos, ser bilaterais, regionais ou multilaterais. Embora o multilateralismo da diplomacia parlamentar e o regionalismo ocupem posição de destaque crescente desde o pós-Segunda Guerra, os tratados bilaterais, outrora de amizade, comércio e navegação, permanecem como instrumento essencial no trato de matérias fiscais - acordos para evitar a bitributação, por exemplo - e na promoção e proteção de investimentos estrangeiros privados - os chamados BITs.[169]

2.10. A NOVA ORDEM INTERNACIONAL ECONÔMICA DO PÓS-SEGUNDA GUERRA

O processo decisório coletivo, que fundamenta as normas de mútua colaboração, procura, via de regra, ao transcender a fase *ad hoc* da conferência internacional, a institucionalização que caracteriza as organizações internacionais,[170] o método mais aperfeiçoado de cooperação no nível intergovernamental, cujo propósito é minimizar os conflitos e ressaltar os aspectos de cooperação na gênese internacional. É precisamente o conjunto das organizações internacionais, de vocação universal ou regional, criadas no pós-Segunda Guerra para institucionalizar a colaboração econômica - o que ampliou, *ratione materiae*, o objeto das normas de direito internacional público -, que constitui o núcleo do direito internacional econômico.[171]

As organizações internacionais econômicas de vocação universal gravitam ao redor das Nações Unidas, que têm dentre seus pro-

---

[166] Para Carreau e Juillard, por exemplo, constituem fonte do direito internacional econômico, além das convencionais, os princípios gerais do direito, os atos unilaterais dos Estados e as fontes transnacionais, notadamente as provenientes das associações profissionais. Carreau & Juillard, ob. cit., p. 11 e ss.

[167] Como diz Jackson, "when dealing with international economic law, one is dealing primarily with *treaties*." Jackson, *The World Trading System*, ob. cit., p. 27.

[168] Como apontam Dominique Carreau e Patrick Juillard, "ceux-ci apparaissent alors dans une double capacité - gouvernants, en ce qu'ils sont à l'origine de la norme juridique, et gouvernés, en ce que cette norme juridique doit régir leur comportement." Carreau & Juillard, ob. cit., p. 20.

[169] Carreau & Juillard, ob. cit., p. 14. Para uma análise do regime de tratamento e proteção dos investimentos estrangeiros, v. Moisés, ob. cit., p. 21-46.

[170] Reuter, Paul, *Institutions Internationales*, 8ᵉ éd., Paris, PUF, 1975, p. 227 e ss.

[171] Lafer, *O Convênio do Café de 1976*, ob. cit., p. 13.

pósitos a cooperação para resolver os problemas internacionais de caráter econômico (artigo 1.3 da Carta). Dentre essas organizações, criadas por inspiração norte-americana para reorganizar as relações internacionais nos seus aspectos econômico-financeiros e comerciais, destacam-se o Fundo Monetário Internacional (FMI) e o Banco Mundial (BIRD), criados na Conferência de Bretton Woods (1944), e a fracassada proposta de criação da Organização Internacional do Comércio (OIC), na Conferência das Nações Unidas para o Comércio e o Emprego (Conferência de Havana, 1948), cujo subproduto foi o Acordo Geral sobre Tarifas e Comércio (GATT, 1947).[172]

Enquanto o Fundo tinha preocupações conjunturais, ou emergenciais (curto prazo), socorrendo Estados-Membros com desequilíbrios no balanço de pagamentos, através de empréstimos por moeda escritural (DES) - o que tornou viável a transferência internacional de recursos ao facilitar a conversibilidade das moedas -, o Banco ocupava-se da vertente estrutural do desenvolvimento para a reconstrução dos países europeus devastados pela guerra. As preocupações do Banco Mundial centravam-se no longo prazo, oferecendo créditos a juros mais baixos do que aqueles praticados no mercado internacional. Seu alvo principal de atuação, à época, era a Europa ocidental, seguindo os ideais estratégicos de contenção do comunismo - o *containment* preconizado pela doutrina Truman -, ainda que os países em desenvolvimento da época argüíssem que "eram devastados pela pobreza, e que esta devastação não era menos cruel do que a causada pela guerra".[173]

Para disciplinar multilateralmente as relações comerciais internacionais, propuseram os Estados Unidos, através das Nações Unidas, ainda sob inspiração liberal, a criação da Organização Internacional do Comércio (OIC), prevista na Carta de Havana, que consubstanciava os entendimentos da Conferência das Nações Unidas para o Comércio e o Emprego, que teve lugar na capital cubana, em março de 1948. A não-ratificação da Carta de Havana pelo Congresso norte-americano - os conservadores tinham-na como excessivamente liberal, e os liberais, como sobremaneira conservadora - fez com que o documento perdesse o seu respaldo político, e o projeto

---

[172] Além do tripé FMI-BIRD-GATT, criado no pós-Segunda Guerra, inúmeras outras organizações internacionais foram sendo criadas para institucionalização do processo coletivo de tomada de decisões sobre o funcionamento das relações internacionais econômicas, como a Organização para a Cooperação e o Desenvolvimento Econômico (OCDE), antiga Organização Européia para a Cooperação Econômica (OECE), criada em 1948 pelo Tratado de Paris -, a Conferência das Nações Unidas para o Comércio e o Desenvolvimento (UNCTAD, 1964), além das organizações regionais.

[173] Campos, Roberto, "Bretton Woods, FMI, BIRD, Havana e GATT: a Procura da Ordem Econômica do Após-Guerra", *Boletim de Diplomacia Econômica*, (19): 1-17, 1995, p. 11.

Comércio internacional e política externa brasileira

de uma organização que deveria completar o tripé da nova ordem econômica internacional (FMI-BIRD-OIC) é abandonado, restando o Acordo Geral sobre Tarifas e Comércio (GATT) como alternativa à regulação do comércio internacional, até o advento da Organização Mundial do Comércio (OMC), ao final da Rodada Uruguai do GATT (1986-93).

Capítulo 3

A regulação multilateral do comércio internacional: do GATT à OMC

Após concepções mercantilistas que dominaram a Idade Moderna, apregoando o metalismo e a balança comercial favorável, o século XIX presenciou a afirmação, por parte dos países industrializados - notadamente a Grã-Bretanha -, do princípio consoante o qual nenhum Estado poderia se fechar ao comércio internacional, que passava a ser visto como o motor do desenvolvimento nacional. Até a Primeira Guerra, durante a chamada *belle époque*, o comércio entre as nações desenvolveu-se consideravelmente em virtude da estabilidade monetária.[174] Não obstante algumas tentativas de liberalização comercial no entreguerras,[175] o período foi marcado pela constituição de autarquias econômicas, o que impediu a expansão do comércio. Como observa Thiébaut Flory,

"À la suite de la grande crise de 1929, les Etats ont adopté des mesures de nature protectionniste et autarcique: restrictions quantitatives, contingentements, pratiques commerciales restrictives. Le nationalisme commercial des années 30 était parfois si exacer-

---

[174] Como aponta Thiébaut Flory, "de la fin du XIXe siècle jusqu'en 1914 est marquée par l'apogée du libéralisme commercial. L'étalon-or, la stabilité monétaire et la liberté de circulation des capitaux favorisent l'expansion des échanges commerciaux. (...) La liberté commercial n'était que la conséquence des lois automatiques du marché. Aussi, le principe de la liberté du commerce international avait-il pour corrolaire logique le principe de l'égalité de traitement, lequel avait déjà été affirmé au XIXe siècle sous la forme de la théorie de 'la porte ouverte' à propos de l'ouverture commerciale de la Chine sur une base égalitaire. " Flory, Thiébaut, *Le GATT - Droit International et Commerce Mondial*, Paris, LGDJ, 1968, p. 2-3.

[175] Neste particular, o Ponto 3 da mensagem do Presidente Woodrow Wilson previa "the removal, so far as possible, of all economic barriers and the establishment of an equality of trade conditions among all the nations consenting to the peace and associating themselves for its maintenance", e o Pacto da Sociedade das Nações estabelecia, em seu artigo 23(e) que os membros da Liga adotariam "as disposições necessárias para assegurar e manter a liberdade das comunicações e do trânsito, bem como o tratamento eqüitativo do comércio de todos os membros da Sociedade (...)." Para uma análise das tentativas de liberalização comercial empreendidas no período, v. Colliard, Claude-Albert, *Institutions des Relations Internationales*, 9e éd., Paris, Dalloz, 1990, p. 761 e ss.; Hudec, Robert E., *The GATT Legal System and World Trade Diplomacy*, New York, Praeger, 1975, p. 4 e ss.

Comércio internacional e política externa brasileira

71

bé qu'il conduisait à une détérioration des relations internationales. Le protectionnisme devenait une 'guerre des tarifs'".[176]

3.1. ORIGENS DA REGULAÇÃO MULTILATERAL DO COMÉRCIO INTERNACIONAL

No pós-Segunda Guerra, sob inspiração norte-americana, preocuparam-se as potências ocidentais com o estabelecimento de uma nova ordem internacional com fulcro no liberalismo, tanto na política - preconizando, por exemplo, a autodeterminação dos povos e os valores democráticos, no âmbito da recém-criada Organização das Nações Unidas (ONU) -, quanto no terreno econômico - o que impediria novos conflitos militares.[177] Washington entendia que a eliminação dos entraves comerciais entre os países responderia não só por uma maior eficiência econômica e um maior bem-estar universal, mas asseguraria uma duradoura paz mundial.[178] Como lembra Colliard,

> "Les États-Unis sortent de la guerre non seulement victorieux mais économiquement développés, leurs pertes humaines ont été très faibles, leur potentiel économique n'a pas souffert. Les formules de liberté du commerce non seulement correspondent à la philosophie du pays de la libre entreprise mais sont de nature a favoriser le développement de son économie et lui assureraient une extraordinaire prépondérance sur les autres États".[179]

O primeiro documento, neste contexto, a fazer referência explícita à necessidade de uma nova ordem comercial internacional de inspiração liberal foi a Carta do Atlântico, assinada pelos presidentes Churchill e Roosevelt em outubro de 1941, na qual especulavam sobre os princípios que deveriam pautar o universo das relações internacionais econômicas no pós-Segunda Guerra. A Carta, de nítido conteúdo liberal, apregoava o acesso igualitário para todas as nações às matérias-primas e ao comércio mundial,[180] com vistas a

---

[176] Flory, ob. cit., p. 3.

[177] Gonçalves, Reinaldo & Prado, Luiz Carlos, "GATT, OMC e a Economia Política do Sistema Mundial de Comércio", *Contexto Internacional*, 18 (1): 45-63, 1996, p. 46.

[178] Lafer, Celso, "O GATT, a Cláusula da Nação Mais Favorecida e a América Latina", *Revista de Direito Mercantil*, 10 (3): 41-56, 1971, p. 42.

[179] Colliard, ob. cit., p. 764.

[180] Na linguagem da Carta, os presidentes "will endeavor, with due respect for their existing obligations, to further the enjoyment by all States, great or small, victor or vanquished, of access, on equal terms, to the trade and to the raw materials of the world which are needed for their economic prosperity (...)."

impedir as práticas protecionistas que anos antes haviam assolado as economias por ocasião da crise de 1929, a partir do *crack* da Bolsa de Nova Iorque.

Os anos trinta, sobretudo, foram marcados pela limitada cooperação entre as nações, com o predomínio das guerras comerciais, a partir de desvalorizações cambiais e imposição de barreiras às importações.[181] O protecionismo tinha levado à guerra, e as práticas liberais - representadas por uma política firme de não-discriminação e de liberalização das trocas comerciais[182] - surgiam agora como panacéia da nova ordem econômica mundial advinda com o fim do conflito. Como lembra Flory, tratava-se de forjar, por via convencional e institucional, o que durante a *belle époque* fora algo natural.[183]

Com o objetivo de empreender a liberalização, que ampliaria a interdependência entre os países e reduziria os riscos de uma nova guerra mundial, os Estados Unidos convocaram, para os meses de julho e agosto de 1944, uma Conferência na cidade de Bretton Woods, da qual participou inclusive o Brasil, a convite do então presidente Roosevelt. Os quarenta e quatro países que tomaram assento na Conferência acordaram, então, a criação de duas organizações que reordenariam as finanças então devastadas pela guerra: o Banco Mundial (BIRD), com preocupações de longo prazo quanto à reconstrução e ao desenvolvimento dos países devastados pela guerra, e o FMI, com vistas a solucionar crises esporádicas no balanço de pagamentos de seus membros.[184] Lafer aponta que a origem do Fundo estava relacionada à percepção de que as taxas de câmbio, por terem um impacto multilateral, deveriam ser objeto de regulação e cooperação internacional, o que levou a um sistema de paridades fixas.[185] O documento final da Conferência também faria uma menção expressa à necessidade de mecanismos facilitadores do comércio internacional.

---

[181] Rêgo, Elba Cristina Lima, *Do GATT à OMC: o que mudou, como funciona e para onde caminha o sistema multilateral de comércio*, Rio de Janeiro, BNDES, 1996, p. 5.

[182] Almeida, Paulo Roberto de, "A Diplomacia do Liberalismo Econômico", *in* Albuquerque, José Augusto Guilhon (org.), *Sessenta Anos de Política Externa Brasileira (1930-1990) - Crescimento, Modernização e Política Externa*, vol. I, São Paulo, Cultura, 1996, p. 178.

[183] Flory, ob. cit., p. 3.

[184] Como observa Robert Hudec, "monetary policy was a logical place to start. Most of the inter-war restrictions on trade and payments had been justified as measures to deal with balance-of-payments problems. When payment deficits grew large enough to threaten a country's reserves of foreign currency and gold, governments had usually intervened in commercial transactions in order to reduce foreign expenditures and increase foreign receipts." Hudec, ob. cit., p. 10. Para maiores informações sobre o Banco Mundial e o Fundo Monetário Internacional, v. os *sites* destas organizações na internet, nos endereços www.worldbank.org e www.imf.org.

[185] Lafer, Celso, *Paradoxos e Possibilidades - Estudos sobre a Ordem Mundial e a Política Exterior do Brasil num Sistema Internacional em Transformação*, São Paulo, Perspectiva, 1984, p. 114-6.

3.2. A CARTA DE HAVANA E O GATT

Além das duas organizações de Bretton Woods, o projeto de reordenamento da economia mundial previa ainda a criação de uma Organização Internacional do Comércio (OIC/ITO), sob a égide dos princípios da especialização e da descentralização no âmbito da cooperação econômica,[186] conforme previsão da Carta da ONU, em seus Capítulos IX e X. Com tal objetivo as Nações Unidas, por intermédio de seu Conselho Econômico e Social (ECOSOC), convocaram, em fevereiro de 1946, uma Conferência que teria lugar em Londres, em outubro do mesmo ano, para discussão do projeto norte-americano de criação da OIC. A inconclusão dos trabalhos levou a uma nova conferência, em Lake Success, nos EUA, no início de 1947, e a uma terceira em Genebra, que se prolongou de abril a novembro. Na quarta e última reunião, em Havana, em março de 1948, seria assinada a Carta de constituição da OIC.[187]

A origem do GATT, o Acordo Geral sobre Tarifas e Comércio, está relacionada com o processo de negociações que levariam à Carta de Havana. Na reunião de Genebra, os trabalhos se dividiram em três grupos: um primeiro dava prosseguimento aos entendimentos de Londres e Lake Success para criação de uma instituição reguladora do comércio internacional; um segundo dedicava-se a uma abrangente rodada de negociações multilaterais para a redução recíproca de tarifas; e um terceiro concentrou-se na elaboração de *cláusulas gerais* que deveriam pautar o comércio internacional sob os auspícios da OIC. Foram os resultados do segundo e do terceiro grupos de trabalho que originaram o GATT, após o fracasso da Carta de Havana.[188]

A Conferência das Nações Unidas para o Comércio e o Emprego resultou na Carta de Havana, instituidora da OIC, assinada em 24 de março de 1948, por cinqüenta e três países, incluindo o Brasil. Os países em desenvolvimento que participaram da Conferência, como Brasil e Índia, enfatizavam a necessidade de tratamento diferenciado mais favorável, principalmente tendo em consideração que suas exportações resumiam-se a produtos primários. A imposição de quotas de importação e a discriminação eram tidas como maneiras factíveis de se implementar a industrialização desses países. Nesse sentido, a

---

[186] Lafer, Celso, *O Convênio do Café de 1976 - Da Reciprocidade no Direito Internacional Econômico*, São Paulo, Perspectiva, 1979, p. 11-2.

[187] Para um estudo detalhado das negociações que levaram à OIC, v. Hudec, ob. cit., p. 19 e ss.

[188] Jackson, John H., *The World Trading System - Law and Policy of International Economic Relations*, 2nd ed, Cambridge, MIT, 1997, p. 36-7. Para uma análise das negociações que levaram ao GATT, v. Hudec, ob. cit., p. 44 e ss.

diplomacia econômica brasileira advogava em Havana a possibilidade dos países em desenvolvimento lançarem mão de tudo o que pudesse favorecer sua industrialização, principalmente exceções à cláusula da nação mais favorecida e a não-reciprocidade.[189] Ainda que aos Estados Unidos não interessassem quaisquer menções na Carta que privilegiassem países em desenvolvimento, o documento final acabou por reconhecer a possibilidade, em certas condições, de que os países em desenvolvimento impusessem restrições quantitativas às suas importações.[190]

3.3. A ENTRADA EM VIGOR DO GATT

Por disposição legislativa interna norte-americana, a Carta de Havana, para se tornar norma vigente nos Estados Unidos, deveria se submeter à aprovação congressual, pois o mandato do Executivo apenas autorizava a celebração de tratados que versassem sobre a redução de tarifas alfandegárias ou outras práticas restritivas de comércio, e não um acordo fundacional de uma organização para disciplinar o comércio internacional.[191] Daí por que Washington propôs a divisão dos trabalhos em Genebra, o que possibilitou a bem-sucedida conclusão dos acordos bilaterais de redução tarifária, posteriormente estendidos às demais partes do Acordo Geral pela nação mais favorecida. O GATT, pois, nascia como uma complexa rede de concessões tarifárias recíprocas, que posteriormente passariam para os auspícios da OIC, quando esta organização entrasse em vigor.[192]

Em Genebra, as negociações processavam-se bilateralmente: um país que gozasse da situação de principal fornecedor de outro solicitava a redução das tarifas alfandegárias que incidiam, no país importador, sobre os produtos pelo primeiro exportados.[193] A aplicação da cláusula da nação mais favorecida, quanto a esta redução tarifária,

---

[189] Almeida, "A Diplomacia do Liberalismo Econômico", ob. cit., p. 192.

[190] Abreu, Marcelo de Paiva, "O Brasil e o GATT: 1947-1990", in Albuquerque, José Augusto Guilhon (org.), *Sessenta Anos de Política Externa Brasileira (1930-1990) - Diplomacia para o Desenvolvimento*, vol. II, São Paulo, Cultura, 1996, p. 202.

[191] Como aponta Hudec, "it was necessary to limit the Agreement in several ways in order to facilitate the process of ratification. The dominant problem was US ratification, where, in order to sidestep the Congress, the Agreement had to be framed as a 'trade agreement' within the meaning of the US trade agreement legislation." Hudec, ob. cit., p. 45.

[192] Jackson, *The World Trading System*, ob. cit., p. 37-8.

[193] Como assinala Flory, "la règle du 'principal fournisseur', en grande partie coutumière, s'est progressivement affirmée et précisée au cours des différentes conférences tarifaires qui se sont déroulées dans le cadre du GATT. " Flory, ob. cit., p. 61.

Comércio internacional e política externa brasileira

estendia o privilégio alfandegário para as demais partes contratantes do GATT, e assim sucessivamente. Deste modo, da Rodada Genebra resultaram cento e vinte e três negociações de tarifas, concluídas aos pares. Embora com origem bilateral, a necessária generalização das vantagens concedidas, pelo funcionamento da nação mais favorecida, conduzia de modo automático ao multilateralismo.[194]

Muitos negociadores, e notadamente os norte-americanos, insistiam para que o GATT, embora subordinado à futura OIC, entrasse em vigor imediatamente, e os vinte e três Estados presentes em Genebra acordaram um Protocolo de Aplicação Provisória (PAP), pelo qual o Acordo Geral vigoraria já a partir de janeiro de 1948. Consoante o PAP, as Partes I e III do GATT - que incluem a nação mais favorecida (art. I) e as questões procedimentais (artigos XXIV e seguintes) - deveriam ser implementadas, por suas Partes Contratantes,[195] de modo integral e incondicional, ao passo que a Parte II - que prevê o tratamento nacional, proibição de quotas, subsídios e antidumping (artigos III a XXIII) - poderia sofrer exceção se contrariasse legislação interna existente. A não-aprovação da Carta de Havana pelo Congresso norte-americano fez com que a OIC perdesse seu respaldo político, já que nenhum Estado pretendia tomar parte de uma organização da qual não participasse a maior potência econômica de então, e o PAP passou a vincular suas Partes Contratantes de modo definitivo.[196] Como observa Rodolphe Imhoof,

> "Ce traité fut à origine conçu comme un accord commercial et comme un cadre pour des négociations tarifaires et non comme une organisation internationale. Dépassant toutefois son rôle initial, l'Accord général s'est révélé non seulement capable de survivre, mais encore d'engendrer et de participer pleinement à la creation et à l'essor du droit international economique. La simple

---

[194] As concessões tarifárias negociadas passavam a integrar listas anexadas ao Acordo Geral. Como observa Flory, "le système des listes constitue en quelque sorte une codification juridique des concessions tarifaires qui ont été négociées par les parties contractantes, au cours des différentes conférences tarifaires qui se sont déroulées dans le cadre du GATT." Flory, ob. cit., p. 63.

[195] É interessante notar que os signatários do GATT são chamados, genericamente, "Partes Contratantes", e não "membros", uma vez que se constitui em simples Acordo, e não organização internacional, como seria a OIC. Como lembra Flory, "l'article XXV, paragraphe 1, opère une distinction originale entre les Parties Contractantes 'agissant collectivement' et les parties contractantes agissant individuellement. Si, dans le premier cas, les Parties Contractantes représentent une entité collective et institutionelle, dans le second cas, les parties contractantes désignent des unités étatiques distinctes et séparées. L'existence d'une telle dualité - qui est spécifique dans le droit des organisations internationales - constitue l'une des clés du système institutionnel du GATT." Flory, ob. cit., p. 254-5.

[196] Jackson, *The World Trading System*, ob. cit., p. 39-40.

convention originaire, instrument pour des négociations tarifaires, a alors donné naissance à une veritable institution internationale".[197]

3.4. A POSIÇÃO INICIAL DOS PAÍSES EM DESENVOLVIMENTO

Não obstante o GATT fosse um resultado muito aquém do desejado, dava aos Estados signatários seguranças básicas contra as guerras tarifárias e a discriminação comercial - que haviam marcado o entreguerras -, ao mesmo tempo em que possibilitava reduções tarifárias progressivas sobre produtos industrializados, que eram de interesse dos países desenvolvidos.[198] O GATT marca, para voltar a Flory, a passagem da regulação bilateral do comércio internacional ao multilateralismo com fulcro na reciprocidade e na não-discriminação.[199] Entretanto, é de se notar que, ao contrário da Carta de Havana, que tinha nítidas preocupações com o desenvolvimento econômico e o pleno emprego - devotando, assim, atenção especial aos países em desenvolvimento -, o GATT surgia com o único intuito de liberalizar o comércio em nível mundial. Por isso, não foi sem razão que os países em desenvolvimento protestaram por muitos anos, até a Rodada Kennedy (1964-7), denunciando que o GATT constituía, em essência, um foro de negociação dos países desenvolvidos, que pouca atenção dedicava aos países pobres.

Em Havana, além da possibilidade de restrições quantitativas em razão de eventual dificuldade em seu balanço de pagamentos, os países em desenvolvimento tinham advogado o direito de discriminar produtos que fossem considerados *essenciais* ao seu desenvolvimento. Como observa Lafer, desejavam que o documento final assegurasse a possibilidade de desenvolvimento econômico e a industrialização.[200] Tais pontos de vista foram aceitos - não sem resistência dos países desenvolvidos - e figuraram de modo expresso na Carta de Havana.[201] Porém, já em Genebra (1947), o papel dos países

---

[197] Imhoof, Rodolphe S., *Le GATT et les Zones de Libre-Échange*, Genève, Librairie de l'Université Georg & Cie SA, 1979, p. 2-3.

[198] Sette, Luis Lindenberg, "A Diplomacia Econômica Brasileira no Pós-Guerra (1945-1964)", *in* Albuquerque, José Augusto Guilhon (org.), *Sessenta Anos de Política Externa Brasileira (1930-1990) - Diplomacia para o Desenvolvimento*, vol. II, São Paulo, Cultura, 1996, p. 248.

[199] Flory, ob. cit., p. 6-7.

[200] Lafer, "O GATT, a Cláusula da Nação Mais Favorecida e a América Latina", ob. cit., p. 43 e ss.

[201] Como assinala Robert Hudec, "the struggle for special 'economic development' exceptions from the GATT rules has been going on since the earliest ITO negotiations. The final Havana Conference spent a very large part of its time on these issues, and eventually made several concessions which the larger developed countries found rather distressing." Hudec, ob. cit., p. 208-9.

Comércio internacional e política externa brasileira

em desenvolvimento revelava-se marginal, por duas razões principais: por um lado, porque eram os desenvolvidos os *principais fornecedores* dos produtos negociados no âmbito do Acordo Geral, inexistindo a possibilidade de reduções tarifárias que fossem de interesse dos países em desenvolvimento; por outro, como resultado da regra do principal fornecedor, as negociações de Genebra centravam-se nos produtos manufaturados, que eram de interesse dos países desenvolvidos, não figurando na agenda os produtos primários, que constituíam o núcleo da pauta exportadora dos países em desenvolvimento.

Enquanto os países desenvolvidos viam o GATT como um simples acordo para a liberalização do comércio mundial, os países em desenvolvimento insistiam em entendê-lo como uma agência propulsora do desenvolvimento, a exemplo do que tinha sido proposto com a OIC. Daí as flagrantes divergências que marcaram todo o período de negociações do GATT, com os países em desenvolvimento pressionando de modo mais efetivo os países desenvolvidos, principalmente a partir da Rodada Kennedy (1964-7), e da Conferência das Nações Unidas para o Comércio e o Desenvolvimento (UNCTAD), em 1964. Buscavam, a partir de então, "mudar o foco de um 'comércio internacional centrado no mercado' para um 'comércio internacional centrado no desenvolvimento'".[202]

3.5. GATT - PRINCÍPIOS GERAIS

A reciprocidade e a não-discriminação, que constituem os pilares do GATT, implicam a igualdade de tratamento que um Estado deve reservar a todos os demais com que mantém relações comerciais no quadro do Acordo Geral.[203] Thiébaut Flory aponta que esta igualdade de tratamento apresenta um aspecto negativo - representado pela negação ao protecionismo -, e um aspecto positivo - que traduz uma tentativa de promoção das trocas comerciais,[204] um dos objetivos centrais do Acordo Geral, consoante seu preâmbulo.[205] Nas palavras de Flory,

---

[202] Gonçalves & Prado, ob. cit., p. 53.

[203] Como aponta Rodolphe Imhoof, "par réaction contre le protectionnisme et le nationalisme commercial qui caractérisaient les années qui précédèrent immédiatement le déclenchement de la seconde guerre mondiale, le GATT a été promu défenseur des principes de non-discrimination et de réciprocité." Imhoof, ob. cit., p. 8.

[204] Flory, ob. cit., p. 11.

[205] Na sua linguagem preambular, são objetivos gerais do Acordo elevar os padrões de vida, assegurar o pleno emprego e um alto e sempre crescente nível de renda real e de demanda

"Dans cette optique, le GATT appparaît alors essentiellement comme étant un 'mécanisme de libération et d'expansion du commerce international'. La libération du commerce mondial, dont les instruments essentiels sont l'élimination des discriminations et l'abaissement des tarifs douaniers, devient la condition même de l'expansion des échanges internationaux".[206]

As idéias centrais do Acordo Geral têm por escopo, além da maior previsibilidade das relações comerciais internacionais, também garantir o acesso aos mercados e a competição justa. A cláusula da nação mais favorecida, o tratamento nacional e a proibição de restrições quantitativas - princípios fundamentais do sistema multilateral de comércio - não constituem mais do que explicitação e desenvolvimento daquelas idéias centrais.

3.5.1. A nação mais favorecida

A pedra angular do sistema multilateral de comércio inaugurado em 1947 é o princípio da nação mais favorecida, presente no artigo I do GATT.[207] Sua origem remonta ao século XIII, e foi um dos instrumentos jurídicos dos quais se serviu a Grã-Bretanha para favorecimento do liberalismo econômico, usufruindo das vantagens acumuladas na fase mercantilista associadas a sua hegemonia naval.[208] A fórmula da cláusula, como assinala Celso Lafer, parte de dois pressupostos teóricos: de um lado, o de que a liberalização do comércio traz reais vantagens econômicas para todos os países envolvidos e, de outro, o de que a organização do comércio internacional, através de um esquema descentralizado de tomada de decisão pelo funcionamento do mercado, facilita e torna mais eficiente a sua regulação do que esquemas centralizados de gestão da gênese internacional.[209] Carreau e Juillard definem a nação mais favorecida como

---

para a mais ampla exploração dos recursos mundiais, além de visar à expansão da produção e das trocas de mercadorias.

[206] Flory, ob. cit., p. 60.

[207] Constituindo a pedra angular de todo o sistema multilateral de comércio, afirma que "qualquer vantagem, favor, imunidade ou privilégio concedido por uma Parte Contratante a um produto originário de ou destinado a qualquer outro país, será imediata e incondicionalmente estendido ao produto similar, originário do território de cada uma das outras Partes Contratantes ou ao mesmo destinado." Sobre o assunto, v. também Jackson, *The World Trading System*, ob. cit., p. 157-73; Vicuña, Francisco Orrego (sel.), *Derecho Internacional Economico - América Latina y la Cláusula de la Nación Más Favorecida*, México, Fondo de Cultura Económica, 1974.

[208] Lafer, "O GATT, a Cláusula da Nação Mais Favorecida e a América Latina", ob. cit., p. 41.

[209] Lafer, Celso, *Comércio e Relações Internacionais*, São Paulo, Perspectiva, 1977, p. 14-5.

Comércio internacional e política externa brasileira

"La disposition conventionelle selon laquelle les pays contractants acceptent de s'octroyer mutuellement le bénéfice des avantages commerciaux supplémentaires qu'ils viendraient à accorder ultérieurement à des pays tiers soit de manière inconditionnelle soit sous condition de réciprocité".[210]

A cláusula pode, pois, apresentar-se de duas formas: condicional, operando pela reciprocidade, quando o país beneficiário aceita outorgar uma concessão como contrapartida a um benefício anteriormente recebido, ou incondicional, cujo funcionamento é automático. Embora condicional na sua origem, a nação mais favorecida na sua modalidade incondicional - vale dizer, automática - passou a ser a regra no pós-Primeira Guerra, principalmente tendo em vista as mudanças verificadas na política exterior norte-americana. Não obstante as tentativas da Liga das Nações (SDN) no entreguerras, foi no âmbito do GATT que se operou sua primeira institucionalização, estendendo-se a todos as concessões comerciais negociadas.[211] Para voltar a Imhoof,

"Par rapport à la notion classique de la clause, la généralisation est également illustrée par le fait que les concepts de clause conditionnelle ou inconditionnelle, de clause unilatérale ou réciproque, ainsi que toutes autres restrictions possibles à son jeu, qui étaient connues avant la création du GATT, sont abandonnées".[212]

Assim, pela lógica da nação mais favorecida, as Partes Contratantes obrigam-se a conceder às demais Partes Contratantes do Acordo Geral tratamento não menos favorável do que aquele que dispensam aos produtos de qualquer outro país. A inclusão da nação mais favorecida como princípio fundamental da regulação do comércio internacional no pós-Segunda Guerra contribuiu para sua generalização, multilateralização e institucionalização no âmbito do GATT, desempenhando também um importante papel no processo de desgravação tarifária, uma vez que o Acordo figurava como tratado-quadro para as negociações tarifárias.[213] Como esclarece um

---

[210] Carreau, Dominique & Juillard, Patrick, *Droit International Economique*, 4ᵉ éd., Paris, LGDJ, 1998, p. 229.

[211] Idem, p. 229 e ss. É de se notar, a esse respeito, que o GATT não opera a codificação de um costume internacional preexistente. A nação mais favorecida ingressa no sistema multilateral por obra da atuação positiva das Partes Contrantantes, que conformam um novo paradigma para o relacionamento comercial internacional sob os auspícios do Acordo Geral. Imhoof, ob. cit, p. 13.

[212] Imhoof, ob. cit., p. 15.

[213] Idem, ibidem.

estudo preparado no âmbito da Organização Mundial do Comércio (OMC), sob a responsabilidade de seu secretariado,

"In essence, MFN ensures that the principles of GATT and the commitments made in the course of trade negotiating rounds are uniformly applied by each country to its trading partners, which contributes to securing and releasing the economic benefits of international trade, both for importers and for exporters. Equal treatment of imports from different origins helps ensure that these are purchased from the lowest-cost foreign suppliers, thereby reinforcing comparative advantage in the world market and minimizing the cost of protection at home".[214]

Num primeiro momento, a idéia de nação mais favorecida teve importância capital para os países de menor grau de desenvolvimento, uma vez que estes se beneficiavam das negociações feitas entre grandes produtores e grandes importadores, bilateralmente, aproveitando-se, como *free riders*, das vantagens negociadas. O desenvolvimento da teoria da depreciação nos termos de troca (*terms of trade*), que acentua a histórica tendência de diminuição do valor das *commodities* no comércio internacional, fez alterar, entretanto, o ponto de vista dos países em desenvolvimento, uma vez que a idéia da nação mais favorecida repousa sobre o postulado da igualdade de todos os Estados no plano econômico e comercial. Como assinala Flory, numa situação de desigualdade fática, a aplicação da cláusula acaba por aprofundar tal diferença, pela deterioração dos termos de intercâmbio (*terms of trade*).[215]

3.5.2. O tratamento nacional

O princípio do tratamento nacional representa um desenvolvimento natural da nação mais favorecida, pois constitui efetivação da idéia geral da não-discriminação, que preside as trocas comerciais no quadro do Acordo Geral. Enquanto a nação a mais favorecida procura conformar a reciprocidade a partir da não-discriminação em relação a mercados, o tratamento nacional assegura a não-discrimação, no plano interno, no que se refere aos produtos importados por uma das partes contratantes do GATT, operando, por assim dizer, a *efetivação* da cláusula da nação mais favorecida. Como apontam Carreau e Juillard,

---

[214] World Trade Organization (WTO), *Regionalism and the World Trading System*, Geneva, WTO, 1995, p. 5.

[215] Flory, ob. cit., p. 169. Para uma análise da posição dos países em desenvolvimento durante as rodadas de negociações do GATT, v. item 3.7 deste Capítulo.

Comércio internacional e política externa brasileira

"Ne pas discriminer entre les produits importés est une chose, les traiter également avec les produits nationaux en est une autre. La primière est à la évidence moins contraignante puisqu'elle ne vise que la situation des produits importés de l'étranger. Ainsi, prise isolément, elle n'iterdit pas les mesures nationales de protection au profit des producteurs locaux. La seconde va au-delá en posant le principe d'une égalité de traitement entre les produits, quelle que soit leur origine - étrangère (et donc importés) - ou nationale (et donc confectionnés localement)".[216]

Nos termos do artigo III do GATT, as Partes Contratantes do Acordo Geral obrigam-se a tratar os produtos importados de outra Parte Contratante como se nacionais fossem, apresentando-se, pois, exportadores e produtores nacionais de similares nas mesmas condições para concorrência no mercado local.[217] Como lembra Thiébaut Flory, "le concept d'égalité est au centre même de la clause du traitement national: il s'agit d'assurer des conditions égales de concurrence à tous les produits, quelle que soit leur origine".[218]

Os domínios de aplicação da cláusula do tratamento nacional compreendem a tributação e a regulamentação nacional sobre a comercialização dos produtos importados, com vistas a dotá-los de condições de concorrência iguais às dos produtos nacionais similares no mercado do país importador.[219] Assim, de um lado, os produtos provenientes do território de qualquer Parte Contratante, importados por outra Parte Contratante, não podem estar sujeitos a quaisquer tributos superiores aos que incidam sobre os produtos nacionais similares. De outro, os produtos importados não poderão ser objeto de tratamento menos favorável que o concedido a produtos similares de origem nacional, no que diz respeito às leis, regulamentos e exigências relacionadas com a venda, oferta para venda, compra, transporte, distribuição e utilização no mercado interno.

---

[216] Carreau & Juillard, ob. cit., p. 235. Sobre o tratamento nacional, v. também Jackson, *The World Trading System*, ob. cit., p. 213-28.

[217] Neste mister, as Partes Contratantes reconhecem, pelo art. III, que "os impostos e outros tributos internos, assim como leis, regulamentos e exigências relacionadas com a venda, oferta para venda, compra, transporte, distribuição ou utilização de produtos no mercado interno e as regulamentações sobre medidas quantitativas internas que exijam a mistura, a transformação ou utilização de produtos, em quantidades e proporções especificadas, não devem ser aplicados a produtos importados ou nacionais, de modo a proteger a produção nacional."

[218] Flory, ob. cit., p. 21.

[219] Sobre a noção de produto similar, que hoje se estende aos produtos diretamente concorrentes (ou substituíveis), v. Carreau & Juillard, ob. cit., p. 237-8.

3.5.3. A proibição de restrições quantitativas

O Acordo Geral, por fim, proíbe de modo explícito a imposição de restrições quantitativas (arts. XI a XIII), devendo as Partes Contratantes se limitar, em suas políticas comerciais, a aplicar barreiras tarifárias - a chamada medida de fronteira - aos produtos importados, nos níveis convencionados. Como aponta Claude-Albert Colliard,

> "Du point de vue juridique il existe une différence essentielle entre le problème des contingentements et celui des restrictions tarifaires. Em matière tarifaire l'Accord préconise des réunions en vue de l'abaissement des droits, en matière de contingentements l'Accord édicte une interdiction".[220]

O artigo XI do GATT consagra a proibição de restrições à importação que não sejam mediante tarifas alfandegárias,[221] e o artigo XIII reforça a interdição do recurso às restrições quantitativas.[222] Como bem observa Lafer, a escolha da tarifa - uma medida de fronteira - como conceito organizador do liberalismo no sistema multilateral de comércio sob os auspícios do Acordo Geral resultou em parte da tradição e em parte por ser mais mensurável e palpável - o que, conseqüentemente, facilitaria as negociações.[223]

3.6. GATT - EXCEÇÕES AOS PRINCÍPIOS GERAIS

Estes princípios gerais admitem, entretanto, exceções, que funcionam como calibradores do sistema como um todo. Estas derrogações fizeram com que o texto do GATT fosse visto por muitos como um conjunto de poucas regras e muitas exceções, afetando a credibilidade do Acordo. Os artigos XX e XXI do Acordo Geral trazem

---

[220] Colliard, ob. cit., p. 768-9.

[221] Nos termos do art. XI, "nenhuma Parte Contratante instituirá ou manterá, para a importação de um produto originário do território de outra Parte Contratante, ou para a exportação ou venda para exportação de um produto destinado ao território de outra Parte Contratante, proibições ou restrições a não ser direitos alfandegários, impostos ou outras taxas, quer a sua aplicação seja feita por meio de contingenciamentos, de licenças de importação ou exportação, quer por outro meio qualquer."

[222] Como prevê o art. XIII, "nenhuma proibição ou restrição será aplicada por uma Parte Contratante à importação de um produto originário do território de outra Parte Contratante ou à exportação de um produto destinado ao território de outra Parte Contratante a menos que proibições ou restrições semelhantes sejam aplicadas à importação do produto similar destinado a todos os outros países."

[223] Lafer, "O GATT, a Cláusula da Nação Mais Favorecida e a América Latina", ob. cit., p. 46.

Comércio internacional e política externa brasileira

exceções gerais relacionadas com a ordem pública e a segurança.[224] Derrogações temporárias das disposições do GATT podem ser solicitadas ao amparo do artigo XXV, § 5º, diante de circunstâncias excepcionais - a aplicação da cláusula *rebus sic stantibus* no comércio internacional regulado pelo Acordo reclama, entretanto, maioria de dois terços.

Dentre as fórmulas que excepcionam a nação mais favorecida, três merecem relevo: as preferências existentes no momento da conclusão do Acordo Geral (art. I, § 2º), como a Commonwealth britânica; a derrogação temporária (*waiver*) consentida pelas Partes Contratantes, desde que aprovada por maioria de dois terços (art. XXV, § 5º); e, por fim, os acordos de integração regional (art. XXIV e *enabling clause*), que serão objeto de análise nos Capítulos que se seguem. O tratamento nacional não pode ser excepcionado senão pela forma geral dos artigos XX e XXI e através de derrogação temporária (art. XXV, § 5º). Estados que decidam, por exemplo, pela conformação de agrupamentos regionais não estão dispensados de respeitar a regra do artigo III.

Exceções à proibição de restrições quantitativas relacionam-se com a proteção e salvaguarda dos interesses nacionais, notadamente para proteção do mercado agrícola - o que ensejou a exclusão do tema da agenda multilateral -, em casos de desequilíbrio de balanço de pagamentos - artigos XII, § 2º e XVIII B § 9º, aplicáveis, respectivamente, a países desenvolvidos e países em desenvolvimento[225] -, e salvaguarda da economia de países desenvolvidos (art. XIX) e em desenvolvimento (art. XVIII, C e D), para proteção de setores da atividade econômica contra um aumento excessivo das importações, fazendo-se mister, para tanto, a abertura de um procedimento de consultas com as Partes Contratantes. No ínterim deste processo de consultas, a Parte Contratante lesada poderá suspender concessões até o montante dos prejuízos sofridos.

---

[224] As exceções gerais do art. XX relacionam-se com a moralidade pública, a proteção da saúde e da vida das pessoas, impostas para a proteção de tesouros nacionais de valor artístico, histórico ou arqueológico, relativas à conservação dos recursos naturais esgotáveis etc.

[225] Consoante o art. XVIII B § 9º é facultado aos países em desenvolvimento, a fim de salvaguardar sua posição financeira exterior e o equilíbrio de sua balança de pagamentos, restringir o volume ou o valor das mercadorias importadas. As restrições à importação instituídas, mantidas ou reforçadas por uma Parte Contratante em virtude deste artigo não podem ultrapassar, entretanto, o necessário "para opor-se à ameaça iminente de uma baixa importante de suas reservas monetárias ou para por fim a esta baixa; ou para aumentar suas reservas monetárias segundo uma taxa de crescimento razoável, no caso em que elas sejam muito baixas." A existência de condições rígidas para caracterização do desequilíbrio, a necessidade de um complexo procedimento de consultas e a atuação controladora do FMI reduziram, no entanto, as possibilidades de aplicação de restrições quantitativas através da exceção por desequilíbrio de balanço de pagamentos. Flory, ob. cit., p. 27 e ss.

Um tratamento diferenciado dispensado aos países em desenvolvimento seria consagrado na Parte IV do GATT - artigos XXXVI a XXXVIII -, introduzida em 1964, sob inspiração da Conferência das Nações Unidas para o Comércio e o Desenvolvimento (UNCTAD), órgão subsidiário da Assembléia Geral das Nações Unidas que nascera no mesmo ano como foro alternativo para discussão da liberalização comercial com ênfase na questão do desenvolvimento. Tornava-se necessário - reconheciam as Partes Contratantes - assegurar um aumento rápido e estável das exportações dos países menos desenvolvidos.[226] Também por pressão dos países em desenvolvimento, e sob os auspícios da UNCTAD II (1968), foi criado o Sistema Geral de Preferências (SGP), que refletia os ideais de não-reciprocidade, preconizando tratamento diferenciado e mais favorável para os países em desenvolvimento,[227] em clara oposição ao princípio da nação mais favorecida. Neste sentido, a cláusula de habilitação (*enabling clause*), introduzida no âmbito do GATT durante a Rodada Tóquio de negociações (1973-9), iria consagrar de modo formal a não-reciprocidade para países em desenvolvimento.[228]

3.7. AS RODADAS DE NEGOCIAÇÃO DO GATT

Sendo o GATT um simples acordo geral, posteriormente transformado em organização internacional *de facto*, a necessidade de novas normas para regulação do comércio internacional era respondida por novas reuniões das Partes Contratantes, chamadas Rodadas de Negociação, que traziam a ampliação *ratione materiae* e *ratione personae* do Acordo Geral.[229] Ao contrário das organizações internacionais que, regra geral, produzem normas através de seus órgãos,[230] o texto

---

[226] Como estabelece o art. XXXVI, "tendo em vista que numerosas Partes Contratantes pouco desenvolvidas continuam dependendo da exportação de uma gama limitada de produtos primários, é necessário assegurar para esses produtos, na mais ampla margem possível, condições de acesso mais favoráveis e aceitáveis aos mercados mundiais e, se for o caso, adotar medidas destinadas a estabilizar e melhorar as condições dos mercados mundiais para esses produtos, (...) permitindo, desta forma, uma expansão do comércio mundial e da demanda e um crescimento dinâmico e constante dos ingressos reais de exportação desses países, proporcionando-lhes recursos crescentes para o desenvolvimento econômico."

[227] Almeida, Paulo Roberto de, "O Fim de Bretton-Woods? - A Longa Marcha da Organização Mundial do Comércio", *Contexto Internacional*, 16 (2): 249-82, 1994, p. 265.

[228] Sobre o assunto, v. Capítulo 5, item 5.6.5 deste livro.

[229] Para uma ampla análise das rodadas de negociação do GATT, v. Carreau & Juillard, ob. cit., p. 107-34.

[230] Assim, por exemplo, as Nações Unidas, através de sua Assembléia Geral, produzem resoluções, e por meio de seu Conselho de Segurança, decisões e recomendações. A União Européia, de outra sorte, produz regulamentos e diretivas pela conjugação das atividades da

lacunoso e fragmentado do GATT era preenchido por normas que resultavam de novas conferências e da celebração pelas Partes Contratantes do Acordo Geral de novos tratados versando sobre a regulação do comércio internacional.

3.7.1. A posição dos países em desenvolvimento

Na perspectiva do Sul, as primeiras rodadas de negociação conduzidas no âmbito do GATT foram, até a Rodada Kennedy (1964-7), de interesse basicamente de países desenvolvidos, que trocavam entre si concessões tarifárias para produtos industrializados.[231] Aos países em desenvolvimento, que não conseguiam colocar na agenda de negociações seus reais interesses - como agricultura, por exemplo -, restava a alternativa de tirar proveito das negociações realizadas, com fulcro na cláusula da nação mais favorecida. Eram, por isso, chamados freqüentemente de *free riders*, pois se beneficiavam de negociações das quais não haviam participado.[232]

A partir da década de sessenta, entretanto, os países em desenvolvimento passaram a desempenhar um papel mais ativo nas negociações operadas no âmbito do GATT. Tendo em vista a recalcitrância dos países desenvolvidos, quanto aos temas comerciais de real interesse para o mundo em desenvolvimento, a Assembléia Geral das Nações Unidas convocou uma Conferência para o Comércio e o Desenvolvimento (UNCTAD), em 1964, na qual os países que se achavam excluídos das negociações do GATT buscavam se congregar. A partir da institucionalização da Conferência, que se tornou órgão subsidiário da Assembléia Geral, os países em desenvolvimento procuravam pressionar os países desenvolvidos para que fossem introduzidas mudanças significativas na ordem econômica internacional, ao se tratar de forma mais sistemática o binômio economia internacional-desenvolvimento.[233]

Comissão e do Conselho de Ministros, e do Mercosul emanam decisões (CMC), resoluções (GMC) e diretrizes (CCM).

[231] Rodada Genebra (1947), Annecy (1949), Torquay (1950), Genebra (1956) e Dillon (1960-1). Sobre estas primeiras rodadas de negociação, v. Hudec, ob. cit., p. 60 e ss.

[232] Para uma análise da situação dos países em desenvolvimento no sistema multilateral de comércio, v. Almeida, Paulo Roberto de, *O Brasil e o Multilateralismo Econômico*, Porto Alegre, Livraria do Advogado, 1999, p. 239-64; Flory, ob. cit., p. 167-90.

[233] A Secretaria-Geral do novo organismo coube ao argentino Raúl Prebisch, que posteriormente assumiu a Comissão Econômica das Nações Unidas para a América Latina e o Caribe (CEPAL), levando para o debate internacional sua teoria sobre a deterioração dos termos de troca (*terms of trade*): o poder aquisitivo das receitas de exportação de produtos primários, principal fonte de divisas dos países em desenvolvimento, estaria sujeito a uma tendência de depreciação e fortes flutuações, sendo insuficiente para custear projetos de desenvolvimento nestes países. Souto Maior, Luis Augusto, "A Diplomacia Econômica Brasileira no Pós-Guerra (1964-1990)", *in* Albuquerque, José Augusto Guilhon (org.), *Sessenta Anos de Política Externa Brasileira (1930-1990)* -

Como o GATT era visto pelos países em desenvolvimento como um *clube dos ricos*, cuja preocupação central era tão-somente a liberalização do comércio de produtos industrializados em nível mundial, buscaram alterar esta tônica na nova organização, com vistas a enfatizar o papel do comércio mundial no desenvolvimento dos países pobres. Argumentavam contra o protecionismo agrícola dos europeus, pregavam a exceção à cláusula da nação mais favorecida para os países em desenvolvimento e advogavam também um sistema de preferências que lhes desse acesso incondicional aos mercados dos países desenvolvidos.[234]

O esvaziamento da UNCTAD, pela ausência dos países do leste, deveu-se, na análise feita por Lafer, à convergência de posições entre o ocidente e o oriente sobre o papel dos países em desenvolvimento no comércio internacional, enquanto exportadores de produtos primários. Não obstante a heterogeneidade do sistema internacional no período da guerra fria, de que nos fala Aron,[235] a tecnologia tende a aproximar sociedades de mesmo gênero - no caso, a chamada *sociedade industrial* -, embora de características marcadas que conformam suas espécies. Daí os esforços de americanos e soviéticos para manter o desenvolvimento das relações internacionais pautado pelo eixo bipolar Leste-Oeste, preenchendo as brechas, pela *détente*, que pudessem trazer para a agenda internacional o debate Norte-Sul.[236]

Após a criação da UNCTAD, os países em desenvolvimento negociaram, no âmbito do GATT, a inclusão da Parte IV - artigos XXXVI a XXXVIII -, intitulada Comércio e Desenvolvimento, que previa a possibilidade de concessões não-recíprocas aos países pobres,[237] além de procurar a integração do tema agrícola no âmbito do

---

Diplomacia para o Desenvolvimento, vol. II, São Paulo, Cultura, 1996, p. 274 e ss. Sobre o assunto, v. Cardoso, Fernando Henrique & Faletto, Enzo, *Dependência e Desenvolvimento na América Latina - Ensaio de Interpretação Sociológica*, 7ª ed, Rio de Janeiro, LTC, s.d.

[234] Nas palavras do Embaixador Souto Maior, "não se tratava de por fim à cláusula da nação mais favorecida - que freqüentemente beneficiava as nações mais fracas pela extensão a elas de concessões concedidas a terceiros. Tratava-se de obter tratamento preferencial e concessões não-recíprocas no que fosse do interesse dos países pobres." Souto Maior, "A Diplomacia Econômica Brasileira no Pós-Guerra (1964-1990)", ob. cit., p. 279. Para uma análise das atividades da UNCTAD, v. o *site* da organização na internet, no endereço www.unctad.org, que apresenta importantes informações a respeito.

[235] Aron, Raymond, *Paix et Guerre entre les Nations*, 6ᵉ éd., Paris, Calmann-Lévy, 1962, p. 108-13.

[236] Lafer, Celso, "Uma Interpretação do Sistema das Relações Internacionais do Brasil", *in* Lafer, Celso & Peña, Félix, *Argentina e Brasil no Sistema das Relações Internacionais*, São Paulo, Duas Cidades, 1973, p. 104-9.

[237] Como aponta Robert Hudec, "developing countries argued that (1) they were already compelled by circumstances to import as much as possible, (2) having to prepare for negotiations was a waste of their limited administrative resources, and (3) demands for reciprocity were simply improper as a matter of principle." Hudec, ob. cit., p. 210.

Comércio internacional e política externa brasileira

Acordo Geral.[238] As pressões por parte dos países desenvolvidos, porém, acabaram por restringir a Parte IV a uma simples declaração de princípios, que sequer previa mecanismos para sua implementação.[239]

3.7.2. A Rodada Kennedy (1964-7)

Convocada para discutir toda a sorte de produtos - inclusive agricultura -, a Rodada Kennedy (1964-7) apresentou a novidade de trazer para o âmbito do GATT também as negociações para eliminação de barreiras não-tarifárias. As Partes Contratantes tinham a clara percepção de que as barreiras não-tarifárias entravavam o comércio internacional, mais do que as próprias barreiras tarifárias, que já se achavam, depois de sucessivas rodadas de negociação, em níveis bastante baixos. Outra grande novidade desta Rodada foi o próprio modo de negociação. Abandonaram-se as negociações tradicionais feitas produto a produto, como tinham se dado desde Genebra (1947), para adotarem o corte linear de tarifas, que iria caracterizar as negociações posteriores. Esse método, pelo qual se aplicava uma porcentagem única para a redução de todas as tarifas incidentes sobre um determinado setor da atividade econômica, acelerava sobremaneira as negociações, e facilitava as conversações entre as Partes Contratantes, prescindindo-se das discussões para desgravação alfandegária de cada produto, individualmente.[240] Como aponta Thiébaut Flory,

> "Le principe de la réduction linéaire sur une base multilatérale permet aux pays participants d'avoir une approche globale des négociations et d'être davantage en mesure d'apprécier tous les avantages directs et indirects qui en résultent. Ces nouvelles techniques de négociation, conjuguées avec le jeu de la clause de la nation la plus favorisée, permettent d'aller plus loin dans la voie des réductions tarifaires. La méthode multilatérale et linéaire, en dépassant le cadre strictement bilatéral de l'échange des concessions, tend à créer un nouvel équilibre sur le plan commercial".[241]

---

[238] Sobre a retirada do tema agrícola da agenda multilateral, v. Hudec, ob. cit., p. 200 e ss.

[239] Abreu, "O Brasil e o GATT: 1947-1990", ob. cit., p. 204. Como aponta John H. Jackson, esses artigos "are primarily expressions of goals, and impose few if any concrete obligations." Jackson, *The World Trading System*, ob. cit., p. 43.

[240] Sobre o assunto, v. Imhoof, ob. cit., p. 22-8.

[241] Flory, ob. cit., p. 230.

As preocupações quanto às restrições não-alfandegárias, que seriam o cerne das negociações da Rodada Kennedy, deram origem a um código antidumping (1967), posteriormente substituído durante a Rodada Tóquio (1973-9). A média das tarifas caiu para 8,7%, mas os produtos agrícolas continuavam fora das negociações multilaterais, principalmente pelas pressões dos países europeus. Daí o reduzido interesse dos países em desenvolvimento.[242]

Após os insucessos da UNCTAD (1964) e da UNCTAD II (1968), que representavam tentativas dos países em desenvolvimento de se organizarem num fórum diferente e que lhes devotasse atenção - devido principalmente às pressões norte-americanas -, o GATT passou novamente a ser por eles procurado, buscando uma presença mais marcante nas suas negociações. Não foi, entretanto, somente o papel diminuto desempenhado pela UNCTAD na regulação do comércio internacional que desviou a atenção dos países em desenvolvimento, particularmente do Brasil, para as negociações do GATT. Concomitantemente, na pauta das exportações dos países em desenvolvimento, notadamente na pauta brasileira, cada vez mais figuravam produtos manufaturados, que eram tradicionalmente negociados no âmbito do Acordo Geral, desde Genebra.[243]

3.7.3. A Rodada Tóquio (1973-9)

Um momento importante para as pretensões dos países em desenvolvimento ocorreu durante a sétima rodada de negociações do GATT, a Rodada Tóquio (1973-9), que contou com noventa e nove participantes, inclusive Estados não-contratantes do Acordo Geral, e teve suas discussões centradas na eliminação de barreiras não-tarifárias, o que resultou na ampliação *ratione materiae* da regulação do comércio internacional. Pretendia-se concluir acordos versando sobre subsídios e medidas compensatórias, barreiras técnicas ao comércio,

---

[242] Tratava-se, em essência, de outra rodada de negociações centrada na solução de pendências entre países desenvolvidos. Como assinala Marcelo de Paiva Abreu, "a insatisfação dos países em desenvolvimento foi claramente explicitada no pronunciamento do delegado peruano ao fim da Rodada, em nome dos países em desenvolvimento, quando mencionou que os países em desenvolvimento lamentavam profundamente não poderem participar da satisfação dos países desenvolvidos à luz dos resultados concretos obtidos." Abreu, "O Brasil e o GATT: 1947-1990", ob. cit., p. 205.

[243] Referindo-se às exportações brasileiras, observa Souto Maior que "sua diversificação foi tão rápida quanto a sua expansão, chegando a participação dos manufaturados a cerca de 50%, já no fim dos anos 70. O país tornou-se alvo freqüente de medidas protecionistas por parte das grandes potências econômicas. Tudo isto fez que, para o Brasil, a existência de normas de comércio internacional razoavelmente eqüitativas e sujeitas a um controle multilateral efetivo assumisse importância cada vez maior. E o GATT era o foro adequado para a consecução desses objetivos pragmáticos." Souto Maior, "A Diplomacia Econômica Brasileira no Pós-Guerra (1964-1990)", ob. cit, p. 277.

Comércio internacional e política externa brasileira

antidumping, dentre outros temas que dificultavam o efetivo livre acesso a mercados.

Com vistas a acabar com os privilégios dos *free riders*, que gozavam das concessões feitas por força da cláusula da nação mais favorecida, os Estados Unidos propuseram a conclusão de *códigos*, que teriam efeitos limitados aos seus signatários. Ainda que concluídos no âmbito do GATT, tornavam-se anexos do Acordo Geral, não lhes sendo aplicada a cláusula da nação mais favorecida. Os países europeus continuavam recalcitrantes, principalmente quanto ao código de subsídios, tendo em vista sua política agrícola comum (PAC), de nítido contorno protecionista.

O interesse maior dos países em desenvolvimento centrou-se na questão dos subsídios. Para os signatários deste Código, medidas compensatórias só poderiam ser aplicadas após prova do dano à indústria doméstica, o que dificultava a sua aplicação por parte dos países desenvolvidos contra países em desenvolvimento, como acontecia com freqüência, e que prejudicava sobremaneira esses últimos em seus interesses.[244] À época, o Brasil propunha maior flexibilidade na utilização dos artigos XII e XVIII - que tratam da possibilidade de discriminação tendo em vista desequilíbrios no balanço de pagamentos e propósitos de desenvolvimento -, alteração no sistema de solução de controvérsias - que o tornasse mais efetivo na resolução das disputas comerciais -, e também uma melhor definição quanto ao direito à não-reciprocidade por parte de países em desenvolvimento.[245] A Rodada Tóquio resultou, também, na inclusão da chamada *cláusula de habilitação* (*enabling clause*), que permitia tratamento diferenciado para países em desenvolvimento na conclusão de acordos regionais de comércio.[246]

As negociações lograram reduzir a média das tarifas alfandegárias, que desde a Rodada Kennedy havia atingido o patamar de 8,7%,

---

[244] Abreu, Marcelo de Paiva & Fritsch, Winston, "Aspectos Estratégicos da Política Comercial Brasileira", *in* Albuquerque, José Augusto Guilhon (org.), *Sessenta Anos de Política Externa Brasileira (1930-1990) - Diplomacia para o Desenvolvimento*, vol. II, São Paulo, Cultura, 1996, p. 49.

[245] Ao final das negociações, as pressões dos países em desenvolvimento tinham surtido algum efeito: de um lado, a possibilidade de aplicação do artigo XVIII foi facilitada - principalmente em termos de prazos e condições; de outro, consagrava-se o princípio do gradualismo quanto às obrigações do GATT, ou seja, os países em desenvolvimento participariam de modo mais coerente com as regras do Acordo Geral gradualmente, uma vez que alçassem maior desenvolvimento econômico. Quanto ao mecanismo de solução de controvérsias, ainda que os Estados Unidos também tivessem proposto uma maior automaticidade - a partir da solução por voto majoritário -, as Comunidades Européias pressionaram pela manutenção da solução baseada no consenso, entendimento que acabou prevalecendo. Abreu, "O Brasil e o GATT: 1947-1990", ob. cit., p. 207.

[246] Sobre o assunto, v. Capítulo 5, item 5.6.5 deste livro.

para menos de 6,5%.[247] Foram aprovados inúmeros códigos, disciplinando, dentre outros temas, subsídios e medidas compensatórias, barreiras técnicas ao comércio e antidumping. Como previam os delegados dos países presentes à Rodada Tóquio, o fulcro das negociações estava na eliminação de barreiras não-tarifárias ao comércio, uma vez que as tarifas já se encontravam em níveis bastante baixos. O GATT deixava de ser um simples *agreement on tariffs* para açambarcar restrições ao comércio de caráter não-tarifário.

3.7.4. A Rodada Uruguai (1986-93)

Desde Tóquio e, notadamente, a partir da administração de orientação liberal de Reagan, Washington começava a manifestar sua insatisfação com o sistema multilateral de comércio, fragilizado - na perspectiva norte-americana - pelo *excesso de concessões* aos países em desenvolvimento e por não prever normas sobre temas como serviços, investimentos e propriedade intelectual, quando relacionados ao comércio internacional. As barreiras não-tarifárias, em especial o uso indiscriminado de direitos antidumping e medidas compensatórias, haviam se multiplicado em substituição às reduções tarifárias negociadas no âmbito do GATT, e setores inteiros - como o agronegócio e os têxteis, por exemplo -, permaneciam fora da regulação multilateral.[248] A política agrícola protecionista praticada tanto nos Estados Unidos quanto nos países europeus afetava diretamente as possibilidades de exportação dos países em desenvolvimento, não apenas para tais países, mas também para terceiros mercados, pela geração de excedentes exportáveis, naqueles países, através do protecionismo.[249]

3.7.4.1. Os novos temas

Em virtude dos choques do petróleo, em 1973 e 1979, muitos países desenvolvidos passaram a praticar abertamente o protecionismo, através da aplicação de direitos antidumping, medidas de sal-

---

[247] Jackson, *The World Trading System*, ob. cit., p. 74.

[248] Nas palavras de Rubens Ricupero, o protecionismo não se expressava mais nas altas tarifas alfandegárias, mas "sob a forma de barreiras não-tarifárias e de toda uma panóplia de 'medidas de área cinzenta' (acordos de restrição 'voluntária' de exportações, estabelecimento de cotas e contingenciamento de importações), da aplicação abusiva de direitos compensatórios ou antidumping etc." Ricupero, Rubens, "Comércio Exterior Brasileiro: Competitividade e Perspectivas", *in* Fonseca Jr., Gelson & Leão, Valdemar Carneiro (org.), *Temas de Política Externa Brasileira*, Brasília, Ática, 1989, p. 43.

[249] Flecha de Lima, Paulo Tarso, "Dados para uma Reflexão sobre a Política Comercial Brasileira", *in* Fonseca Jr., Gelson & Leão, Valdemar Carneiro (org.), *Temas de Política Externa Brasileira*, Brasília, Ática, 1989, p. 13 e ss.

Comércio internacional e política externa brasileira

vaguarda e compensatórias, em detrimento do liberalismo comercial que defendiam formalmente no âmbito do GATT. Com flagrante desrespeito ao próprio espírito do Acordo Geral - quando não contrariando suas disposições expressas -, as práticas de índole protecionista dos países desenvolvidos feriam gravemente os interesses de muitos países em desenvolvimento, que passavam, pouco a pouco, a incluir produtos manufaturados em suas pautas de exportação. Neste cenário, em 1982, as Partes Contratantes convocaram uma reunião ministerial para rediscussão das normas multilaterais sobre o comércio. Os Estados Unidos, principais artífices da nova negociação, pretendiam a ampliação ratione materiae da regulação internacional para inclusão dos chamados *novos temas*: serviços, investimentos e propriedade intelectual.

Partidários da inclusão dos novos temas, os países desenvolvidos, congregados na Organização para a Cooperação e o Desenvolvimento Econômico (OCDE), argumentavam que a internacionalização da produção através da distribuição dos diferentes elos da cadeia produtiva em localizações geográficas distintas exigia uma maior uniformização das regras e padrões em escala mundial.[250] Entretanto, o fato é que Washington não havia apresentado formalmente emenda aos dispositivos do GATT para que este passasse a ter competência também na regulação dos novos temas, o que violava as disposições do Acordo Geral.[251] Como observa George Álvares Maciel, procuravam os norte-americanos introduzir os novos temas nas negociações multilaterais *pela porta dos fundos*,[252] e muitos países, inclusive o Brasil, passaram a advogar, antes da inclusão dos novos temas, a reforma das disposições do GATT, para que este contemplasse, juridicamente, os temas de interesse dos Estados Unidos. Era uma posição *defensiva* e *legalista* que os países em desenvolvimento adotavam com vistas a impedir a inclusão de temas em que sua competitividade era duvidosa.[253]

---

[250] Como aponta Ricupero, "se a produção tendia a tornar-se internacional, as leis deveriam acompanhar essa tendência e aproximar-se de um padrão geral mais ou menos uniforme. Ter-se-ia esgotado um ciclo do comércio mundial, o da integração rasa (*shallow integration*), limitado às 'medidas de fronteira' (tarifas, cotas), e inaugurava-se a era da integração profunda (*deep integration*), estendida às decisões até então consideradas relevando da exclusiva jurisdição da soberania nacional (leis sobre patentes e propriedade intelectual em geral, regulamentos sobre bancos, seguros e demais serviços, normas sobre investimentos)." Ricupero, Rubens, *Visões do Brasil - Ensaios sobre a História e a Inserção Internacional do Brasil*, Rio de Janeiro, Record, 1995, p. 303.

[251] Maciel, George Álvares, "O Brasil e o GATT", *Contexto Internacional*, 3 (2): 81-91, 1986, p. 85.

[252] Maciel, George Álvares, "A Dimensão Multilateral - O Papel do GATT na Expansão da Economia - A Rodada Uruguai e a Criação da OMC em 1994", *Boletim de Diplomacia Econômica*, (19): 130-46, 1995, p. 136.

[253] Abreu & Fristch, ob. cit., p. 49.

3.7.4.2. A posição dos países em desenvolvimento

Os países em desenvolvimento sabiam que seria quase impossível alterar o arcabouço institucional do GATT, porque sua modificação reclamava o consenso de todos os seus membros. Por isso entendiam que, antes da inclusão dos novos temas no âmbito do GATT, dever-se-iam trazer para as negociações os temas que eram do seu interesse - como agricultura, por exemplo -, e que desde Genebra (1947) estavam excluídos das conversações multilaterais. Nas palavras de Rubens Ricupero,

"No fundo, seria preciso restaurar as fundações abaladas e os muros em ruínas antes de querer adicionar andares novos ao edifício. Para os países em desenvolvimento, ceder às exigências dos industrializados em sua forma mais extrema, equivaleria a produzir uma Nova Ordem Econômica às avessas, uma caricatura da reforma da economia mundial que perpetuaria e institucionalizaria as intoleráveis deformidades atuais".[254]

A partir de então, o mundo em desenvolvimento assumia uma posição ativa nas negociações da nova Rodada, contrapondo-se de modo explícito às pretensões dos países desenvolvidos de inclusão dos novos temas antes de negociações acerca do *backlog*. Não se justificava mais, portanto, a freqüente referência à passividade dos menos desenvolvidos, que apenas se beneficiavam, enquanto *free riders*, das negociações concluídas por meio da cláusula da nação mais favorecida.[255] A Rodada Uruguai passava então a ser palco do embate de interesses entre países desenvolvidos e em desenvolvimento,[256] como de resto vinha acontecendo desde Genebra (1947).

No tema agrícola, os países em desenvolvimento tiveram atuação marcante a partir do Grupo de Cairns[257] que, nas palavras de Ricupero, representou ao longo de toda a Rodada o papel de *consciência agrícola das negociações*, de barreira à tentação dos países desenvolvidos de ceder aos europeus e, como acontecera em Tóquio, postergar a reforma do comércio agrícola em troca da inclusão dos novos temas.[258] O principal alvo das divergências entre os países

---

[254] Ricupero, Rubens, *O Brasil e o Futuro do Comércio Mundial*, Brasília, Fundação Alexandre de Gusmão, IPRI, 1988, p. 20.

[255] Ricupero, *Visões do Brasil*, ob. cit., p. 308.

[256] Para uma ampla análise das negociações da Rodada Uruguai, v. Croome, John, *Reshaping the World Trading System - A History of the Uruguay Round*, Geneva, WTO, 1995.

[257] O Grupo de Cairns reúne países desenvolvidos e em desenvolvimento exportadores de produtos agrícolas interessados na liberalização do agronegócio, tendo a frente Brasil, Argentina e Austrália.

[258] Ricupero, *Visões do Brasil*, ob. cit., p. 311.

desenvolvidos e os países em desenvolvimento centrou-se na questão referente a serviços, que desde os anos setenta os norte-americanos tentavam trazer para as negociações multilaterais.[259] Os primeiros, liderados pelos Estados Unidos, entendiam pela necessidade de inclusão deste novo tema na pauta de negociações do GATT. Os países em desenvolvimento, representados por Brasil e Índia na liderança do Grupo dos Dez (G-10), ao contrário, recusavam-se a discutir serviços antes das negociações sobre agricultura, e argumentavam desconhecimento técnico sobre o tema em discussão.[260]

Não obstante a expressa resistência dos países em desenvolvimento, a Declaração Ministerial de 1982 acabou por afirmar a inclusão dos novos temas na futura rodada de negociações. Muitos países em desenvolvimento encontravam-se à época em difícil situação financeira, principalmente depois da crise mexicana de 1982, e Washington passou a pressionar bilateralmente para ampliação *ratione materiae* da agenda da rodada. Assim, o Brasil acabou por concordar com a inclusão dos serviços na declaração ministerial, embora reiterasse que esta anuência não tinha implicações sobre a sua posição substantiva quanto ao tratamento de novos temas durante a rodada.[261]

3.7.4.3. O lançamento oficial da rodada e a posição brasileira

Em Punta del Este, no lançamento oficial da nova rodada de negociações, em 1986, duas propostas de agenda foram apresentadas. Colômbia e Suíça, com o apoio de inúmeros países desenvolvidos, advogavam a inclusão dos novos temas. O G-10, tendo à frente Brasil e Índia, ao contrário, insistia que a nova rodada deveria versar somente sobre o *backlog* do GATT - os chamados *unfinished business*, em especial agricultura. A estratégia inicial da diplomacia econômica brasileira centrou-se na oposição enfática quanto à inclusão dos novos temas. Entretanto, a partir da reunião de Punta del Este, e o lançamento oficial da Rodada Uruguai, o Itamaraty reverteu tal posição defensiva, passando a atuar de modo mais ativo no exame dos outros temas de interesse do País, principalmente aqueles relacionados com o *backlog*, que poderiam ser objeto de *trade-off* durante as negociações.[262] Com efeito, não interessava ao Brasil continuar iso-

---

[259] Flecha de Lima, "Dados para uma Reflexão sobre a Política Comercial Brasileira", ob. cit., p. 18.

[260] Abreu, "O Brasil e o GATT: 1947-1990", ob. cit., p. 209.

[261] Idem, p. 208.

[262] Souto Maior, "A Diplomacia Econômica Brasileira no Pós-Guerra (1964-1990)", ob. cit., p. 278.

lado nas negociações, pelo que buscou marcar maior presença no foro de conversações.

Aos poucos, o Brasil percebia que lhe interessava participar mais ativamente da agenda de negociações do GATT, pressionando para a inclusão dos temas da *área cinzenta* (*grey area*) nas discussões multilaterais. Principalmente a partir da mudança do negociador brasileiro, com a saída do Embaixador Paulo Nogueira Batista, e a presença de Rubens Ricupero,[263] o Brasil passou a desempenhar um papel de maior dinamismo no âmbito do GATT: como já era quase certa a inclusão dos novos temas, melhor seria pressionar para a discussão de temas como agricultura e têxteis, advogando neste último caso o fim do Acordo Multifibras (MFA). Ademais, não interessava ao Brasil ficar fora das negociações multilaterais, e enfrentar a pressão nas negociações bilaterais, por exemplo, com Estados Unidos, além de sofrer possíveis ações unilaterais através da Seção 301 do *Trade Act* norte-americano.[264]

Enquanto investimentos e propriedade intelectual seriam negociados sob os auspícios do GATT, decidiu-se pela criação de um grupo especial para a negociação sobre serviços, que formalmente teria lugar fora do GATT - era a idéia de uma *via dupla*, ou *dual track*, pela qual as negociações de mercadorias e serviços seguiriam paralelas. Na visão de muitos, a estratégia norte-americana tinha o objetivo de inviabilizar a troca de concessões envolvendo o *backlog* e os novos temas,[265] o que poderia ser de grande interesse para os países em desenvolvimento.[266]

---

[263] O Embaixador Rubens Ricupero assumiu a chefia da delegação brasileira junto ao GATT em novembro de 1987, lá permanecendo até meados de 1991, quando foi substituído pelo Embaixador Luiz Felipe Lampreia. Ricupero, *Visões do Brasil*, ob. cit., p. 302.

[264] Nas palavras de José Alfredo Graça Lima, "a Rodada Uruguai, cujo lançamento fora relutantemente aceito por aqueles que pouco interesse tinham em incluir, na cobertura do velho GATT, temas tais como a propriedade intelectual, comércio de serviços e investimento, tornara-se, com o encaminhamento favorável da crise da dívida e o esgotamento do modelo de substituição de importações, o foro natural para a obtenção de melhores e mais estáveis condições de acesso a mercado para produtos de interesse exportador das economias de pequeno e médio portes." Graça Lima, José Alfredo, "Rodada Uruguai: Compromissos, Resultados, Impasses e Proposições", *in* Marcovitch, Jacques (org.), *O Futuro do Comércio Internacional - De Marrakesh à Cingapura*, São Paulo, USP, 1996, p. 26. Sobre as pressões unilaterais norte-americanas, v. Arslanian, Regis P., *O Recurso à Seção 301 da Legislação de Comércio Norte-Americana e a Aplicação de seus Dispositivos contra o Brasil*, Brasília, Instituto Rio Branco, 1994.

[265] Abreu, "O Brasil e o GATT: 1947-1990", ob. cit., p. 209 e ss.

[266] A "via dupla", entretanto, tinha suas vantagens para os países em desenvolvimento. Como observa Celso Lafer, nessa época, o então Chanceler Olavo Setúbal "deu uma brilhante solução ao problema de serviços ao aceitá-los não no âmbito da negociação de bens, mas como uma negociação à parte. Porque, também conhecendo a área de serviços, verificou logo não ser possível fazer, em matéria de negociação de serviços, o que se faz normalmente na negociação de bens, já que cada um dos serviços tem a sua especificidade." Lafer, Celso, *Globalização da Economia - O Papel das Organizações Multilaterais*, São Paulo, FIESP/CIESP, 1996, p. 26.

Comércio internacional e política externa brasileira

3.7.4.4. As reuniões de Montreal, Genebra e Bruxelas

Em 1988, os resultados dos dois anos de negociação foram apresentados em Montreal. Os Estados Unidos, em posição diametralmente oposta à das Comunidades Européias, insistiam pelo fim de todos os subsídios agrícolas, pois acreditavam que tais subsídios respondiam pelas grandes distorções do comércio internacional.[267] Por isso, exigiam a eliminação total, num prazo máximo de dez anos, de todos os subsídios à produção e à exportação - era a chamada *opção zero*.[268] A Europa recusava-se veementemente a pôr termo a sua política agrícola comum (PAC), que tinha logrado alçar os países europeus à condição de auto-suficiência em muitos setores agrícolas, além de possibilitar invejável excedente para exportação - o que ampliava as perdas dos países em desenvolvimento. Estes, por isso, principalmente os exportadores de produtos agrícolas reunidos no Grupo de Cairns, enfatizavam que desta vez não concordariam com um ajuste que deixasse de fora o tema agrícola, como ocorrera nas rodadas anteriores de negociação.[269] As posições continuavam divergentes, sem a possibilidade de conciliação de interesses tão díspares.

Apenas em 1989, em Genebra, as posições começavam a se harmonizar. Washington admitia, diante da resistência das Comunidades Européias, a possibilidade de redução *progressiva* e a *longo prazo* dos subsídios à produção agrícola européia. Os europeus, por outro lado, aceitavam - pelo menos em teoria - reduzir gradualmente seus subsídios para não causar um colapso da rodada. Os debates centraram-se, então, nas áreas de propriedade intelectual e têxteis, em torno das quais as posições haviam se polarizado entre países desenvolvidos e países em desenvolvimento. De um lado, os desenvolvidos advogavam a inclusão do tema propriedade intelectual no âmbito de regulação do GATT, ao passo que os em desenvolvimento viam na Organização Mundial da Propriedade Intelectual (OMPI) o foro adequado para a discussão de tais matérias. Quanto aos têxteis, não se previam quaisquer prazos para o fim do Acordo Multifibras (MFA), que desde 1974 dificultava a exportação daqueles produtos para os países desenvolvidos.[270]

Para o ano de 1990 convocou-se uma reunião em Bruxelas, que deveria finalizar as negociações. Foi elaborado um *projeto de Ata Final*, que consolidava todo o trabalho de negociações desde Punta

---

[267] Abreu, "O Brasil e o GATT: 1947-1990", ob. cit., p. 210.

[268] Almeida, "O Fim de Bretton-Woods?", ob. cit., p. 267.

[269] Ricupero, Rubens, "Prefácio", *in* Braga, Carlos Alberto Primo, *et al.*, *O Brasil, o GATT e a Rodada Uruguai*, São Paulo, IPE-USP, 1994, p. v.

[270] Abreu, "O Brasil e o GATT: 1947-1990", ob. cit., p. 211.

del Este. Entretanto, ainda que tivesse havido importantes avanços quanto a serviços e têxteis, as partes não chegavam a um acordo definitivo sobre agricultura, o que quase levou as negociações ao colapso definitivo.[271] Decidiu-se pela reabertura das negociações em 1991, principalmente para se chegar a um acordo sobre agricultura, que era o assunto pendente que impedia a conclusão da rodada. A partir de então, as posições nas negociação polarizaram-se entre Estados Unidos e países europeus. O ajuste entre ambos só veio em novembro de 1992, com a celebração do Acordo de Blair House, não obstante os expressos protestos da França. Ao final das negociações, a questão agrícola foi trazida definitivamente para o âmbito do GATT, e para tanto foi fundamental a atuação coordenada do Grupo de Cairns.[272] Também foi negociado o fim do Acordo Multifibras (MFA), num prazo de dez anos, de crucial importância para os países em desenvolvimento. Ambas as decisões, entretanto, conforme previsão da Ata Final, estão acontecendo num ritmo bastante lento.[273] Finalmente, chegou-se a pontos de convergência sobre o tema do comércio de serviços (GATS),[274] aspectos de direito de propriedade

---

[271] García, Romualdo Bermejo & Muniáin, Laura San Martín Sánchez de, "Del GATT a la Organización Mundial del Comercio: Análisis y Perspectivas de Futuro", *Anuario de Derecho Internacional*, (12): 147-200, 1996, p. 153. A esse respeito, lúcida é a observação de Rubens Ricupero, para quem os episódios de Montreal e Bruxelas, ao invés de frustrarem os árduos anos de negociação, acabaram por salvar o sistema multilateral de comércio do pior dos fracassos, qual seja, o de um "êxito" fraudulento, forjado pelo novo sacrifício das expectativas sempre adiadas de liberalização do comércio agrícola e de têxteis. Ricupero, *Visões do Brasil*, ob. cit., p. 315.

[272] Flecha de Lima, "Dados para uma Reflexão sobre a Política Comercial Brasileira", ob. cit., p. 34.

[273] O Acordo sobre Agricultura, com efeito, representa apenas o primeiro passo de um processo de liberalização que não se esgota nas conclusões da Rodada Uruguai, pois a reintegração do setor deve passar obrigatoriamente pelo desmantelamento dos esquemas internos de subsídio e restrição aos produtos agrícolas importados, devendo ter continuidade no âmbito da OMC. Entretanto, a inclusão do setor nas negociações constitui marco importante no caminho para um comércio menos distorcido. Departamento de Comércio Internacional e Manufaturas (DCIM), "GATT 1994: Avaliação dos Resultados da Rodada Uruguai", *Boletim de Diplomacia Econômica*, (18): 21-5, 1994, p. 23. Sobre os resultados da Rodada Uruguai quanto ao tema agrícola, v. Mattia, Fábio Maria de & Barbagalo, Erica Brandini, "A Organização Mundial do Comércio e o Acordo sobre a Agricultura", in Casella, Paulo Borba & Mercadante, Araminta de Azevedo (org.), *Guerra Comercial ou Integração Mundial pelo Comércio? - A OMC e o Brasil*, São Paulo, LTr, 1998, p. 267-92.

[274] No campo do comércio de serviços, o trabalho dos negociadores ficou, por assim dizer, "inacabado", já que setores inteiros foram excluídos das negociações - caso, por exemplo, dos transportes aéreos, marítimos e serviços financeiros. Como lembra George Álvares Maciel, "o GATS é sobretudo um lançamento de princípios gerais, um programa e bases de negociações específicas, reconhecendo que os países em desenvolvimento terão que avançar mais lentamente que os demais na trilha de liberalização do comércio de serviços." Maciel, "A Dimensão Multilateral", ob. cit., p. 143. Sobre o tema, v. Carreau & Juillard, ob. cit., p. 340-74; Mercadante, Araminta de Azevedo, "Acordo Geral sobre o Comércio de Serviços", in Casella, Paulo Borba & Mercadante, Araminta de Azevedo (org.), *Guerra Comercial ou Integração Mundial pelo Comércio? - A OMC e o Brasil*, São Paulo, LTr, 1998, p. 413-59.

intelectual relacionados com o comércio internacional (TRIPs),[275] medidas de investimento relacionadas com o comércio (TRIMs),[276] subsídios,[277] salvaguardas[278] e antidumping[279] no comércio internacional.

3.7.4.5. A conclusão da rodada

As negociações da Rodada Uruguai do GATT foram concluídas em dezembro de 1993, sendo que a Ata Final que cristaliza os entendimentos resultantes dos oito longos anos de negociações foi assinada em Marraqueche, no Marrocos, no dia 15 de abril de 1994. A Ata Final da Rodada Uruguai constitui - nas palavras de José Alfredo Graça Lima - "o maior acordo comercial da História", inaugurando "uma nova era para as relações econômicas globais, com uma multiplicidade de regras e disciplinas mais rígidas, que visam a promover a liberalização das trocas internacionais de bens e de serviços e assegurar o cumprimento das obrigações assumidas pelos países membros".[280] Não obstante os modestos resultados da Rodada para

---

[275] As novas normas sobre aspectos de direito de propriedade intelectual relacionados com o comércio prevêem tratamento diferenciando para os países em desenvolvimento, no que se refere aos prazos para implementação dos *standards* consagrados. Sobre o TRIPs, v. Basso, Maristela, *Direito Internacional da Propriedade Intelectual*, Porto Alegre, Livraria do Advogado, 2000; Soares, Guido Fernando da Silva, "O Tratamento da Propriedade Intelectual no Sistema da Organização Mundial do Comércio - Uma Descrição Geral do Acordo TRIPs", *in* Casella, Paulo Borba & Mercadante, Araminta de Azevedo (org.), *Guerra Comercial ou Integração Mundial pelo Comércio? - A OMC e o Brasil*, São Paulo, LTr, 1998, p. 660-79.

[276] Sobre a regulação dos investimentos estrangeiros relacionados com o comércio no âmbito do GATT, v. Moisés, Cláudia Perrone-, *Direito ao Desenvolvimento e Investimentos Estrangeiros*, São Paulo, Oliveira Mendes, 1998, p. 38-42; Troyano, Flávia Andraus, "Medidas de Investimento Relacionadas ao Comércio", *in* Casella, Paulo Borba & Mercadante, Araminta de Azevedo (org.), *Guerra Comercial ou Integração Mundial pelo Comércio? - A OMC e o Brasil*, São Paulo, LTr, 1998, p. 562-75.

[277] Para uma análise da nova disciplina internacional sobre subsídios, v. Barral, Welber, "Subsídios e Medidas Compensatórias na OMC", *in* Casella, Paulo Borba & Mercadante, Araminta de Azevedo (org.), *Guerra Comercial ou Integração Mundial pelo Comércio? - A OMC e o Brasil*, São Paulo, LTr, 1998, p. 371-82; Carreau & Juillard, ob. cit., p. 253-61; Jackson, *The World Trading System*, ob. cit., p. 279-303.

[278] As regras sobre salvaguardas negociadas no âmbito da Rodada Uruguai, previstas para os casos em que as importações aumentem ao ponto de causarem prejuízos à indústria nacional, deixam claro a imprescindibilidade da comprovação do prejuízo. Sobre o tema, v. Carreau & Juillard, ob. cit., p. 262-70; Pinheiro, Silvia & Guedes, Josefina, "Salvaguardas no Comércio Internacional", *in* Casella, Paulo Borba & Mercadante, Araminta de Azevedo (org.), *Guerra Comercial ou Integração Mundial pelo Comércio? - A OMC e o Brasil*, São Paulo, LTr, 1998, p. 330-9.

[279] Para um estudo da atual disciplina internacional sobre dumping, v. Carreau & Juillard, ob. cit., p. 244-52; Jackson, *The World Trading System*, ob. cit., p. 247-78; Marques, Frederico do Valle Magalhães, "O *Dumping* na Organização Mundial do Comércio e no Direito Brasileiro - Decreto nº 1602/95", *in* Casella, Paulo Borba & Mercadante, Araminta de Azevedo (org.), *Guerra Comercial ou Integração Mundial pelo Comércio? - A OMC e o Brasil*, São Paulo, LTr, 1998, p. 293-329.

[280] Graça Lima, ob. cit., p. 25.

os países em desenvolvimento, quanto aos acordos sobre agricultura e têxteis, ganhos menos visíveis e não-quantificáveis foram obtidos pela própria preservação do sistema multilateral e seu fortalecimento, com a criação da Organização Mundial do Comércio (OMC) e o aprimoramento do mecanismo de solução de controvérsias comerciais,[281] pois como observou Ricupero,

> "O sistema multilateral de comércio pode merecer, com juros, tudo o que lhe censuramos em matéria de injustiças e desequilíbrios, mas não há dúvidas de que, para nós, o mundo sem ele será muito mais inóspito do que com ele".[282]

3.8. A ORGANIZAÇÃO MUNDIAL DO COMÉRCIO (OMC)

O maior fruto dos longos anos de negociação da Rodada Uruguai, a oitava e última das rodadas de negociação do GATT, foi, indubitavelmente, a criação da Organização Mundial do Comércio (OMC).[283] A negociação de uma estrutura institucional que discipli-

---

[281] Graça Lima, ob. cit., p. 33. Como afirmou a DCIM, "um dos ganhos mais relevantes para o Brasil na Rodada Uruguai refere-se ao fortalecimento das regras multilaterais de comércio, de que a criação da Organização Mundial de Comércio (OMC) é o instrumento mais visível. Uma das principais funções da OMC será a administração multilateral de um sistema integrado de solução de controvérsias mais rápido e transparente, que contribuirá para restringir a margem de arbitrariedade e unilateralismo das grandes potências comerciais na solução de contenciosos bilaterais." DCIM, ob. cit., p. 25.

[282] Ricupero, "Prefácio", ob. cit., p. vii. Interessante notar, ainda, a esse respeito, que o liberalismo multilateral nascera por inspiração dos países desenvolvidos, sob liderança norte-americana, nos pós-Segunda Guerra e, quando foi abraçado pelos países em desenvolvimento - não sem difíceis embates nas diversas rodadas de negociação do GATT - viu-se esvaziado pela atuação dos países desenvolvidos, principalmente pela aplicação de medidas unilaterais e toda a sorte de instrumentos da área cinzenta (*grey area*) do Acordo, além do episódio de Seattle (1999), quando os países em desenvolvimento foram excluídos, pelos desenvolvidos, do processo de negociações multilaterais dos chamados *green rooms*.

[283] Os resultados da Rodada Uruguai de negociações do GATT estão cristalizados num tratado-quadro, a Ata Final da Rodada Uruguai (ou Ata Final de Marraqueche), firmada no Marrocos, em 15 de abril de 1994. Além do Acordo Constitutivo da Organização Mundial do Comércio, que figura como documento principal, a Ata Final é composta por quatro anexos, onde se encontram as normas que efetivamente regulam o comércio internacional. O Anexo 1A é composto pelos Acordos Multilaterais sobre o Comércio de Bens. São treze documentos, dentre os quais se destacam o GATT-94, e acordos sobre agricultura, medidas sanitárias e fitossanitárias, têxteis e vestuário, medidas de investimento relacionadas com o comércio (TRIMs), antidumping, subsídios e medidas compensatórias e salvaguardas. O Anexo 1B regula o comércio de serviços (GATS), e o Anexo 1C, os aspectos de direito da propriedade intelectual relacionados com o comércio (TRIPs). O Anexo 2 disciplina os mecanismos de solução de controvérsia no âmbito da Organização. O Anexo 3 prevê um mecanismo de revisão de políticas comerciais (MRPC). E, por fim, o Anexo 4 contempla os Acordos Comerciais Plurilaterais - aeronaves civis, compras governamentais e tecnologia da informação (ITA) -, que constituem a única exceção ao princípio do *single undertaking*, ou empreendimento único. Para uma análise do Acordo Constitutivo da OMC, v. Prates, Alcides G. R., "Comentários

nasse de modo permanente o comércio internacional não figurava na Declaração de Punta del Este (1986), que lançou oficialmente a Rodada. A idéia de uma organização forte foi sugerida pela primeira fez, de modo informal, pelo então Chanceler italiano Renato Ruggiero, sugestão que foi logo referendada pelo Canadá e por outros países.[284]

3.8.1. A importância da nova organização

A OMC, a quem cabe a administração do sistema multilateral de comércio, passou a operar em 1º de janeiro de 1995, e coloca termo ao processo de institucionalização do liberalismo econômico em nível mundial, forjado inicialmente com a Carta de Havana (1948) e a idealizada OIC. O Brasil é membro fundador da nova organização,[285] que tem sede em Genebra, na Suíça, e funciona como base jurídica e institucional do novo sistema multilateral de comércio. Com a OMC, a economia mundial como um todo ingressou numa nova fase, com maiores direitos e deveres para seus membros, o que deve assegurar de maneira mais efetiva os interesses de países em desenvolvimento que, impossibilitados de obter maiores ganhos nos processos de negociação bilateral, encontram no sistema multilateral uma alternativa na preservação de seus interesses. Como aponta Lafer, "não temos

---

sobre o Acordo Constitutivo da OMC", *in* Casella, Paulo Borba & Mercadante, Araminta de Azevedo (org.), *Guerra Comercial ou Integração Mundial pelo Comércio? - A OMC e o Brasil*, São Paulo, LTr, 1998, p. 94-125.

[284] García & Muniáin, ob. cit., p. 157. O *site* da OMC na internet, no endereço www.wto.org, é um dos mais completos da rede, disponibilizando em tempo real uma grande quantidade de informações sobre a atuação da Organização. Sobre a OMC, v. também Costa, Ligia Maura, *OMC - Manual Prático da Rodada Uruguai*, São Paulo, Saraiva, 1996; Flory, Thiébaut, "Remarques à Propos du Nouveau Système Commercial Mondial issu des Accords du Cycle d'Uruguay", *Journal du Droit International*, 122 (4): 877-91, 1995; Krueger, Anne O. (editor), *The WTO as an International Organization*, Chicago, University of Chicago Press, 1998; Rangel, Vicente Marotta, "Marraqueche 94 e os Dois GATT - Breve Apresentação", *in* Casella, Paulo Borba & Mercadante, Araminta de Azevedo (org.), *Guerra Comercial ou Integração Mundial pelo Comércio? - A OMC e o Brasil*, São Paulo, LTr, 1998, p. 126-36; Sacerdoti, Giorgio, "A Transformação do GATT na Organização Mundial do Comércio", *in* Casella, Paulo Borba & Mercadante, Araminta de Azevedo (org.), *Guerra Comercial ou Integração Mundial pelo Comércio? - A OMC e o Brasil*, São Paulo, LTr, 1998, p. 50-69; Thorstensen, Vera, *Organização Mundial do Comércio - As Regras do Comércio Internacional e a Rodada do Milênio*, São Paulo, Aduaneiras, 1999. Para uma análise do impacto da Ata Final da Rodada Uruguai no ordenamento jurídico brasileiro, v. Baptista, Luiz Olavo, *A Organização Mundial do Comércio e suas Repercussões sobre o Ordenamento Jurídico Interno*, São Paulo, FIESP/CIESP, 1997.

[285] A Ata Final de Marraqueche foi objeto do procedimento de incorporação de tratados no ordenamento jurídico nacional, constituindo, pois, lei vigente em todo o território nacional, não obstante as obrigações cristalizadas para os Estados partes tenham por conteúdo o *bring into conformity*. O Brasil firmou a Ata Final, no Marrocos, em 15 de abril de 1994, tendo sido posteriormente encaminhada para aprovação no Congresso Nacional, que o fez através do Decreto Legislativo nº 30, de 15 de dezembro de 1994. Por fim, o Presidente da República, no uso de sua competência exclusiva, promulgou-a através do Decreto nº 1355, de 30 de dezembro de 1994, publicando-a no DOU do dia seguinte.

o poder dos grandes, a regra nos favorece. O unilateralismo nos enfraquece. É uma realidade de poder".[286]

3.8.2. A OMC: uma organização pós-guerra fria

A personalidade jurídica da organização (art. VIII de seu Acordo Constitutivo), que lhe dá o *status* de sujeito de direito internacional público, contrasta com a situação do GATT, tão-somente um acordo geral *provisório*. A ampliação *ratione materiae* da regulação do comércio internacional, para contemplar, além das mercadorias, temas outros como serviços, propriedade intelectual e investimentos, desde que relacionados com o comércio internacional, representa, para voltar a Lafer, a inclusão de elementos grocianos num cenário onde a ausência de normas leva usualmente ao realismo maquiavélico-hobbesiano, uma vez que o mercado não opera no vazio, requerendo a *rule of law*.[287] A inclusão dos novos temas na agenda multilateral, que traduz uma ampliação *ratione materiae* da regulação do comércio internacional, ilustra a tendência à integração profunda (*deep integration*) que a tem caracterizado, quer multilateralmente, quer regionalmente, no período pós-guerra fria. Ao lado da *deep integration*, a ampliação *ratione personae* responde, por outro lado, pelo fenômeno da *shallow integration*, que também aparece tanto no plano multilateral quanto no regional. Estas lógicas fazem com que a OMC seja caracterizada por Celso Lafer como a primeira organização internacional verdadeiramente pós-guerra fria.[288]

Também em contraste com o GATT, é de se notar a obrigatoriedade de adesão a todos os acordos negociados durante a Rodada Uruguai, com a única exceção do Anexo 4. O princípio do *single undertaking*, ou empreendimento único, expressamente previsto no Acordo (art. XVI, § 5°), impossibilita o *pick and choose* anterior, que respondia pelo *forum-shopping* e o GATT *à la carte*, notadamente após a conclusão dos códigos da Rodada Tóquio (1973-9), a que fizemos referência acima.[289]

3.8.3. O papel da OMC na regulação do comércio internacional

A função precípua da OMC é facilitar a aplicação, a administração e o funcionamento dos acordos concluídos na Rodada, além de

---

[286] Lafer, *Globalização da Economia*, ob. cit., p. 12.

[287] Lafer, *A OMC e a Regulamentação do Comércio Internacional - Uma Visão Brasileira*, Porto Alegre, Livraria do Advogado, 1998, p. 24.

[288] Lafer, *Comércio, Desarmamento, Direitos Humanos - Reflexões sobre uma Experiência Diplomática*, São Paulo, Paz e Terra, 1999, p. 36.

[289] Sobre o assunto, v. item 3.7.3 deste livro.

Comércio internacional e política externa brasileira

constituir-se em foro adequado para as negociações entre seus membros sobre as relações comerciais multilaterais existentes entre eles, já que da Organização não emanam normas.[290] A OMC torna-se, assim, o arcabouço institucional competente para administrar todos os aspectos do comércio internacional regulados pelos acordos contemplados na Ata Final, respondendo também pelo Entendimento relativo às normas e procedimentos que regem a solução de controvérsias (OSC, Anexo 2) e pelo Mecanismo de Revisão de Políticas Comerciais (MRPC, Anexo 3). Para atingir tais objetivos, poderá, na *rationale* de seu Acordo Constitutivo, inclusive agir em cooperação com o FMI e o BIRD, com vistas a alcançar uma maior coerência na formulação das políticas econômicas em escala mundial (art. III).

3.8.4. O consenso enquanto *confidence-building measure*

A OMC, enquanto organização internacional intergovernamental do tipo clássico, apresenta uma estrutura tripartite, cujas decisões são tomadas pelo consenso de seus membros, que se forma a partir de coligações de geometria variável, as quais vão se expandindo até alcançarem a universalidade dos membros.[291] Como observa Lafer,

> "Essas coligações não são rígidas nem preestabelecidas, pois a OMC é um dos raros tabuleiros no cenário internacional contemporâneo no qual existe uma multiplicidade de atores com suficiente peso econômico para alcançarem efetivo *locus standi* e participarem assim do jogo diplomático multilateral, integrando estas coligações".[292]

Inexistem, portanto, alinhamentos automáticos ou polaridades definidas no tabuleiro da Organização.[293] Daí a importância do agir conjunto na geração do poder no plano internacional e, em especial, no campo da conformação das regras sobre comércio internacional.[294]

---

[290] Daí por que funciona a OMC como foro institucional para a criação de normas sobre o comércio internacional a partir de negociações abrangentes. Lafer, *Comércio, Desarmamento, Direitos Humanos*, ob. cit., p. 45 e ss. Para Carreau e Juillard, a impossibilidade de criação de um direito derivado, no âmbito do OMC, constitui uma das falhas do novo sistema multilateral de comércio. Carreau & Juillard, ob. cit., p. 63.

[291] Pela regra do consenso, uma matéria colocada em votação é considerada aprovada se não houver a objeção formal dos membros presentes. É de se notar que o consenso não se confunde com a unanimidade, uma vez que a ausência de um membro, ou sua abstenção, não impedem o consenso.

[292] Lafer, *A OMC e a Regulamentação do Comércio Internacional*, ob. cit., p. 36.

[293] Lafer, *Comércio, Desarmamento, Direitos Humanos*, ob. cit., p. 88.

[294] Arendt, Hannah, *Crises da República*, trad. José Volkmann, São Paulo, Perspectiva, 1973, p. 123; Lafer, Celso, *Hannah Arendt - Pensamento, Persuasão e Poder*, Rio de Janeiro, Paz e Terra, 1979, p. 35 e ss. Assim, não obstante em muitos assuntos o consenso tenha origem no QUAD - grupo

Como observa Lafer, o consenso tem a função de uma *confidence-building measure*, ampliando a segurança jurídica de seus membros ao impedir decisões impostas, o que mantém a credibilidade das normas multilaterais sobre o comércio. Como os ativos da OMC são suas próprias normas, e não recursos - como no FMI e no Banco Mundial -, estas normas, para serem efetivas, devem ser aceitas, e não impostas, operando através de um *pactum societatis*, fruto da participação de todos.[295]

Na votação, vige a regra clássica *um membro, um voto*, inexistindo qualquer forma de ponderação, como no caso do Fundo e do Banco Mundial, em que o peso na votação depende do aporte de capital subscrito por cada Estado. É de se notar, como peculiaridade da OMC, a possibilidade de um *território aduaneiro* com autonomia na condução de suas relações comerciais externas tornar-se membro da Organização, ao lado dos Estados (art. XII, § 1º), o que permitiu o *status* de membro a Hong Kong e à Comunidade Européia.[296]

3.8.5. A estrutura orgânica da OMC

O órgão de cúpula da OMC é a Conferência Ministerial, composta pelos representantes de todos os membros, e que deve se reunir pelo menos uma vez a cada dois anos.[297] A Conferência tem a prerrogativa de se manifestar sobre todos os assuntos compreendidos no âmbito dos tratados assinados. O Acordo constitutivo da OMC prevê também a existência de um Conselho Geral, composto também pelos representantes de todos os membros, e que deve se reunir nos intervalos entre as reuniões da Conferência.[298] Ao contrá-

---

que reúne Estados Unidos, Comunidade Européia, Japão e Canadá -, no tema agrícola, por exemplo, as coligações passam de modo obrigatório pelo Grupo de Cairns, que reúne países desenvolvidos e em desenvolvimento interessados na liberalização do comércio agrícola. Lafer, *Comércio, Desarmamento, Direitos Humanos*, ob. cit., p. 48-9.

[295] Lafer, *Comércio, Desarmamento, Direitos Humanos*, ob. cit., p. 87-8.

[296] Carreau & Juillard, ob. cit., p. 62.

[297] A I Conferência Ministerial da OMC teve lugar em Cingapura, em dezembro de 1996, e a II Conferência - que coincidiu com as comemorações do cinqüentenário do sistema multilateral de comércio - realizou-se em Genebra, em maio de 1998. A III Conferência Ministerial da OMC teve lugar em Seattle, nos Estados Unidos, em novembro de 1999. Ao término de cada Conferência, normalmente é emitida uma Declaração que cristaliza os pontos de convergência alcançados durante a reunião. Estas declarações estão disponíveis no *site* da OMC na internet, já citado.

[298] Sob a orientação do Conselho Geral funcionam três outros conselhos especializados: um Conselho para o Comércio de Bens - que deve supervisionar o funcionamento dos acordos multilaterais sobre o comércio de bens (Anexo 1A); um Conselho para o Comércio de Serviços - responsável pelo funcionamento do GATS (Anexo 1B); e um Conselho para Aspectos dos Direitos de Propriedade Intelectual relacionados com o Comércio - Conselho de TRIPs, que supervisiona a implementação do Anexo 1C.

rio da Conferência, que é um órgão periódico, o Conselho tem o atributo da permanência, e se reúne para desempenhar também funções na solução de controvérsias entre os membros da Organização (OSC), bem como avaliar suas políticas comerciais em exame periódico (MRPC). Por fim, há uma secretaria, com funções administrativas, chefiada por um Diretor-Geral.[299]

O Órgão de Solução de Controvérsias - OSC, previsto no Anexo 2 - e o Mecanismo de Revisão de Políticas Comerciais - MRPC, regulado pelo Anexo 3 -, que operam como especializações do Conselho Geral, representam também, para voltar a Lafer, *confidence-building measures*, ao enfatizarem o princípio da transparência no trato das questões comerciais no plano multilateral,[300] resultado mesmo da diluição de fronteiras entre o interno e o externo, e a internalização do mundo nos países. Sendo a concorrência moderna, ao mesmo tempo, uma luta de todos contra todos - como afirmam os realistas -, e uma luta de todos em prol de todos - como pretendem os racionalistas -, os contenciosos econômicos tornam-se inevitáveis.[301] O MRPC elabora avaliações dos objetivos e instrumentos de política comercial dos Estados-Membros da Organização,[302] e o OSC garante a interpretação compartilhada das normas do sistema, evitando o unilateralismo da interpretação e contendo o *self help* na sua aplicação.[303] Como aponta Celso Lafer,

> "Os Estados diferem na sua análise do alcance e da aplicação de normas e buscam, quando lhes cabe proceder unilateralmente ao processo de qualificação jurídica dos fatos, conduzi-los em função dos seus interesses específicos".[304]

3.8.6. A solução de controvérsias no âmbito da OMC

Em contraste com o GATT, o novo mecanismo de solução de controvérsias da OMC representa - para voltar a Lafer - um *adensamento de juridicidade*, ao impossibilitar o bloqueio, por parte do Estado interessado, na constituição de um *panel* ou na adoção de seu

---

[299] O atual Diretor-Geral da OMC, o neo-zelandês Mike Moore, sucedeu ao italiano Renato Ruggero na Secretaria da Organização.

[300] Lafer, *Comércio, Desarmamento, Direitos Humanos*, ob. cit., p. 85.

[301] Lafer, Celso, *Política Externa Brasileira: Três Momentos*, São Paulo, Konrad-Adenauer-Stiftung, 1993, p. 13.

[302] Sobre o Mecanismo de Revisão de Políticas Comerciais, v. Lafer, *Comércio, Desarmamento, Direitos Humanos*, ob. cit., p. 65-73; Thorstensen, ob. cit., p. 351-4.

[303] Lafer, *A OMC e a Regulamentação do Comércio Internacional*, ob. cit., p. 110.

[304] Lafer, *Comércio, Desarmamento, Direitos Humanos*, ob. cit., p. 42-3.

report.[305] O novo mecanismo de solução de controvérsias é automático, prevendo a organização prazos rígidos, os quais devem ser cumpridos, não podendo ser o processamento da pendência obstacularizado pela parte acusada, como freqüentemente acontecia no GATT, em virtude da solução ter por base o consenso positivo.[306] Por esta razão, o novo sistema de procedimentos relativos à solução de controvérsias pode ser considerado "um dos principais ganhos para as economias mais vulneráveis e sujeitas a violações praticadas pelas principais potências comerciais".[307] Como observa Lafer, a solução de controvérsias concebida no âmbito da OMC, enquanto *rule oriented*, acaba por domesticar as tendências unilaterais da razão de Estado *power oriented*.[308]

3.8.7. A conferência ministerial de Seattle (EUA)

O sistema multilateral de comércio chegou, por assim dizer, a um impasse por ocasião da III Conferência Ministerial da OMC, realizada em Seattle, nos Estados Unidos, em novembro de 1999. A necessidade de rediscussão dos temas relativos a agricultura e serviços - inconclusos durante os trabalhos da Rodada Uruguai, e cuja negociação, consoante a Ata Final de Marraqueche, deveria se iniciar até 1999 -, motivaram a proposta européia de lançamento de uma nova rodada de negociações - que seria a primeira da OMC - objetivando ampliar o espectro da negociação daqueles dois temas, o que foi referendado por inúmeros países, dentre eles o Brasil, na tentativa de possibilitar a ampliação de seu peso relativo, durante as negociações, através das coligações de geometria variável.

---

[305] Lafer, *A OMC e a Regulamentação do Comércio Internacional*, ob. cit., p. 114 e ss. Para uma análise do mecanismo de solução de controvérsias da OMC, e do antigo GATT, v. Carreau & Juillard, ob. cit, p. 68-92; Fabri, Hélène Ruiz, "Le Règlement des Différends dans le Cadre de l'Organisation Mondiale du Commerce", *Journal du Droit International*, 124 (3): 709-55, 1997; Lafer, *A OMC e a Regulamentação do Comércio Internacional*, ob. cit., p. 101-51.

[306] A solução de controvérsias, no âmbito da OMC (Anexo 2), pode ser divida em três fases: a) negociações diretas, que decorrem da obrigação geral de consultar (art. III, § 7º); b) estabelecimento de um *panel*, composto por três "panelistas", que devem elaborar um *report*, o qual poderá ser adotado pelo Conselho Geral reunido como OSC; e, por fim, c) recurso ao Órgão Permanente de Apelação (OPA), caso uma das partes não concorde com o *report* do *panel*. A decisão do OPA é irrecorrível, e deve ser cumprida pelas partes. Caso contrário, a parte vencedora poderá suspender concessões até o montante dos prejuízos sofridos. É de se notar que a suspensão de concessões é a modalidade sancionatória típica do direito internacional da cooperação, reduzindo os benefícios da parte acusada de *nullification and impairment* das obrigações assumidas no âmbito do Acordo Geral (art. XXIII do GATT). Lafer, *A OMC e a Regulamentação do Comércio Internacional*, ob. cit., p. 129.

[307] Graça Lima, ob. cit., p. 34.

[308] Lafer, *A OMC e a Regulamentação do Comércio Internacional*, ob. cit., p. 110-1.

Comércio internacional e política externa brasileira

Os trabalhos preparatórios para a Conferência elaboraram uma proposta de agenda desenhada a partir de três pilares: temas previstos na Ata Final e, por isso, já *mandatados* (a chamada *built-in agenda*) - como agricultura e serviços; temas relativos à *implementação* dos acordos existentes, incluídos na Ata Final - caso de antidumping, subsídios, medidas de investimento relacionadas ao comércio (TRIMs) e direitos de propriedade intelectual relacionados ao comércio (TRIPs); e, por fim, temas outros (os *novos temas*), que não fossem mandatados ou cobertos na implementação - como, por exemplo, o acesso a mercados de bens industrializados, concorrência, meio ambiente (cláusula verde), padrões trabalhistas (cláusula social) e investimentos, uma vez que as negociações do Acordo Multilateral sobre Investimentos (AMI), sob os auspícios da Organização para a Cooperação e o Desenvolvimento Econômico (OCDE), sediada em Paris, encontravam-se paralisadas pela oposição sobretudo da França.[309]

O Brasil, desde o início, havia apoiado a idéia de uma nova rodada de negociações, por três razões: inicialmente, um processo abrangente de negociações implicaria o fortalecimento e a ampliação do sistema multilateral de comércio, revertendo em ganhos para um *global trader* como o Brasil; em segundo lugar, por representar a possibilidade de negociações mais significativas nos temas já mandatados - agricultura e serviços -, pelo funcionamento das coligações de geometria variável; e, por fim, porque a ampliação da agenda poderia contemplar temas cuja rediscussão seria do interesse brasileiro, como antidumping.[310]

Diferentemente de outras ocasiões, as divergências quanto à agenda temática da eventual Rodada do Milênio, como foi batizada, bem como o processo de sua negociação, não foram sendo diluídas durante as reuniões preparatórias, realizadas em Genebra e Lausanne.[311] Além

---

[309] Amorim, Celso, "A OMC Pós-Seattle", *Política Externa*, 8 (4): 100-15, 2000, p. 104 e ss. Para uma análise do Acordo Multilateral sobre Investimentos (AMI), v. Stern, Brigitte, "International Economic Relations and the MAI Dispute Settlement System", mimeo, 1999.

[310] Neste caso específico, a proposta brasileira pretendia uma definição mais clara quanto ao conteúdo dos *standards* previstos no art. VI do GATT e no Acordo sobre sua implementação negociado durante a Rodada Uruguai (Anexo 1A). Amorim, ob. cit., p. 109-10.

[311] Enquanto os Estados Unidos advogavam uma agenda restrita que contemplasse, além dos temas mandatados, acesso a mercados, comércio eletrônico, meio ambiente e padrões trabalhistas, importantes países em desenvolvimento - como Índia, Paquistão e Egito - mostravam-se reticentes quanto a uma nova e abrangente rodada de negociações, preferindo concentrar suas propostas nos temas de implementação. Os europeus, que haviam inicialmente proposto a nova rodada, passaram a sustentar uma posição de extrema rigidez na área agrícola - além de contrários à eliminação dos subsídios à exportação, procuraram multiplicar as exceções à liberalização no setor através de conceitos como segurança e qualidade dos alimentos (ameaçados pelos transgênicos) e a idéia de multifuncionalidade, consoante a qual a agricultura não seria apenas uma atividade econômica, mas uma forma de proteger o meio ambiente e preservar a característica da vida do agricultor no campo. Amorim, ob. cit., p. 104, 106 e ss.

da inflexibilidade dos principais atores envolvidos, quanto à definição da própria agenda da Conferência, havia divergências quanto ao procedimento a ser adotado nas negociações. Os países em desenvolvimento criticavam duramente a ausência de transparência e o déficit democrático dos chamados *green rooms*, reuniões temáticas restritas a determinados membros da Organização. Para Celso Amorim, Seattle foi a indicação clara de que o processo de negociação excludente, envolvendo apenas um número restrito de países, tornou-se inaceitável no funcionamento da OMC.[312] Como lembra Bobbio, o dissenso é de grande importância ao promover o debate, mas deve ser controlado pelas regras do jogo, que não podem ser alteradas - como pretenderam os desenvolvidos.[313]

Quando ficou patente que o consenso não seria alcançado, pela posição intransigente dos principais atores envolvidos, muitos pretenderam restringir a Declaração final da Conferência a um compromisso com os temas já mandatados - agricultura e serviços. Como os Estados Unidos não admitiam concluir a Conferência de Seattle sem a referência expressa aos padrões trabalhistas, e os europeus se recusavam a referendar a consagração formal do início de uma nova etapa de negociações na área agrícola sem a inclusão de outros temas que permitissem o *trade-off*, a solução encontrada foi "suspender" os trabalhados da III Conferência Ministerial, incumbindo ao Diretor-Geral da Organização realizar novas consultas sobre o espectro temático de uma retomada futura da reunião e os modos de sua negociação.[314] O papel do Brasil, líder natural dos países em desenvolvimento na defesa do multilateralismo comercial, revela-se, neste particular, da maior importância no fortalecimento e na ampliação das regras multilaterais do jogo comercial, a partir da articulação de consensos.

---

[312] Amorim, ob. cit., p. 114.

[313] Bobbio, Norberto, *O Futuro da Democracia - Uma Defesa das Regras do Jogo*, 6ª ed., trad. Marco Aurélio Nogueira, São Paulo, Paz e Terra, 1997, p. 18 e ss.

[314] Amorim, ob. cit., p. 113.

Comércio internacional e política externa brasileira

Capítulo 4

Os acordos regionais de comércio

A cooperação interestatal de vertente grociana, no campo econômico, pode se dar em diferentes níveis, consoante o número de Estados envolvidos. O tradicional bilateralismo dos tratados de comércio, navegação e amizade ainda hoje persiste na regulação de muitos temas da agenda internacional,[315] e o multilateralismo da diplomacia parlamentar, que foi objeto de análise no Capítulo anterior, consolida-se na disciplina do comércio internacional. Mediando estas esferas de articulação dos Estados no plano internacional, aparece o regionalismo, que amplia o bilateralismo, mas não ao ponto de diluir as características próprias dos Estados que o formam e opera a tradução do regional no plano multilateral.

4.1. Regionalização e Regionalismo

Os termos *região* e *regionalismo* não são unívocos, e implicam dimensões políticas, econômicas, sociais, culturais e históricas de uma mesma região geográfica no quadro geral da interdependência. Transcrevem, numa perspectiva construtivista,[316] as idéias de *circunstância* e de um *estar no mundo* compartilhado.[317] Numa primeira aproximação, o regionalismo traduz um fenômeno de *regionalização*, entendida esta como a ampliação das interações socioeconômicas por força do mercado, que acabam por acentuar a interdependência dos países envolvidos através do comércio e dos fluxos de investi-

---

[315] É o caso, por exemplo, dos tratados bilaterais para evitar a bitributação e para promoção e proteção dos investimentos estrangeiros. Sobre o assunto, v. Moisés, Cláudia Perrone-, *Direito ao Desenvolvimento e Investimentos Estrangeiros*, São Paulo, Oliveira Mendes, 1998, p. 21-46.

[316] O construtivismo procura explicar o regionalismo a partir da idéia de uma *consciência* e uma *identidade regional*, que traduzem um sentimento de pertinência a uma mesma comunidade. Hurrell, Andrew, "Regionalism in Theoretical Perspective", *in* Fawcett, Louise & Hurrell, Andrew (editors), *Regionalism in World Politics - Regional Organization and International Order*, Oxford, Oxford University Press, 1995, p. 64-6.

[317] Lafer, Celso, *A Inserção Internacional do Brasil - A Gestão do Ministro Celso Lafer no Itamaraty*, Brasília, MRE, 1993, p. 130; Reis, Fernando Guimarães, "O Brasil e a América Latina", *in* Fonseca Jr., Gelson & Castro, Sérgio Henrique Nabuco de (org.), *Temas de Política Externa II*, vol. II, 2ª ed., São Paulo, Paz e Terra, 1997, p. 13-6.

Comércio internacional e política externa brasileira

mentos.[318] Esta regionalização, que - para lembrar Aron - responde pela criação de uma verdadeira sociedade transnacional no nível regional,[319] traz novas formas de identidade e é uma construção tipicamente privada, prescindindo *ab initio* da atuação positiva dos Estados envolvidos.[320] Como aponta Hurrell,

> "Regionalization refers to the growth of societal integration within a region and to the often indirected processes of social and economic interaction. This is what early writers on regionalism described as informal integration and what some contemporary analysts refer to as 'soft regionalism'. The term lays particular weight on autonomous economic processes which lead to higher levels of economic interdependence within a given geographical area than between that area and the rest of the world".[321]

Mas se a regionalização depende precipuamente da atividade dos agentes privados, como esta não opera no vazio e não pode funcionar como um arranjo espontâneo, a atuação dos Estados envolvidos na conformação de um arcabouço jurídico que incentive a mútua colaboração torna-se absolutamente fundamental. Estas normas podem levar a diferentes graus de institucionalização da cooperação,[322] e freqüentemente originam organizações internacionais que - como já acentuamos - constituem a forma mais bem acabada de colaboração no nível intergovernamental,[323] ou mesmo supranacional - como no caso das Comunidades Européias. Especificamente no

---

[318] Hurrell, ob. cit., p. 38-9.

[319] Nas palavras de Raymond Aron, "la société transnationale se manifeste par les échanges commerciaux, les migrations de personnes, les croyances communes, les organisations qui passent par-dessus les frontières, enfin les cérémonies ou compétitions ouvertes aux membres de toutes ces entités. La société transnationale est d'autant plus vivante que la liberté des échanges, migrations ou communications est plus grande, que les croyances communes sont plus fortes, que les organisations non nationales sont plus nombreuses, que les cérémonies collectives sont plus solennelles." Aron, Raymond, *Paix et Guerre entre les Nations*, 6e éd., Paris, Calmann-Lévy, 1962, p. 113.

[320] Hurrell, ob. cit., p. 40. Nas palavras de Andrew Wyatt-Walter, "a basic distinction that needs to be made is between economic regionalism as a *conscious policy* of states or sub-state regions to co-ordinate activities and arrangements in a greater region, and economic regionalization as the *outcome* of such policies or of 'natural' economic forces." Walter, Andrew Wyatt-, "Regionalism, Globalization, and World Economic Order", *in* Fawcett, Louise & Hurrell, Andrew (editors), *Regionalism in World Politics - Regional Organization and International Order*, Oxford, Oxford University Press, 1995, p. 77.

[321] Hurrell, ob. cit., p. 39.

[322] Como nota Hurrell, "regional co-operation may therefore entail the creation of formal institutions, but it can often be based on a much looser structure, involving patterns of regular meetings with some rules attached, together with mechanisms for preparation and follow-up." Hurrell, ob. cit., p. 42.

[323] Reuter, Paul, *Institutions Internationales*, 8e éd., Paris, PUF, 1975, p. 227 e ss.

campo econômico, a integração regional tende à redução e/ou eliminação de barreiras tarifárias e não-tarifárias ao comércio de mercadorias, serviços, capitais e pessoas. A conjugação da atuação dos agentes privados com os esforços colaboracionistas dos Estados pode dar origem a um bloco regional coeso, capaz de traduzir, no cenário internacional, interesses que lhe são próprios. Para Hurrell, "it is this cohesion that makes regionalism of particular interest to the study of international relations".[324]

A idéia de regionalismo, pois, refere-se à cooperação regional com o objetivo de promover e ampliar as relações econômicas intra-regionais. O regionalismo, como bem observa Andrew Wyatt-Walter, apresenta-se como

> "The design and implementation of a set of preferential policies within a regional grouping of countries aimed at the encouragement of the exchange of goods and/or factors between members of the group".[325]

4.2. OBJETIVOS DA INTEGRAÇÃO ECONÔMICA REGIONAL

No plano teórico, duas vertentes têm procurado explicitar, a partir de motivações diversas, as vantagens da integração econômica regional: enquanto alguns aplicam a teoria pura do comércio internacional cujo substrato seriam a especialização e as vantagens comparativas de David Ricardo - caso, por exemplo, de Viner e Balassa, que entendem a integração como um *second best* no processo de liberalização do comércio no nível global -, outros, inspirados por argumentos protecionistas, atribuem à integração econômica o condão de possibilitar as escalas mínimas de produção necessárias à industrialização, através da substituição de importações, dos países em desenvolvimento.[326]

Numa primeira perspectiva, cuja matriz é a formulação teórica de Ricardo, a conformação de um esquema de integração econômica regional responde pela ampliação do comércio intra-regional principalmente devido a dois fatores: de um lado, porque com a eliminação das antigas barreiras que impediam o comércio, este flui

---

[324] Hurrell, ob. cit., p. 44.

[325] Walter, ob. cit., p. 78.

[326] Gonçalves, Reinaldo et al., *A Nova Economia Internacional - Uma Perspectiva Brasileira*, Rio de Janeiro, Campus, 1998, p. 83 e ss. Sobre o assunto, v. Balassa, Bela, *The Theory of Economic Integration*, Homewood, Richard Irwin, 1961; Viner, Jacob, *The Customs Union Issue*, New York, Carnegie Endowment for International Peace, 1950.

Comércio internacional e política externa brasileira

naturalmente, privilegiando a especialização e as vantagens comparativas de que goza cada um dos países envolvidos; por outro, a abertura comercial no nível regional possibilita ganhos de produtividade em virtude da presença de economias de escala, produzindo-se a custos médios mais baixos.[327] Uma vez que a maior competitividade da região é posteriormente generalizada pelo comércio internacional em escala global, o regionalismo aparece, sob este prisma, como um complemento do sistema multilateral de comércio - daí a idéia de *second best* na regulação das relações internacionais econômicas. Para Carreau e Juillard,

> "La plupart des Etats sont trop petits pour constituer à eux seuls un marché suffisant pour produire en grande quantité et au moindre coût; ainsi, unifier des territoires étatiques en termes de marché revient à permettre les économies d'échelle requises pour les productions de masse ou les prestations de services".[328]

Paulo Roberto de Almeida, neste particular, aponta como aspectos positivos da integração econômica, dentre outros: a) maior eficiência na produção pela especialização crescente dos agentes econômicos por meio das vantagens comparativas; b) maiores níveis de produção pela presença das economias de escala no mercado ampliado; c) aumento do peso diplomático dos países (massa crítica) no cenário internacional pelas dimensões ampliadas da nova área; e d) aumento de eficiência dos agentes econômicos pela maior concorrência intra-setorial. No caso do mercado comum, além destes, podem ser lembrados: a) a mobilidade dos fatores de produção, o que permite uma alocação ótima dos recursos; b) a coordenação de políticas macroeconômicas; e, por fim, c) taxas estáveis de crescimento, que podem levar à redução do desemprego e a uma melhor distribuição de renda.[329]

---

[327] Como observa Lopes Porto, "em lugar de cada país produzir todos os tipos de bens (...) com custos mais elevados, independentemente de qualquer fator de vantagem comparativa haverá um ganho geral se cada um se especializar na produção apenas de alguns (...), podendo vender no mercado mais alargado que abrange o próprio país e os seus parceiros comerciais." Porto, Manuel Carlos Lopes, *Teoria da Integração e Políticas Comunitárias*, 2ª ed., Coimbra, Almedina, 1997, p. 227.

[328] Carreau, Dominique & Juillard, Patrick, *Droit International Economique*, 4ᵉ éd., Paris, LGDJ, 1998, p. 283. No mesmo sentido, Viner, ob. cit., p. 45.

[329] Almeida, Paulo Roberto de, *Mercosul - Fundamentos e Perspectivas*, 2ª ed., São Paulo, LTr, 1998, p. 14. Sobre o assunto, v. Krugman, Paul R. & Obstfeld, Maurice, *Economia Internacional - Teoria e Política*, 4ª ed., trad. Celina Martins Ramalho Laranjeira, São Paulo, Makron, 1999, p. 123 e ss.; Nusdeo, Fábio, *Curso de Economia - Introdução ao Direito Econômico*, São Paulo, Revista dos Tribunais, 1997, p. 371 e ss.

Numa segunda perspectiva, que motivou a constituição de agrupamentos regionais nos anos sessenta, especialmente na Europa e no mundo em desenvolvimento, a integração é entendida como um instrumento adequado a possibilitar projetos de desenvolvimento por substituição de importações num mercado ampliado.[330] Deste modo, a ausência de economias de escala, que viabilizassem uma eficiente substituição de importações com base no argumento da indústria nascente (*infant industry case*), estaria na origem do integracionismo conformado, neste período, no continente europeu e pelos países em desenvolvimento.[331] Foram estas razões que, ao lado da teoria da deterioração dos termos de troca (*terms of trade*), levaram Prebisch, no âmbito do CEPAL, a propor a criação da Área Latino-Americana de Livre Comércio (ALALC, de 1960). É importante observar que, nesta vertente, a integração aparece como instrumento para a concretização de um projeto político de desenvolvimento, e não como *second best* para as negociações multilaterais com fulcro nas vantagens comparativas ricardianas em sua pureza original.[332]

Além destas considerações, de ordem precipuamente econômica, é de se notar, entretanto, a presença de objetivos políticos no processo integracionista, claramente identificáveis no regionalismo europeu, que procurava, na sua origem, evitar futuros enfrentamentos franco-germânicos e conformar uma terceira força no quadro do sistema internacional heterogêneo e bipolar da guerra fria. Também o Mercosul, o agrupamento regional do cone-sul, não se resume a ampliar o comércio intra-regional, e da região com terceiros mercados, mas contempla objetivos outros, como a manutenção de regimes democráticos no plano interno dos Estados participantes, através da chamada *cláusula democrática*. Por isso, apenas numa perspectiva econômica é possível qualificar as iniciativas regionais como *second best* ao sistema multilateral de comércio, pois esta qualificação reduz o papel político desempenhado pelos blocos regionais. Como observa

---

[330] Como observa Sidney Dell, "being designed to explore the problem of optimal allocation of given resources, under given conditions of production, within a competitive framework, it cannot illuminate situations, such as those which arise in underdeveloped countries, in which neither resources nor conditions of production can be taken as given, and in which immobility of factors of production obstructs the operation of market forces." Dell, Sidney, *A Latin American Common Market?*, New York, Oxford University Press, 1966, p. 16-7.

[331] As razões para o sucesso da experiência européia e os diminutos efeitos do integracionismo no continente latino-americano são sintetizadas por Sidney Dell: além das diferentes condições verificadas internamente, os canais de comércio, no primeiro caso, já estavam abertos no período que antecede a Segunda Guerra, e só precisavam ser restabelecidos através de uma rede de transportes já existente. No continente latino-americano, além do ambiente autoritário desfavorável, os canais de comércio deveriam ser criados, e inexistia uma rede de transportes adequada. Dell, ob. cit., p. 75.

[332] Gonçalves *et al.*, ob. cit., p. 84-5. Sobre o assunto, v. Nudeo, ob. cit., p. 373-6.

Comércio internacional e política externa brasileira

Lafer, as afinidades quanto às formas de conceber a vida em sociedade - democracia e direitos humanos, por exemplo - acabam por facilitar o diálogo regional, contribuindo mesmo para a promoção do pacifismo.[333]

4.3. TEORIAS SOBRE A CONFORMAÇÃO DOS AGRUPAMENTOS REGIONAIS

Muitas teorias, que procuram explicar e antever o futuro do regionalismo a partir de um processo de seleção e ordenação dos fenômenos observados,[334] têm enfatizado a importância da estrutura político-econômica do sistema internacional em que o modelo de integração regional encontra-se inserido, e seu impacto para a conformação da região. Estas teorias sistêmicas, ou estruturalistas, dividem-se em dois grandes grupos, e decorrem do desenvolvimento e da aplicação dos argumentos realista e racionalista - a que fizemos referência nos Capítulos 1 e 2 deste livro - aos movimentos de integração regional.[335]

4.3.1. Uma aplicação do argumento realista

O realismo e o neo-realismo, de matriz maquiavélico-hobbesiana, procuram enfatizar a importância das configurações de poder no cenário internacional, que acabam por conformar o desenvolvimento das relações internacionais, inclusive a criação de agrupamentos regionais, fenômeno que guarda semelhanças com a política de alianças do concerto europeu. Os agrupamentos regionais aparecem, nesta perspectiva, como resposta aos desafios postos pelo sistema internacional e, no plano econômico, como estratégia no jogo da competição neomercantilista. Principalmente para os países desprovidos de poder de barganha no plano internacional, o regionalismo atuaria, para lembrar Hannah Arendt, como forma de geração de

---

[333] Lafer, Celso, *A OMC e a Regulamentação do Comércio Internacional - Uma Visão Brasileira*, Porto Alegre, Livraria do Advogado, 1998, p. 86-9. Sobre as relações entre o comércio e a paz, v. Kant, Immanuel, *A Paz Perpétua e Outros Opúsculos*, trad. Artur Morão, Lisboa, Edições 70, 1995, p. 140 e ss.; Montesquieu, *De l'Esprit des Lois*, tome II, Paris, Garnier, 1956, p. 8-9.

[334] Braillard, Philippe, *Théories des Relations Internationales*, Paris, PUF, 1977, p. 14.

[335] Hurrell, ob. cit., p. 46 e ss. Sobre as teorias realista e racionalista aplicadas aos movimentos de integração, v. também Fonseca Jr., Gelson, "Notas sobre os Processos de Integração e a Ordem Internacional", *in* Mourão, Fernando Augusto Albuquerque & Oliveira, Henrique Altemani (org.), *Mercosul - Desafios a Vencer*, São Paulo, CBRI, 1994, p. 69-78; Krasner, Stephen D., "Blocos Econômicos Regionais e o Fim da Guerra Fria", *Política Externa*, 1 (2): 61-78, 1992.

poder pelo agir conjunto da região.[336] Por esta razão, como observa Andrew Hurrell,

> "From this perspective the economic objectives of regional integration do not derive from the pursuit of welfare, but from the close relationship that exists between economic wealth and political power and from states' inevitable concern with relative gains and losses".[337]

Neste arcabouço teórico, o realismo e o neo-realismo apresentam motivações importantes para o entendimento do regionalismo a partir da presença de uma potência hegemônica: de um lado, a conformação regional seria reflexo da atuação de uma superpotência, atual ou potencial, como forma de operar a balança de poder; de outro, a inclusão desta potência no próprio esquema de integração operaria um mecanismo de restrição ao livre exercício, pela potência, de seu poder (*regionalism entrapment*).[338]

4.3.2. Uma aplicação do argumento racionalista

Estas teorias, entretanto, não explicam de modo satisfatório a constituição de agrupamentos regionais, principalmente no plano econômico, pela redução simplista do sistema internacional como um todo à política do poder (*struggle for power*). Ainda no âmbito das teorias sistêmicas, ou estruturalistas, há modelos outros que buscam compreender o regionalismo a partir de uma visão racionalista grociana, detectando a presença, além dos conflitos de interesse, também de um potencial de solidariedade e sociabilidade capaz de engendrar esquemas de cooperação pela atuação positiva dos Estados da região. Os adeptos do institucionalismo racional procuram focalizar os impactos da economia internacional sobre os Estados, e como estes atuam para operar a interdependência, o que contribui como fator de paz pela integração econômica.[339]

---

[336] Arendt, Hannah, *Crises da República*, trad. José Volkmann, São Paulo, Perspectiva, 1973, p. 123; Lafer, Celso, *Hannah Arendt - Pensamento, Persuasão e Poder*, Rio de Janeiro, Paz e Terra, 1979, p. 35 e ss.

[337] Hurrell, ob. cit., p. 48. A perda de competitividade da economia norte-americana, bem como a diminuição de seu poder relativo frente à Europa e ao Japão, durante a década de oitenta, explicariam, nesta ótica, a opção de Washington pelo NAFTA e pela APEC, também como formas de pressão sobre a União Européia para a conclusão da Rodada Uruguai de negociações do GATT (1986-93).

[338] A constituição das Comunidades Européias e, mais recentemente, do Mercosul como formas de enfrentamento da hegemonia norte-americana seriam exemplos da primeira motivação, e a inclusão da Alemanha nos movimentos integracionistas europeus, desde a CECA, exemplo da segunda.

[339] Carreau & Juillard, ob. cit., p. 283.

Comércio internacional e política externa brasileira

Não obstante, nesta ótica, a ampliação das relações internacionais e a conseqüente interdependência respondam pela proliferação de fóruns multilaterais para o trato de questões globais - e, neste sentido, não favoreça o regionalismo -, a interdependência aprofundada (*deep interdependence*) reclama formas particulares de regulação, mais facilmente alcançáveis no nível regional.[340] Por outro lado, como observa Hurrell, o surgimento dos mercados globais favoreceu e ampliou o *trade-off* entre os dois mais importantes objetivos de toda política externa - o desenvolvimento econômico e a autonomia política[341] - privilegiando o sistema coletivo de tomada de decisões entre os Estados em substituição aos meios e processos exclusivamente nacionais.[342] Nas palavras de Andrew Hurrell,

> "The nature of competition presses towards the formation of larger units, both of economic efficiency and to ensure the political power necessary to bargain effectively over the rules and institutions that govern the world economy".[343]

No plano interno, as transformações pelas quais passou a economia internacional e os desafios da competição global acabaram por acentuar a impossibilidade de respostas exclusivamente nacionais ao imperativo do desenvolvimento. Como não é possível o desenvolvimento em isolamento autárquico, a conformação de unidades regionais para a inserção competitiva das economias nacionais mostrou-se adequada alternativa aos planos de desenvolvimento por substituição de importações, com fulcro no mercado interno.

4.4. MODELOS DE ACORDOS REGIONAIS DE COMÉRCIO

Inexistem fórmulas previamente determinadas às quais os movimentos integracionistas devem obedecer ao longo de seu desenvolvimento - como afirmaram Serra *et al.*, os acordos regionais de comércio são tão numerosos quanto são diversos entre si.[344] Cada

---

[340] Como assinala Andrew Hurrell, "ever-deepening integration creates problems which demand collective management and, more specifically, particular forms of management and regulation that bite ever more deeply into the domestic affairs and sovereign prerogatives of states. This is a stimulus to regionalism to the extent that it is politically more viable to construct such institutions at the regional rather than the global level." Hurrell, ob. cit., p. 56.

[341] Hurrell, ob. cit., p. 57.

[342] Lafer, Celso, *O Convênio do Café de 1976 - Da Reciprocidade em Direito Internacional Econômico*, São Paulo, Perspectiva, 1979, p. 13.

[343] Hurrell, ob. cit., p. 57.

[344] Serra, Jaime *et al.*, *Reflections on Regionalism - Report of the Study Group on International Trade*, Washington, Carnegie Endowment for International Peace, 1997, p. 5.

agrupamento regional reflete as peculiaridades do conjunto de seus membros, e também os objetivos por eles almejados, que podem ser os mais diversos. Entretanto, a prática integracionista tem-se pautado pelos modelos da área de livre comércio, união aduaneira (ou alfandegária), mercado comum e união econômico-política, que se apresentam, para lembrar Bela Balassa, como um processo destinado à eliminação de medidas discriminatórias entre os mercados nacionais participantes.[345]

4.4.1. Área de livre comércio

A doutrina costuma apontar a zona de livre comércio como primeiro estágio da cooperação regional. É de se notar, entretanto, que antes mesmo da criação de uma área de livre comércio, há certos acordos versando sobre o comércio que, de certa forma, já apontam para uma certa interdependência econômica entre suas partes. É o caso, por exemplo, do antigo Sistema Imperial de Preferências da Commonwealth (1932), e também da atual Convenção de Lomé, que estabelece uma área de preferências tarifárias entre a Europa e um grande número de países em desenvolvimento da África, Caribe e Pacífico (ACP), antigas colônias européias.[346]

A área de livre comércio, cuja origem recente teve por inspiração a Commonwealth britânica, implica o livre trânsito de mercadorias, vale dizer, a redução e/ou eliminação de barreiras tarifárias e não-tarifárias ao comércio intra-regional.[347] Cada um dos participantes mantém independência quanto a sua política de comércio exterior, podendo exercer seus direitos de cobrança de aduanas sem quaisquer limitações externas. É o caso do Acordo de Livre Comércio da América do Norte (NAFTA), que congrega Estados Unidos,

---

[345] Balassa, ob.cit., p. 1. Sobre as etapas do processo integracionista, v. também Baptista, Luiz Olavo, "Impacto do Mercosul sobre o Sistema Legislativo Brasileiro", *in* Baptista, Luiz Olavo, Mercadante, Araminta de Azevedo & Casella, Paulo Borba (org.), *Mercosul - Das Negociações à Implantação*, 2ª ed., São Paulo, LTr, 1998, p. 19-24; Baptista, Luiz Olavo, *O Mercosul, suas Instituições e Ordenamento Jurídico*, São Paulo, LTr, 1998, p. 45-53; Basso, Maristela, "Apresentação", *in* Basso, Maristela (org.), *Mercosul - Seus Efeitos Jurídicos, Econômicos e Políticos nos Estados-Membros*, 2ª ed., Porto Alegre, Livraria do Advogado, 1997, p. 19; Imhoof, Rodolphe S., *Le GATT et les Zones de Libre-Échange*, Genève, Librairie de l'Université Georg & Cie SA, 1979, p. 39-49.

[346] A Convenção de Lomé, firmada em 1975 por quarenta e seis países da ACP, vem sendo reiteradamente renovada pelos países europeus. Hoje, são setenta e um os países da ACP que a integram, e já existe um projeto para que, a partir do ano 2000, quando expira o prazo do último acordo renovado, seja concluída uma nova convenção para concessão de preferências àqueles países, com duração prevista para até o ano de 2005.

[347] Como aponta Rodolphe Imhoof, "l'exigence du libre-échange interne emporte avec elle l'abolition des droits de douane ainsi que la rescision des autres réglementations commeciales restrictives, et notamment des restrictions quantitatives." Imhoof, ob. cit., p. 45.

Comércio internacional e política externa brasileira

Canadá e México, e da projetada Área de Livre Comércio das Américas (ALCA). No livre comércio, são necessárias *regras de origem*, que permitem diferenciar a mercadoria produzida intrabloco do produto importado de terceiros países.[348] Como observa Rodolphe Imhoof,

> "Les Etats membres de la zone de libre-échange apparaissent individuaellement sur la scène économique internationale. Le but même de l'accord de libre-échange peut néanmoins entraîner une certaine harmonisation tarifaire. La meilleure illustration en est à notre avis l'adoption de règles d'origine communes. En effet, pour éviter autant que possible le détournement de trafic et les autres distorsions au commerce entre les membres de la zone de libre-échange et les Etats tiers, l'établissement de règles d'origine communes est indispensable".[349]

4.4.2. União aduaneira

Optando os participantes da área de livre comércio por uniformizar suas políticas aduaneiras frente ao comércio realizado com terceiros países, surge a tarifa externa comum (TEC), que caracteriza a união aduaneira (ou alfandegária). Numa união aduaneira, além da livre circulação de mercadorias, característica do livre comércio, "há uma política comercial comum, traduzida designadamente na aplicação de uma pauta única face ao exterior e na negociação conjunta de qualquer acordo com países terceiros".[350] A TEC reduz as dificuldades para determinação da origem dos produtos comercializados intrabloco, e permite uma maior concertação dos Estados componentes do acordo regional no universo das relações internacionais econômicas, notadamente nos foros multilaterais. É a fase em que se encontra o Mercosul, após a negociação e a conclusão do Protocolo de Ouro Preto (1994). Para voltar a Imhoof,

> "L'instauration d'un régime douanier unifié aux frontières extérieures de l'union douanière fait de celle-ci une propre, non seulement du point de vue interne, mais également externe. Grâce à l'existence d'un tel régime douanier, l'union douanière apparaît vis-à-vis des Etats tiers comme un tout compact, un bloc, qui

---

[348] Sobre o assunto, v. Lafer, Celso, *Comércio, Desarmamento, Direitos Humanos - Reflexões sobre uma Experiência Diplomática*, São Paulo, Paz e Terra, 1999, p. 55-64.

[349] Imhoof, ob. cit., p. 46.

[350] Porto, ob. cit., p. 211.

mène une politique tarifaire et commerciale harmonisée, voire commune".[351]

4.4.3. Mercado comum e união econômico-política

O terceiro estágio é o mercado comum, dentro do qual é livre a circulação de bens, serviços, pessoas e capitais - são as chamadas quatro liberdades. Além destas, mantém-se uma tarifa externa comum (TEC) para produtos provenientes de terceiros-países, nos moldes do que ocorre na união aduaneira. O exemplo único é mercado comum europeu. Por fim, há de se mencionar a união econômico-política, que além de preconizar as quatro liberdades do mercado comum, e a existência de uma tarifa externa comum (TEC), procura conformar um sistema monetário comum, uma política externa e uma política de defesa comuns. Este é o objetivo dos países componentes da União Européia, consoante determinam os Tratados de Maastricht (1992) e de Amsterdã (1997), e que de uma certa forma já começa a se delinear com os entendimentos sobre o sistema monetário europeu e a implantação do euro, a moeda única européia, nos onze países que a ela aderiram.[352]

4.5. O REGIONALISMO EUROPEU NO PÓS-SEGUNDA GUERRA

No pós-Segunda Guerra, o regionalismo aparece na política internacional como complemento do sistema de segurança coletiva previsto pelas Nações Unidas. No Capítulo VIII da Carta da ONU (arts. 52-4), intitulado Acordos Regionais, o artigo 52 prevê a possibilidade de criação de acordos ou entidades regionais destinadas a tratar de assuntos relativos à manutenção da paz e da segurança internacionais que sejam suscetíveis de ação regional, desde que tais acordos ou entidades sejam compatíveis com os propósitos e princípios das Nações Unidas (arts. 1º e 2º da Carta).[353]

---

[351] Imhoof, ob. cit., p. 42.

[352] Dos quinze países componentes da União Européia, apenas Dinamarca, Grécia, Reino Unido e Suécia não aderiram, num primeiro momento, ao sistema monetário europeu, que tem por substrato o euro, a moeda única européia.

[353] Sobre a compatibilidade dos agrupamentos regionais com o sistema das Nações Unidas, v. Henrikson, Alan K., "The Growth of Regional Organizations and the Role of the United Nations", *in* Fawcett, Louise & Hurrell, Andrew (editors), *Regionalism in World Politics - Regional Organization and International Order*, Oxford, Oxford University Press, 1995, p. 122-68; Kissinger, Henry, *Diplomacy*, New York, Simon & Schuster, 1994, p. 247-8; Rangel, Vicente Marotta, *Do Conflito entre a Carta das Nações Unidas e os Demais Acordos Internacionais*, São Paulo, Saraiva, 1954.

Comércio internacional e política externa brasileira

119

4.5.1. A criação do Benelux (1944)

No plano econômico, não obstante os esforços anteriores,[354] e mesmo as tentativas do entreguerras,[355] iniciativas regionais significativas aparecem pela primeira vez no continente europeu que, devastado pela Guerra, buscava alternativas que viabilizassem o desenvolvimento comum. Como aponta Maristela Basso, o ideal que animava a empreitada era o esforço mútuo, que pudesse operar a solução dos problemas comuns de natureza econômica, política, social e de defesa.[356] Em setembro de 1944, Bélgica, Holanda e Luxemburgo haviam dado o primeiro passo importante rumo ao integracionismo europeu com a criação do Benelux, união aduaneira instituída pelo Tratado de Londres. Essa união alfandegária foi uma das principais contribuições ao espírito integracionista europeu, uma vez que demonstrava ser possível, factível e vantajosa a união com vistas ao desenvolvimento conjunto e compartilhado.

4.5.2. O congresso de Haia (1948)

Após a experiência do Benelux, duas correntes doutrinárias sobre o futuro da Europa começaram a se delinear num Congresso realizado em Haia (1948): de um lado, uma corrente pragmática, mais moderada, insistia na idéia da cooperação, por intermédio da celebração de tratados regulados no âmbito do direito internacional público clássico, como alternativa ao desenvolvimento compartilhado; de outro, uma corrente diversa, de cunho federalista, e bem mais ousada nos seus objetivos, defendia a criação de uma entidade autônoma que reunisse, numa verdadeira federação política, os Esta-

---

[354] No Velho Continente, as primeiras tentativas de regionalismo surgem em paralelo à consolidação dos Estados europeus, notadamente a partir do século XVIII. Em 1703, por exemplo, o *Act of Union of England and Scotland* estabelecia uma união política e econômica entre ambos; na França, o Governo revolucionário pós-1789 foi o responsável pela abolição de todas as barreiras comerciais internas. O caso mais notório deste período foi, entretanto, o *zollverein* alemão, união alfandegária que vigorou desde 1834 até a completa unificação da Alemanha (1871), arquitetada por Bismarck. World Trade Organization (WTO), *Regionalism and the World Trading System*, Geneva, 1995, p. 6.

[355] No entreguerras, a França propôs uma união econômica entre os Estados europeus a fim de que fossem equacionados os problemas de índole política e econômica que afetavam o continente desde o final da Primeira Guerra. Em 1930, a Assembléia da Liga das Nações considerou a proposta francesa e estabeleceu uma "Comissão para a União Européia", que por diversas vezes chegou a se reunir no período compreendido entre 1930-2, e chegou mesmo a afirmar ser seu objetivo último "a mais ampla colaboração das nações européias a fim de que se construa um mercado único europeu para os produtos de todo e qualquer país do continente." WTO, ob. cit., p. 29.

[356] Basso, Maristela, "O Direito e as Relações Internacionais no Novo Cenário Mundial: O Fenômeno Crescente das Organizações Internacionais", *Estudos Jurídicos*, (25) 65: 107-128, 1992, p. 30.

dos devastados pela guerra. A teoria da integração dos Estados europeus para lograr o seu desenvolvimento, que encontrava fulcro no federalismo, traduzia os antigos ideais de Churchill, que vislumbrava na constituição dos Estados Unidos da Europa a via adequada ao desenvolvimento econômico do continente europeu como um todo.[357]

4.5.3. A Organização Européia da Cooperação Econômica (OECE, 1948)

No contexto do pós-Segunda Guerra, em que Washington e Moscou procuravam reorganizar o cenário internacional econômico assegurando, cada qual, suas áreas de influência, o integracionismo europeu tendeu por se conformar aos moldes cooperativos da corrente pragmática, com a criação da Organização Européia de Cooperação Econômica (OECE) cuja finalidade era a administração dos recursos do Plano Marshall (1947). A liberação de tais recursos pelos Estados Unidos condicionava-se à organização dos Estados europeus devastados pela Guerra de modo a distribuir eficazmente a ajuda norte-americana, que deveria servir para a reconstrução européia como um todo, e não de cada país em particular. Para tanto, criaram os europeus, em 1948, a OECE, primeira organização internacional com finalidades preponderantemente econômicas, com sede em Paris.[358]

4.5.4. A Comunidade Européia do Carvão e do Aço (CECA, 1951)

Os sucessos da OECE acabam por traduzir uma alteração de mentalidade para privilegiar a corrente federalista, com a criação, em 1951, da Comunidade Européia do Carvão e do Aço (CECA). Reunindo os países do Benelux, França, Alemanha e Itália, e com sede em Paris, a CECA passava a tratar com exclusividade dos temas carvão e aço para os países que dela faziam parte, retirando dos Estados-Membros a competência soberana para disciplinar tais matérias. A Comunidade passa a ter, neste particular, competência exclusiva, impondo-se, ademais, suas decisões de modo imperativo, sem necessidade de se recorrer à aprovação pelos parlamentos internos dos seus países-membros.

---

[357] Basso, "O Direito e as Relações Internacionais no Novo Cenário Mundial", ob. cit., p. 117.

[358] Hoje, com o ingresso de inúmeros países não-europeus, a OECE é conhecida como Organização para a Cooperação e o Desenvolvimento Econômico (OCDE), congregando os vinte e nove países mais industrializados do mundo. Sobre suas atividades, v. o *site* da organização na internet, no endereço www.oecd.org.

4.5.5. Das Comunidades Européias (1957) à União Européia (1992)

A ampliação *ratione materiae* da CECA dá origem à Comunidade Econômica Européia (CEE) e à Comunidade Européia da Energia Atômica (CEEA ou Euratom), comunidades instituídas pelos Tratados de Roma (1957). Após uma fusão orgânica das três comunidades, em 1965, estas são reunidas, pelo Tratado de Maastricht (1992), sob os auspícios da União Européia.[359] É de se notar que o integracionismo europeu, inspirado pela corrente federalista, guiou-se, desde a CECA, pela idéia da supranacionalidade das organizações criadas, colocando-se as comunidades acima dos Estados-Membros, pela delegação de competências destes à organização supranacional, ou supra-estatal, da qual decorre o chamado direito comunitário. O procedimento de elaboração deste, em contraposição ao direito internacional público clássico, prescinde do consentimento para privilegiar a regra da maioria - simples ou qualificada, dependendo da matéria -, operando, ademais, efeito direto e imediato no território dos Estados-Membros, pela aplicabilidade direta de suas normas, sendo desnecessário um procedimento de internalização para estarem em vigor. Os princípios que informam o direito comunitário - tais como autonomia, primazia, aplicabilidade e efeito diretos e imediatos - foram sendo consolidados pelo Tribunal Europeu (Luxemburgo) através da ação prejudicial interpretativa (art. 234 do Tratado CE, ex-art. 177).[360]

4.6. O REGIONALISMO NOS ANOS SESSENTA

Historicamente, após o integracionismo europeu do pós-Segunda Guerra, a visão do regionalismo como alternativa ao desenvolvi-

---

[359] Em 1973, Dinamarca e Reino Unido - além da Irlanda, que em 1965 havia firmado acordo de livre comércio com este último -, ingressam na CEE. A Grécia adere à organização em 1979, seguida por Espanha e Portugal, que o fazem em 1986. Em 1989, reunificada à RFA (antiga Alemanha Ocidental), a RDA (antiga Alemanha Oriental) passa a fazer parte da comunidade e, em 1995, Áustria, Finlândia e Suécia juntam-se à União Européia, instituída pelo Tratado de Maastricht (1992). Após a derrocada do bloco soviético, em 1991, a UE concluiu acordos com a República Checa, Eslováquia, Hungria e Polônia, e em 1993, com a Bulgária e a Romênia. Tais acordos reconhecem as aspirações desses antigos países socialistas de se tornarem, no futuro, membros da UE. WTO, ob. cit., p. 29-33. Para um histórico do integracionismo europeu, v. Almeida, *Mercosul*, ob. cit., p. 18-35; Campos, João Mota de, *Direito Comunitário - O Direito Institucional*, vol. I, 6ª ed., Lisboa, Calouste Gulbenkian, 1989, p. 25-134. Para maiores informações sobre a União Européia, v. *site* da organização, no endereço www.europa.eu.int.

[360] Para uma análise do direito comunitário, v. Boulouis, Jean, *Droit Institutionnel de l'Union Européenne*, 5e éd., Paris, Montchrestien, 1995; Casella, Paulo Borba, *Comunidade Européia e seu Ordenamento Jurídico*, São Paulo, LTr, 1994; Pocar, Fausto, *Diritto dell'Unione e delle Comunità Europee*, 6ª ed., Milano, Giuffrè, 2000; Simon, Denys, *Le Système Juridique Communautaire*, Paris, PUF, 1997.

mento nacional dominou o cenário internacional em duas épocas distintas. Inicialmente, durante as décadas de sessenta e setenta, a Europa voltou a enfatizar o papel do regionalismo como alternativa ao desenvolvimento do Velho Continente. Neste período, dos cinqüenta e oito acordos regionais de comércio assinados e informados ao GATT, quarenta e oito envolviam partes européias.[361] Posteriormente, uma nova onda regionalista tem início em meados dos anos oitenta e continua a se desenvolver durante a década seguinte. O gráfico abaixo,[362] elaborado pela OMC, ilustra as tendências de integração regional desde a assinatura do GATT:

Número de acordos de integração regional notificados ao GATT (1948-94)

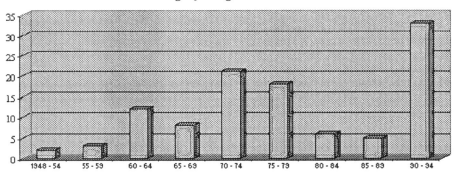

Esse regionalismo inicial dos anos sessenta - como os demais níveis das relações internacionais no período - acabava por se desenvolver no quadro geral da bipolaridade Leste-Oeste da guerra fria, ao qual se subordinava, e acabou por se restringir ao continente europeu.[363] Embora esses acordos fossem animados por uma justificativa econômica de ampliação do bem-estar dos países envolvidos no projeto integracionista, as motivações políticas se sobrepunham às necessidades econômicas num cenário internacional heterogêneo.[364] Como observa Enzo Grilli,

---

[361] Serra et al., ob. cit., p. 6.

[362] WTO, ob. cit., p. 25.

[363] Após os sucessos obtidos pela Comunidade Européia do Carvão e do Aço (CECA, de 1951), foram criadas a Comunidade Econômica Européia (CEE, de 1957) e a Associação Européia de Livre Comércio (AELC, de 1960), organizações que difundiram o ideal de um integracionismo cada vez mais abrangente e aprofundado. A presença marcante da região nos movimentos integracionistas é comprovada pelos números da OMC: no período que se estende de 1948 a 1994, dos cento e nove acordos notificados ao GATT, setenta e seis envolviam países da Europa Ocidental. WTO, ob. cit., p. 27.

[364] Aron, ob. cit., p. 108-13.

"L'accordo aveva un'evidente giustificazione di tipo economico: l'integrazione delle economie degli stati membri a partire dal commercio, e tramite essa il miglioramento del benessere della regione. Ma le determinanti principali sono state forse di natura più politica che economica: assicurare la pace e la coesione dell'Europa continentale, profondamente ataccate dalle due recenti guerre mondiali e in seguito minacciate dall'Unione Sovietica".[365]

Se por um lado os Estados Unidos defendiam o multilateralismo no âmbito do GATT, por outro, o modelo de desenvolvimento por substituição de importações em voga no mundo em desenvolvimento respondia por uma visão consoante a qual o sistema internacional aparecia - por assim dizer - como uma externalidade no plano interno. Não obstante a CEPAL propugnasse pela substituição de importações no mercado ampliado da sub-região, na prática o que se verificava era um relativo desinteresse dos países em desenvolvimento pelos acordos de integração regional que, mesmo quando firmados, restavam letra morta quando de sua real implementação.[366]

4.7. O RESSURGIMENTO DO REGIONALISMO NOS ANOS OITENTA

Alterações na dinâmica da economia internacional, conseqüência das revoluções tecnológica e científica operadas a partir dos anos sessenta nos domínios do tempo e do espaço, o término da guerra fria, desconfianças quanto ao futuro do sistema multilateral de comércio pelos impasses da Rodada Uruguai do GATT e a mudança de paradigma de desenvolvimento em muitos países em desenvolvimento que privilegiavam o modelo de substituição de importações - como na América Latina e no continente africano - ocasionaram, a partir dos anos oitenta, a proliferação de novos acordos regionais de comércio e a retomada de experiências integracionistas anteriores.[367]

---

[365] Grilli, Enzo, "Regionalismo e Multilateralismo: Conflitto o Coesistenza?", *in* Sacerdoti, Giorgio & Alessandrini, Sergio (cura), *Regionalismo Economico e Sistema Globale degli Scambi*, Milano, Giuffrè, 1994, p. 27.

[366] Esta visão somente seria objeto de mudança após o seu patente esgotamento, nos anos oitenta, e as perspectivas de fracasso da Rodada Uruguai de negociações do GATT, no começo da década seguinte, fatos que alçaram o regionalismo à categoria de alternativa aos projetos de desenvolvimento fundados unicamente no mercado interno.

[367] Fawcett, Louise & Hurrell, Andrew, "Introduction", *in* Fawcett, Louise & Hurrell, Andrew (editors), *Regionalism in World Politics - Regional Organization and International Order*, Oxford, Oxford University Press, 1995, p. 1.

4.7.1. Razões para uma nova onda regionalista

Em primeiro lugar, o término do período de *paix impossible et guerre improbable*, na clássica expressão de Aron,[368] acabou por alterar a dimensão bipolar do jogo internacional, que resultava do predomínio, na agenda internacional, das questões estratégico-militares atinentes à segurança, privilegiando a dimensão econômica das relações internacionais. O fim das economias planificadas do Leste reforçou o papel da cooperação econômica de corte grociano, sob inspiração liberal e com fulcro no mercado - concepção informada pelos princípios da economia aberta, livre iniciativa e livre concorrência -, possibilitando a atuação da política externa fora do quadro restrito da bipolaridade e, mais especificamente, ampliando os horizontes do relacionamento intra-regional.[369] Como observa Louise Fawcett,

> "As the old balance between the superpowers no longer dominates questions of regional security, local powers enjoy greater liberty than was previously possible in conducting their foreign policies and in determining their international alignments. In practical terms this may mean that foreign security concerns will be handled increasingly at the regional rather than at the global level".[370]

Por outro lado, após as bem-sucedidas desgravações tarifárias no âmbito do GATT, restava a questão das barreiras não-tarifárias, que passaram a figurar na agenda de negociações multilaterais a partir das Rodadas Kennedy (1964-7) e Tóquio (1973-9), com a assinatura de vários "códigos". O futuro do sistema multilateral dependia, por isso, do sucesso da Rodada Uruguai, que buscava colocar termo à fragmentação do GATT *à la carte* pós-Tóquio, mas não lograva compor os interesses divergentes. Neste contexto, os acordos regionais de integração apareciam como única alternativa num cenário internacional econômico onde o multilateralismo cederia espaço aos

---

[368] Aron, Raymond, *Études Politiques*, Paris, Gallimard, 1972, p. 479-94; Aron, Raymond, *Paix et Guerre entre les Nations*, 6ᵉ éd., Paris, Calmann-Lévy, 1962, p. 400-4.

[369] Walter, ob. cit., p. 92 e ss.

[370] Fawcett, ob. cit., p. 21. Para uma análise do impacto do término da bipolaridade sobre os mecanismos de integração regional, v. Albuquerque, José Augusto Guilhon, "Mercosul: Integração Regional Pós-Guerra Fria", *Política Externa*, 1 (2): 112-21, 1992. Sobre a disjunção entre ordem e poder, v. Lafer, Celso, *Paradoxos e Possibilidades - Estudos sobre a Ordem Mundial e sobre a Política Exterior do Brasil num Sistema Internacional em Transformação*, Rio de Janeiro, Nova Fronteira, 1982, p. 95-148; Lafer, Celso & Peña, Félix, "Contribuição para uma Perspectiva Latinoamericana do Sistema das Relações Internacionais", *in* Lafer, Celso & Peña, Félix, *Argentina e Brasil no Sistema das Relações Internacionais*, São Paulo, Duas Cidades, 1973, p. 15-60.

Comércio internacional e política externa brasileira

protecionismos de três grandes áreas de irradiação econômico-financeira, a saber: a Europa unificada, a América do Norte e o sudeste asiático.[371] Nas palavras de Göran Ohlin, desenharam-se "roteiros sombrios de conflito internacional", nos quais esses gigantes se chocariam em guerras comerciais "como enormes placas tectônicas", e cujas conseqüências seriam "terríveis terremotos econômicos".[372]

Por fim, os choques do petróleo em 1973 e 1979, ao ampliarem os fluxos financeiros dos países desenvolvidos para os países em desenvolvimento, em virtude da reciclagem dos petrodólares, acentuaram a vulnerabilidade destes países frente aos grandes centros financeiros. A crise da dívida que, nos anos oitenta, apresentou-se como inexorável conseqüência dos abundantes recursos provenientes da comunidade financeira internacional em direção aos países em desenvolvimento, inviabilizava a continuação de projetos de desenvolvimento em isolamento autárquico, por substituição de importações e com fulcro no mercado interno. O resultado foi a "estagflação", nos continentes africano e latino-americano, caracterizada por uma perversa combinação de recessão econômica e hiperinflação. Neste contexto, o esgotamento do paradigma de desenvolvimento por substituição de importações respondeu, na perspectiva do mundo em desenvolvimento, pelo retorno aos projetos integracionistas como alternativa ao desenvolvimento econômico.[373]

4.7.2. Origens e características do novo regionalismo

O regionalismo dos anos oitenta teve início no Norte, com a assinatura do Ato Único Europeu (1986) e as negociações entre Washington e Ottawa - tradicionais defensores do multilateralismo - para conformação de uma área de livre comércio na América do Norte, e espraiou-se para o Sul, revitalizando e originando acordos comerciais na América Latina e na África, regiões que buscavam

---

[371] Como bem observou o Grupo de Estudos sobre o Comércio Internacional, da Carnegie Endowment for International Peace, sob a direção de Jaime Serra, "the round faced near-collapse on many occasions. Regional initiatives emerged from the midst of this political quagmire - as safe heavens for many smaller countries that could not afford a 'wait and see' strategy in the multilateral arena." Serra *et al.*, ob. cit., p. 7.

[372] Ohlin, Göran, "O Sistema Multilateral de Comércio e a Formação de Blocos", *Política Externa*, 1 (2): 55-60, 1992, p. 59.

[373] Para voltar ao estudo da Carnegie Endowment, "many smaller, more protectionist countries took it upon themselves to implement comprehensive trade-liberalization reform programs. Unilateral liberalization became relevant for the formation of regional trading arrangements to the extent that these smaller countries needed to complement internal efficiency gains from trade with external market access. Trade among 'natural' partners (i.e., countries already conducting a considerable amount of trade with one another) intensified dramatically. On the institutional front, unilateral liberalization was taking place concurrently with the lauching of the Uruguay Round of GATT (1986-94)." Serra *et al.*, ob. cit., p. 7.

alternativas ao desenvolvimento por substituição de importações. O continente asiático, por sua vez, não se mostrou indiferente às novas tendências comerciais, e passou a discutir as possibilidades de ampliação da cooperação na região.

Firmado em fevereiro de 1986, o Ato Único Europeu dava prosseguimento aos objetivos do projeto *Completing the Internal Market*, de Jacques Delors, para remoção total das barreiras ao livre trânsito de mercadorias, serviços, pessoas e capitais até o final de 1992. As motivações européias relacionavam-se à perda de competitividade de sua indústria, no setor de tecnologia intensiva, frente aos norte-americanos e japoneses, além dos problemas com o desemprego estrutural.[374] Em 1992, é assinado o Tratado de Maastricht, estabelecendo as metas para a conformação do sistema monetário europeu e a implantação do euro, a moeda única européia, posteriormente modificadas pelo Tratado de Amsterdã (1997), em vigor a partir de maio de 1999, que também operou a consolidação dos tratados institutivos das comunidades.

A valorização do dólar e os constantes *deficits* comerciais de Washington - principalmente com o Japão - na primeira metade dos anos oitenta, bem como os receios de uma "fortaleza européia" (*Fortress Europe*) pós-Ato Único (1986), responderam por uma alteração do vetor da diplomacia econômica norte-americana, no governo Reagan, para combinar o multilateralismo - pressionando, por exemplo, para o lançamento de uma nova rodada de negociações no âmbito do GATT - com iniciativas bilaterais e unilaterais (*multi-track policy*). No plano bilateral, os EUA acenaram positivamente para a conformação de uma área de livre comércio com o Canadá (CUSFTA), concluída em 1988. Mais tarde, a assinatura do Acordo de Livre Comércio da América do Norte, o NAFTA (1992), e a ampliação *ratione personae* do grupo pela inclusão do México, reforçava a opção do Norte pelos mecanismos de cooperação regional. Quanto ao unilateralismo, Washington passou a se utilizar com freqüência da seção 301 do *Trade Act* norte-americano, aplicando extraterritorialmente sua legislação comercial.[375]

---

[374] Walter, ob. cit., p. 88-90.

[375] O NAFTA, Acordo de Livre Comércio da América do Norte, embora constitua uma simples área de livre comércio, consubstancia regras sobre propriedade intelectual, padrões trabalhistas e proteção ambiental o que demonstra a ampliação *ratione materiae* em direção a uma *deep integration*. Para uma análise das negociações que levaram ao NAFTA, v. Walter, ob. cit., p. 84 e ss. Informações sobre o NAFTA podem ser obtidas no *site* da organização na internet, no endereço www.nafta.net. Sobre o unilateralismo norte-americano, v. Arslanian, Regis P., *O Recurso à Seção 301 da Legislação de Comércio Norte-Americana e a Aplicação de seus Dispositivos contra o Brasil*, Brasília, Instituto Rio Branco, 1994.

Comércio internacional e política externa brasileira

No sudeste asiático, após os insucessos da ASEAN (1967), novas iniciativas regionalistas resultaram do receio quanto às iniciativas de integração na Europa e nos Estados Unidos, tradicionais mercados compradores de produtos de alta densidade tecnológica produzidos na região, bem como da possibilidade de fracasso da Rodada Uruguai do GATT, no início dos anos noventa. Assim, por iniciativa da Malásia, foi lançado o Fórum de Cooperação Econômica para a Ásia-Pacífico (APEC), em 1989, que tem por objetivo a conformação de uma área de livre comércio até 2020.[376]

Esta nova onda regionalista, entretanto, apresenta traços peculiares se comparada ao regionalismo dos anos sessenta: a) em primeiro lugar, seus objetivos são tão diversos quanto são variados os esquemas possíveis de articulação;[377] b) em segundo lugar, a formação e consolidação desses agrupamentos regionais estão intimamente ligadas às novas perspectivas do sistema das relações internacionais econômicas como um todo - e, nesta perspectiva, figuram como etapas prévias à inserção de seus componentes na economia global (*building-blocs*); c) em terceiro lugar, a constituição de agrupamentos regionais não obedece mais à divisão Norte-Sul de polaridades definidas no funcionamento das relações internacionais econômicas, congregando num mesmo acordo regional de comércio países desenvolvidos e países em desenvolvimento - tendência ilustrada, por exemplo, pela inclusão do México no NAFTA;[378] d) e, *last but not least*, nos agrupamentos regionais criados a partir dos anos oitenta, ficou ainda mais difícil estabelecer suas forças propulsoras, mesclando-se política, economia e questões de segurança - daí o caráter multidimensional do regionalismo contemporâneo de que nos falam Fawcett and Hurrell.[379]

Menção especial, neste particular, merecem as tendências de alargamento e aprofundamento - *deep* e *shallow integration* - que têm operado a regulação do comércio internacional quer no plano multilateral, quer no regional, em virtude do término da bipolaridade. Nos acordos de integração regional, as tendências de alargamento e

---

[376] Para uma análise do regionalismo na região, v. Foot, Rosemay, "Pacific Asia: The Development of Regional Dialogue", *in* Fawcett, Louise & Hurrell, Andrew (editors), *Regionalism in World Politics - Regional Organization and International Order*, Oxford, Oxford University Press, 1995, p. 228-49. Sobre o assunto, v. o *site* da APEC na internet, no endereço www.apecsec.org.sg.

[377] Assim, por exemplo, quanto a sua institucionalização, alguns Estados têm privilegiado esquemas mais informais de integração - como no caso da APEC -, enquanto outros optam pela criação de uma organização internacional, com diferentes graus de complexidade.

[378] Sacerdoti, Giorgio, "Nuovi Regionalismi e Regole del GATT Dopo l'Uruguay Round", *in* Sacerdoti, Giorgio & Alessandrini, Sergio (cura), *Regionalismo Economico e Sistema Globale degli Scambi*, Milano, Giuffrè, 1994, p. 7.

[379] Fawcett & Hurrell, ob. cit., p. 2-4.

aprofundamento respondem pela ampliação *ratione personae*, ao mesmo tempo em que seus participantes buscam sedimentar a integração aprofundando os laços que os unem uns aos outros pela ampliação *ratione materiae* da regulação regional.[380] A idéia de uma *deep integration*, embora também presente na regulação multilateral sob os auspícios da OMC - como demonstra a inclusão, durante a Rodada Uruguai do GATT, de temas relacionados a propriedade intelectual, serviços e investimentos -, ontologicamente é mais facilmente conformada no nível diminuto da região, ou da sub-região, pela convergência das políticas dos Estados envolvidos e pelas afinidades que assinalam uma determinada *circunstância* frente ao universalismo.

4.7.3. O novo regionalismo na perspectiva do sul

Na visão do Sul, pois, o regionalismo aparece, no pós-guerra fria, como um modo de superar a marginalização num cenário internacional de polaridades indefinidas onde haviam perdido seu poder de barganha no enfrentamento Leste-Oeste. Para voltar a Lafer, a disjunção verificada entre ordem e poder, a partir dos anos sessenta, tinha aberto no sistema internacional brechas que possibilitaram a inserção do diálogo Norte-Sul na agenda internacional, e a pressão dos países em desenvolvimento por uma nova ordem internacional com fundamento na não-reciprocidade - daí a conclusão de acordos intergovernamentais sobre produtos primário, a criação da UNCTAD (1964) e a idéia de um direito internacional do desenvolvimento.[381] Com o fim da bipolaridade, a diluição dos conflitos de concepção sobre como organizar o universo das relações internacionais econômicas comprometeu as reivindicações dos países em desenvolvimento por um tratamento não-recíproco no plano internacional e enfatizou a dimensão "GATT-plus" do funcionamento da economia internacional.[382] Como explica Louise Fawcett,

---

[380] As negociações em curso no âmbito da União Européia para a inclusão dos países do Leste, ex-socialistas, ilustram a ampliação *ratione personae* - neste caso, vale mencionar que tais acordos têm muito mais motivações políticas do que propriamente econômicas. No âmbito do Mercosul, os acordos de associação com Chile e Bolívia, concluídos em 1996, também traduzem essa tendência. A integração profunda (*deep integration*) é facilmente verificada, no caso europeu, com os Tratados de Maastricht (1992) e Amsterdã (1997), que estabelecem as regras sobre o sistema monetário europeu e a implantação do euro, a moeda única européia, além dos objetivos de implementação de uma política externa e de defesa comuns. No Mercosul, a lógica de aprofundamento pode ser observada nas discussões sobre proteção do consumidor, medidas de salvaguarda, política de investimentos, de concorrência etc. Lafer, *A OMC e a Regulamentação do Comércio Internacional*, ob. cit., p. 89 e ss.

[381] Lafer, *Comércio, Desarmamento, Direitos Humanos*, ob. cit., p. 30-3; Lafer, *Paradoxos e Possibilidades*, ob. cit., p. 95-148; Lafer & Peña, ob. cit., p. 15-60; Stern, Brigitte, *Un Nouvel Ordre Economique International?*, Paris, Economica, 1983.

[382] Lafer, Celso, *Política Externa Brasileira: Três Momentos*, São Paulo, Konrad-Adenauer-Stiftung, 1993, p. 11.

Comércio internacional e política externa brasileira

"Neither aid, nor trade, nor security are assured in the post-Cold War order. The developing countries must compete with the newly emerging states of Eastern Europe and the former USSR for loans, markets, and even humanitarian assistance. They must demonstrate a capacity to liberalize their economies and political systems or perhaps face what they fear may be permanent relegation to the 'periphery of world politics'. Promoting regional co-operation would appear then to be a rational policy choice for developing countries, both in terms of strengthening links with the advanced industrialized countries but also demonstrating greater independence and self-sufficiency".[383]

A democratização em muitos países latino-americanos e no Leste europeu operou, neste particular, um importante incentivo à interdependência regional, modificando a desconfiança que sempre marcara as questões de vizinhança. Os insucessos da Área Latino-Americana de Livre Comércio (ALALC, 1960) e da Associação Latino-Americana de Integração (ALADI, 1980) na América Latina, e do Comecon no bloco de países satélites da economia soviética, demonstraram as dificuldades de cooperação regional entre governos autoritários, pois como observa Louise Fawcett, "leaders who are unwilling to make compromises with domestic constituencies appear similarly unwilling to make compromises with neighbouring states".[384]

4.8. A INTEGRAÇÃO LATINO-AMERICANA

O ideal de integração regional na América Latina nasceu, como lembra Heraldo Muñoz, com os processos de independência, e perseguia objetivos muito mais ambiciosos do que a simples integração econômica.[385] Este pan-americanismo ganharia novos impulsos com

---

[383] Fawcett, ob. cit., p. 22.

[384] Idem. Vale lembrar, neste particular, a importância da redemocratização no Brasil (1985) e na Argentina (1983) para a constituição do Mercosul, bem como o papel que o regime democrático desempenhou na posição do Chile frente aos esforços de integração: defendeu a cooperação regional no período do Presidente Frei (1964-70), revertendo tal posição no governo Pinochet (1973-90), para voltar a advogar o regionalismo, pela aproximação com o Mercosul e a APEC, após o retorno da democracia ao País, no início da década de noventa.

[385] Muñoz, Heraldo, *A Nova Política Internacional*, São Paulo, Alfa Omega, 1996, p. 106. Como aponta Amado Luiz Cervo, o pan-americanismo, nos moldes bolivarianos, pretendia "implantar soberanias temperadas por interesses comuns supranacionais, regulamentados por acordos de comércio, por meios de se evitar a guerra, de superar os conflitos de fronteira, de uniformizar o direito público, de conciliar os litígios por arbitramentos obrigatórios, em suma, a criação do direito internacional americano, por modo a compensar o esfacelamento político regional resultante das independências políticas." Cervo, Amado Luiz & Bueno, Clodoaldo, *História da Política Exterior do Brasil*, São Paulo, Atlas, 1992, p. 128.

a Conferência de Washington (1889), convocada pelos Estados Unidos com o objetivo de ampliar seu comércio exterior através dos mercados hemisféricos. A Conferência tinha por finalidade elaborar instrumentos que garantissem a paz continental, criar a união aduaneira hemisférica, modernizar as comunicações, ampliar as estradas de ferro, fundar um banco continental, unificar a legislação comercial e promover a concertação dos sistemas monetários. O governo americano buscava, por intermédio do pan-americanismo renovado, assegurar seu domínio econômico no continente americano, a exemplo do que os colonialistas europeus intentavam em suas áreas de influência.[386]

4.8.1. A criação da CEPAL (1948)

No pós-Segunda Guerra, com a criação da Comissão Econômica das Nações Unidas para a América Latina e o Caribe (CEPAL), em 1948, o paradigma de desenvolvimento por substituição de importações, que representou a política econômica dominante na região, acabou por privilegiar a cooperação regional como uma forma de implementar a substituição de importações num espaço ampliado.[387] Advogando a teoria da depreciação dos termos de troca (*terms of trade*), e a necessária industrialização da região como caminho correto rumo ao desenvolvimento, a integração regional apresentava-se, na visão cepalina, como instrumento apto a promover o desenvolvimento econômico conjunto e equilibrado dos países latino-americanos. Como explica Luiz Olavo Baptista,

> "Entendia o célebre centro de estudos econômicos que a integração econômica desempenharia um papel fundamental no desenvolvimento da região, aumentando a escala do mercado e permitindo maiores escalas de produção. Estas seriam a plataforma para a substituição de importações e o desenvolvimento industrial".[388]

4.8.2. A fase romântica do integracionismo latino-americano

A integração latino-americana operada no pós-Segunda Guerra pode ser dividida, do ponto de vista brasileiro e como aponta Rubens Antônio Barbosa, em duas fases distintas: uma *fase romântica*,

---

[386] Cervo & Bueno, ob. cit., p. 130.

[387] A CEPAL, Comissão Econômica das Nações Unidas para a América Latina e o Caribe, criada em 1948, exerceu grande influência nos projetos de desenvolvimento dos países latino-americanos, alicerçados no mercado interno através da substituição de importações.

[388] Baptista, *O Mercosul*, ob. cit., p. 26.

Comércio internacional e política externa brasileira

que se inicia ao final dos anos cinqüenta, e se estende até meados dos anos oitenta; e uma *fase pragmática*, que começa em 1985 e vem até nossos dias.[389] Como observa Rubens Barbosa,

> "Na fase romântica, as ações e política relacionadas com a integração e com o objetivo último de alcançar o mercado comum latino-americano foram baseadas em um voluntarismo generalizado, expresso em declarações retóricas de intenções e em ações quase conspiratórias da burocracia governamental e multilateral, nem sempre prestando a devida atenção às realidades internas de cada um dos países ou às circunstâncias prevalecentes no panorama internacional".[390]

Datam desta fase romântica inicial a ALALC (1960) e a ALADI (1980), criadas sob inspiração da CEPAL como forma de instrumentalizar o desenvolvimento por substituição de importações num mercado ampliado. Como já se disse, no mundo em desenvolvimento, foi a possibilidade de implementação da substituição de importações no mercado ampliado que serviu de substrato às primeiras tentativas rumo à integração. Nas palavras de Dell,

> "The economic case for regional integration among such countries depends much more on its dynamic effects on the rate of growth than on its static effects with respect to trade creation and trade diversion".[391]

4.8.2.1. A Área Latino-Americana de Livre Comércio (ALALC, 1960)

A Área Latino-Americana de Livre Comércio (ALALC), instituída pelo Tratado de Montevidéu (1960), tinha por objetivo a criação de um mercado comum regional, após um período de transição de doze anos, durante o qual vigoraria o livre comércio entre seus membros.[392] Integrada inicialmente por Argentina, Brasil, Chile, México, Paraguai, Peru e Uruguai, a ALALC buscava a ampliação dos mercados e a liberalização do intercâmbio pelo desmantelamento de medidas protecionistas, através da negociação multilateral, produto a produto, de desgravação tarifária e da eliminação de barreiras não-tarifárias.[393] Os objetivos ambiciosos do Tratado, associados aos

---

[389] Barbosa, Rubens Antônio, *América Latina em Perspectiva - A Integração Regional da Retórica à Realidade*, São Paulo, Aduaneiras, 1991, p. 58.

[390] Barbosa, ob. cit., p. 58.

[391] Dell, ob. cit., p. 16.

[392] Para uma análise do Tratado de Montevidéu (1960), v. Dell, ob. cit., p. 36-50.

[393] Barbosa, ob. cit., p. 60.

prazos rígidos para sua conformação e à ascensão de regimes militares ditatoriais em vários países da região, entretanto, traduziram-se no abandono quase que completo das iniciativas de integração, privilegiando o isolamento autárquico.[394]

Concebido por Argentina, Brasil e México como um mecanismo de liberalização comercial, países de desenvolvimento intermédio e de menor desenvolvimento relativo como Bolívia, Chile, Colômbia, Equador e Peru viam na ALALC um instrumento de propulsão do desenvolvimento. Estas tendências, que se tornaram mais claras a partir de meados dos anos sessenta, originaram duas correntes no âmbito da Organização: os *comercialistas pragmáticos* e os *desenvolvimentistas*. Estes acabaram decidindo pela criação de um grupo sub-regional andino, a partir do Acordo de Cartagena (1969), ao qual posteriormente a Venezuela aderiu (1973). O Chile, em 1976, sob o regime ditatorial de Pinochet, retira-se da Comunidade Andina.

A Comunidade Andina alcançou, em seu período inicial, notáveis sucessos através de seu programa de desgravação tarifária e a instituição de uma tarifa externa comum. Também foram previstos, no âmbito do Comunidade, uma disciplina específica para os investimentos estrangeiros, um organismo de financiamento e programas setoriais de desenvolvimento industrial, com vistas a equilibrar as desvantagens relativas dos países menores. As crises do petróleo e da dívida, entretanto, traduziram-se na desaceleração do ambicioso projeto de integração andina, conforme prevê o Protoloco de Quito (1987).[395]

4.8.2.2. A Associação Latino-Americana de Integração (ALADI, 1980)

Com objetivos mais modestos que sua antecessora, a Associação Latino-Americana de Integração (ALADI), criada pelo Tratado de Montevidéu (1980), abandonou os rígidos prazos anteriores para fundar o integracionismo em moldes mais flexíveis, a partir de ajustes bilaterais que levassem à conformação de uma área de preferências tarifárias. O objetivo continua sendo a conformação de um

---

[394] Como aponta Paulo Roberto de Almeida, "os regimes militares costumam manifestar uma preferência por regimes econômicos igualmente fechados, com fortes tendências à auto-suficiência e à autarquia. Daí a inclinação das elites militares por diretrizes claramente substitutivas nas políticas econômicas (de industrialização e de comércio exterior), o que não deixa de afetar o processo integracionista." Almeida, *Mercosul*, ob. cit., p. 37.

[395] Almeida, *Mercosul*, ob. cit., p. 38; Barbosa, ob. cit., p. 61. Sobre a Comunidade Andina, v. Panebianco, Massimo, "O Grupo Sub-Regional Andino", trad. Anna Maria Villela, *Revista de Informações Legislativa - Suplemento*, 21 (81): 93-110, 1984. O *site* da Comunidade na internet, no endereço www.comunidadandina.org, apresenta também importantes e atualizadas informações sobre suas atividades.

Comércio internacional e política externa brasileira

mercado comum latino-americano, mas «a longo prazo» e «de forma gradual e progressiva» (art. 1º do Tratado de Montevidéu),[396] contemplando de modo especial os acordos sub-regionais (ou parciais), que seriam objeto de posterior multilateralização (princípio da convergência). Nos termos do art. 7º do Tratado de Montevidéu (1980), os acordos parciais seriam aqueles de cuja celebração não participaria a totalidade dos países-membros, tendendo, por outro lado, a criar as condições necessárias ao aprofundamento do processo de integração regional através de sua multilateralização progressiva - daí a necessidade de estarem abertos à adesão dos demais países-membros da ALADI (art. 9º, alínea *a*).

O contexto latino-americano dos anos oitenta, entretanto, não favoreceu o desenvolvimento do integracionismo, ainda que sub-regional. As crises do petróleo e da dívida ampliaram os recursos às barreiras não-tarifárias, como modo de equacionar os problemas decorrentes da "estagflação" e, na maioria dos países da região, as políticas econômicas mostravam-se cada vez mais instáveis - inflação generalizada, oscilação cambial etc. - e incapazes de solucionar o nó górdio do desenvolvimento. A perda de competitividade pelo atraso tecnológico e a dificuldade de articulação política entre os países, sob regimes autoritários, completavam este quadro de dificuldades.[397]

4.8.3. A fase pragmática do integracionismo latino-americano

A partir de meados dos anos oitenta, a nova dinâmica da economia internacional, o patente esgotamento do modelo de desenvolvimento por substituição de importações e o gradual retorno da democracia aos países da região transformam a percepção dos latino-americanos quanto aos mecanismos de integração, verificando-se uma tendência à abertura e à sub-regionalização, pois os países pareciam ter tomado consciência da impossibilidade fática de isolamento econômico e concretização de empreendimentos por demais ambiciosos, que congregassem a maioria dos latino-americanos num esquema único de integração.[398] Como aponta Paulo Roberto de Al-

---

[396] A flexibilização da integração regional pretendida pela ALADI pode ser ilustrada pelos princípios previstos no art. 3º do Tratado de Montevidéu (1980): pluralismo através da celebração de acordos parciais (sub-regionais), convergência pela multilateralização progressiva dos acordos parciais, tratamento diferenciado consoante o grau de desenvolvimento do Estado-Membro e multiplicidade de instrumentos para dinamizar os mercados regionais.

[397] Barbosa, ob. cit., p. 65.

[398] Nas palavras de Rubens Antônio Barbosa, "a própria noção de nacionalismo passou a aceitar, gradualmente, uma acepção renovada: em lugar de favorecer as tendências autonomistas do Estado, a defesa dos interesses nacionais passou a privilegiar a criação de condições

meida, o abandono da retórica integracionista bolivariana combinada com o protecionismo econômico materializou-se na desaceleração do ritmo da integração latino-americana, e a opção pela escala sub-regional, ou "minilateral", de caráter pragmático.[399]

4.9. O MERCOSUL

O Mercosul, que se insere no quadro geral desta fase pragmática do integracionismo latino-americano, teve por antecedente imediato o retorno do regime democrático à região, que sepultou antigas rivalidades para privilegiar a cooperação sub-regional. No plano político, a redemocratização da região respondeu pela criação do Grupo do Rio, em dezembro de 1986, a partir da fusão dos Grupos de Contadora - Colômbia, México, Panamá e Venezuela - e de Apoio - Brasil, Argentina, Peru e Uruguai -, com o propósito de facilitar o diálogo entre os presidentes da região. No plano econômico, a constituição do Mercado Comum do Sul apresenta-se como o resultado de um processo histórico - que mencionamos acima - e, ao mesmo tempo, ponto de partida de um novo ciclo.[400] Como aponta Alberto do Amaral Jr., a redemocratização no Brasil (Sarney) e na Argentina (Alfonsín) colocou termo às disputas hegemônicas e às hostilidades latentes que criavam, desde os anos setenta, situações de conflito e competição.[401]

Como observa Celso Lafer, um dos problemas mais relevantes num contexto contíguo é a dialética do conflito e da cooperação. Esta questão de como amainar os conflitos e ampliar os pontos de convergência apresenta duas respostas possíveis: de um lado, os conflitos podem ser evitados reduzindo-se os contatos dos países envolvidos no entorno regional, como pretenderam os latino-americanos sob regimes ditatoriais - esta resposta, embora teoricamente possível, apresenta-se pragmaticamente inviável; de outra sorte, um segundo equacionamento possível verifica-se pela possibilidade política de diminuição das áreas de atrito enfatizando, numa perspec-

---

de competição, de educação, capacitação tecnológica e científica e controle das práticas que distorcem ou anulam a competitividade. Essas mudanças antecederam as decisões de reativação da integração e geraram um cenário mais propício à sua evolução em bases renovadas." Barbosa, ob. cit., p. 65-6.

[399] Almeida, *Mercosul*, ob. cit., p. 39-40.

[400] Reis, ob. cit., p. 13.

[401] Amaral Jr., Alberto, "Mercosul - Questões Políticas e Institucionais", *in* Mourão, Fernando Augusto Albuquerque & Oliveira, Henrique Altemani (org.), *Mercosul - Desafios a Vencer*, São Paulo, CBRI, 1994, p. 13.

Comércio internacional e política externa brasileira

tiva colaboracionista de matriz grociana, os pontos de convergência e as possibilidades de cooperação.[402]

4.9.1. Antecedentes: a cooperação bilateral Brasil-Argentina

Após um passado de enfrentamento estratégico-militar na sub-região do Prata,[403] as relações bilaterais entre Brasil e Argentina começam a se alterar em meados dos anos oitenta, com o estabelecimento de mecanismos de cooperação, na esteira do Acordo de Cooperação Nuclear (1980), que representou uma importante *confidence-building measure* no relacionamento bilateral. Num contexto de crise econômica e redemocratização, Brasil e Argentina firmam, em 1985, a Declaração de Iguaçu e a Declaração Conjunta sobre Política Nuclear, acelerando o processo de integração bilateral. Na mesma ocasião, criam uma Comissão Mista de Alto Nível, presidida pelos Chanceleres dos dois países, a fim de aprofundar os entendimentos bilaterais.[404]

Num momento posterior, estabelecem o Programa de Integração e Cooperação Econômica (PICE, de 1986), informado pelos princípios do gradualismo, flexibilidade, equilíbrio e simetria na conformação de um mercado sub-regional a partir da integração de setores industriais de economias complementares. Tais iniciativas traduziram-se na ampliação do comércio bilateral, notadamente das exportações argentinas para o mercado brasileiro.[405]

A idéia de constituição de um espaço econômico comum bilateral já aparece no Tratado de Integração, Cooperação e Desenvolvimento (1988), que estabelece um prazo de dez anos para sua conformação. Este prazo seria, entretanto, reduzido à metade pela Ata de Buenos Aires (1990), pela qual os presidentes Collor e Menem comprometiam-se a estabelecer um mercado comum bilateral até dezembro de 1994. Os mecanismos de sua implementação compreendiam desgravações tarifárias lineares e automáticas, além da eliminação progres-

---

[402] Lafer, Celso, *O Brasil e a Crise Mundial - Paz, Poder e Política Externa*, São Paulo, Perspectiva, 1984, p. 154-5.

[403] Nos anos setenta, as negociações entre Brasil e Paraguai para a constituição da Hidrelétrica Binacional Itaipu responderiam pelo acirramento das rivalidades político-militares e econômico-comerciais entre Brasil e Argentina tendo por pano de fundo o aproveitamento dos recursos hídricos da bacia do Prata. Para uma análise das relações bilaterais Brasil-Argentina que originaram o Mercosul, v. Almeida, *Mercosul*, ob. cit., p. 43-7; Baptista, *O Mercosul*, ob. cit., p. 30-4; Bueno, Clodoaldo, *Passado e Presente nas Relações Brasil-Argentina*, São Paulo, IEA, 1997.

[404] Almeida, ob. cit., p. 44-5.

[405] O temor de que a economia argentina sofresse com a ampliação da presença de produtos brasileiros - que também se faria presente, mais tarde, nos processos de negociação para constituição do NAFTA - logo se desfez com a duplicação de suas exportações para o mercado brasileiro, que se tornou o segundo mercado de destino das exportações argentinas, ficando atrás somente dos Estados Unidos. Almeida, *Mercosul*, p. 45.

siva de barreiras não-tarifárias ao comércio bilateral.[406] O passo seguinte seria o Acordo de Complementação Econômica n° 14 (ACE n° 14, de 1990), firmado por Brasil e Argentina no âmbito do ALADI, que opera uma consolidação dos entendimentos bilaterais anteriores.

As negociações, que até então se processavam no plano bilateral, atraíram as atenções de Uruguai e Paraguai, que temiam um isolamento político e econômico após a conformação do espaço bilateral. Convidados a participar do processo de integração, acabam por aceitar a negociação com seus vizinhos do cone sul para a constituição de um mercado comum sul-americano, o Mercado Comum do Sul, e firmam, em 26 de março de 1991, o Tratado de Assunção, prevendo regras para o relacionamento econômico-comercial quadrilateral por um período que se estenderia até dezembro de 1994.

4.9.2. Os documentos fundacionais: Assunção (1991) e Ouro Preto (1994)

Os documentos fundacionais do Mercosul são o Tratado de Assunção (1991) e o Protocolo de Ouro Preto (1994), instrumentos jurídicos que confirmam a factibilidade jurídica da integração subregional baseada no pragmatismo.[407] Os prazos rígidos para implementação dos esquemas de integração, os objetivos por demais ambiciosos e a falta de vontade política dos participantes haviam respondido pelo fracasso das tentativas anteriores de conformação de espaços econômicos integrados na América Latina. Daí por que os Estados-Partes comprometidos com o Mercosul procuravam enfatizar o pragmatismo nos processos de negociação. Como aponta Paulo Roberto de Almeida,

"O Tratado de Assunção e o Protocolo de Ouro Preto representam a confirmação prática de que o ideal integracionista no Cone Sul latino-americano, longe de reiterar as frustrações amplamente conhecidas em projetos similares anteriores, pode converter-se em realidade, desde que observadas algumas simples regras de bom senso e pragmatismo. Esse processo de integração deixou de ser uma aposta sobre o futuro para tornar-se o eixo político e econômico mais importante das articulações recíprocas

---

[406] A redução dos prazos acordada refletia as orientações liberais dos novos presidentes do Brasil e da Argentina, favoráveis ao livre-cambismo. Também por ocasião da Ata de Buenos Aires (1990), foi criado o Grupo Mercado Comum (GMC), de caráter binacional, para aceleração do processo de integração. Almeida, *Mercosul*, ob. cit., p. 46.

[407] Para uma compilação do direito originário e derivado do Mercosul, v. Araújo, Nádia de & Marques, Frederico do Valle Magalhães (org.), *Código do Mercosul - Tratados e Legislação*, Rio de Janeiro, Renovar, 1998.

Comércio internacional e política externa brasileira   **137**

internas e externas dos quatro Estados signatários e dos demais países associados".[408]

4.9.3. O Tratado de Assunção (1991) e o período transitório

A primeira conformação institucional do Mercosul dá-se com o Tratado de Assunção (1991). Como previsto em seu art. 1º, o objetivo dos participantes é criar um mercado comum através da livre circulação de bens, serviços e fatores produtivos entre os países-membros. Na *rationale* do Tratado de Assunção, o mercado comum implica: a) a livre circulação de bens, serviços e fatores produtivos entre os países, através, dentre outros, da eliminação dos direitos alfandegários e restrições não-tarifárias à circulação de mercadorias e de qualquer outra medida de efeito equivalente; b) o estabelecimento de uma tarifa externa comum (TEC) e a adoção de uma política comercial comum em relação a terceiros Estados ou agrupamentos de Estados e a coordenação de posições em foros econômico-comerciais e internacionais; c) a coordenação de políticas macroeconômicas e setoriais entre os Estados-Partes a fim de assegurar condições adequadas de concorrência entre os mesmos; e d) o compromisso dos participantes de harmonizar suas legislações, nas áreas pertinentes, para lograr o fortalecimento do processo de integração. A redução e/ou eliminação de barreiras tarifárias e não-tarifárias ao comércio intrabloco respondeu pela conformação de uma área de livre comércio que, como bem lembra Paulo Roberto de Almeida, é o substrato de todos os processos de integração.[409]

No período que se estende até 1994, quando é firmado o Protocolo de Ouro Preto (POP), o Mercosul passa por uma fase de transição, ou provisória, marcada pelo livre comércio entre seus membros. Para a conformação do mercado comum, durante o período transitório, as partes deveriam adotar, nos termos do art. 5º do Tratado de Assunção, um programa comum de liberalização comercial através de reduções tarifárias progressivas, lineares e automáticas, acompanhadas da eliminação das barreiras não-tarifárias ao comércio intrabloco, bem como da coordenação de políticas macroeconômicas, da adoção de uma tarifa externa comum (TEC) e da conclusão de acor-

---

[408] Almeida, *Mercosul*, ob. cit., p. 15.

[409] Idem, p. 13. Para perfazimento do livre comércio no Mercosul, previu-se, em Assunção, um *regime geral de origem* (Anexo II), posteriomente complementado pelo Regulamento de Origem Comum (Decisão nº 6/94). O índice médio de nacionalização dos produtos deve ser de 60% a fim de que se possam emitir os *certificados de origem*. Sobre o assunto, v. Baptista, *O Mercosul*, ob. cit., p. 47-9; Costa, Ligia Maura, "Código Aduaneiro do Mercosul", *in* Basso, Maristela (org.), *Mercosul - Seus Efeitos Jurídicos, Econômicos e Políticos nos Estados-Membros*, 2ª ed., Porto Alegre, Livraria do Advogado, 1997, p. 340-55.

dos setoriais com a finalidade de otimizar a utilização e a mobilidade dos fatores de produção. Para voltar a Paulo Roberto de Almeida, nesta fase, o Mercosul pode ser descrito mais como um *processo* do que como um *resultado*, sendo que a preocupação dos negociadores centrou-se na remoção do "entulho protecionista e anti-integracionista" do passado.[410]

O Tratado de Assunção tem, como bem aponta Luiz Olavo Baptista, um caráter complexo - por apresentar elementos contratuais e programáticos - e um caráter dialético - pois apresenta elementos de mudança e de continuidade: elementos de *mudança* porque aponta para um novo quadro, não só econômico e comercial, mas também político; por outro lado, representa a *continuidade* dos esforços integracionistas anteriores de Brasil e Argentina.[411] Lafer observa que, ao contemplar os temas do desenvolvimento, democracia e modernização competitiva, o Mercosul traduz uma nova visão de integração na sub-região do cone sul.[412]

4.9.4. O Protocolo de Ouro Preto (1994) e a estrutura definitiva do Mercosul

O Protocolo de Ouro Preto (POP), de dezembro de 1994, é fruto da reunião prevista pelo art. 18 do Tratado de Assunção, sendo o documento que cria oficialmente a organização internacional Mercosul, e lhe dá a conformação de uma união aduaneira, instituindo uma política aduaneira comum pela adoção da TEC. A tarifa externa comum média do bloco, que entrou em vigor a partir de janeiro de 1995, foi inicialmente acordada em 14%, sofrendo um aumento linear de três pontos percentuais em novembro de 1997. A TEC comporta, entretanto, algumas exceções - previstas nas chamadas "listas de exceção" - o que faz com que o Mercosul seja caracterizado como uma união aduaneira *imperfeita* ou *incompleta*. Estes produtos deverão ser progressivamente integrados à política aduaneira comum até o final de 2006.

A personalidade jurídica do agrupamento regional, que lhe dá o *status* de organização internacional e representa uma institucionalização da cooperação sub-regional, facilitando as negociações do bloco com terceiros países ou agrupamento de países, é expressa-

---

[410] Almeida, *Mercosul*, ob. cit., p. 11 e 50. Consoante estabelece o Tratado de Assunção (1991), em seu art. 18, a estrutura orgânica definitiva, bem como a atribuição de cada órgão e o processo de tomada de decisões seriam determinados até dezembro de 1994, quando deveria se realizar uma reunião extraordinária dos participantes do novo agrupamento regional.

[411] Baptista, *O Mercosul*, ob. cit., p. 35-6 e 38.

[412] Lafer, Celso, "Sentido Estratégico do Mercosul", *in* Mourão, Fernando Augusto Albuquerque & Oliveira, Henrique Altemani (org.), *Mercosul - Desafios a Vencer*, São Paulo, CBRI, 1994, p. 9.

Comércio internacional e política externa brasileira

mente prevista no texto do Protocolo.[413] O POP também reformula sua estrutura orgânica tripartite inicialmente prevista em Assunção (1991), operando a conformação orgânica definitiva do Mercosul. Além do Conselho do Mercado Comum (CMC) - órgão de cúpula da organização internacional Mercosul[414] -, do Grupo Mercado Comum (GMC) - seu órgão executivo[415] - e de uma secretaria administrativa com sede em Montevidéu,[416] o POP acrescenta-lhe três novos órgãos, que complementam sua estrutura orgânica, a saber: a Comissão de Comércio do Mercosul (CCM),[417] a Comissão Parlamentar Conjunta (CPC)[418] e o Foro Consultivo Econômico-Social (FCES).[419]

---

[413] Consoante estabelece o art. 34 do Protocolo de Outo Preto (1994), "o Mercosul terá personalidade jurídica de Direito Internacional." Neste particular, o Mercosul, como sujeito de direito internacional público, celebrou tratados com os Estados Unidos (Jardins das Rosas, de 1991), Comunidade Européia (Madri, 1995) e com Chile e Bolívia (1996), que se tornaram membros associados ao bloco.

[414] O CMC é o órgão político supremo do processo de integração, composto pelos chanceleres e ministros da Economia (ou pasta equivalente), e toma *decisões* para assegurar o cumprimento dos objetivos estabelecidos no Tratado de Assunção. Nos termos do art. 8 do POP são funções e atribuições do CMC, dentre outras: a) velar pelo cumprimento do Tratado de Assunção, seus Protocolos e demais acordos firmados em seu âmbito; b) formular políticas e promover as ações necessárias à conformação do mercado comum; e c) exercer a titularidade da personalidade jurídica do agrupamento regional, negociando e firmando acordos com terceiros países, grupos de países e organizações internacionais.

[415] O GMC é órgão executivo do Mercosul, composto por quatro membros representando os Ministérios das Relações Exteriores, da Economia (ou pasta equivalente) e os Bancos Centrais. O GMC, que é assessorado por Subgrupos de Trabalho (SGT), manifesta-se através de *resoluções*, sendo suas atribuições, consoante o art. 14 do POP, dentre outras: a) velar, nos limites de suas competências, pelo cumprimento do Tratado de Assunção, seus Protocolos e demais acordos firmados em seu âmbito; b) propor projetos de decisão ao CMC, bem como tomar as medidas necessárias ao cumprimento das decisões por ele adotadas; e c) fixar programas de trabalho que assegurem avanços para o estabelecimento do mercado comum.

[416] A secretaria administrativa é um órgão de apoio operacional, prestando serviços aos demais órgãos do Mercosul. É chefiada por um Diretor eleito pelo GMC, cujo mandato é de dois anos, proibida a reeleição. Consoante o art. 32 do POP, a secretaria deve desempenhar, dentre outras, as seguintes atividades: a) servir como arquivo oficial da documentação do Mercosul; b) realizar a tradução autêntica, publicação e difusão do direito derivado do Mercosul; e c) organizar os aspectos logísticos das reuniões dos demais órgãos.

[417] A CCM assiste o GMC na aplicação dos instrumentos de política comercial comum, elaborando *diretrizes*. A Comissão de Comércio tem por atribuição, nos termos do art. 19 do POP, dentre outras: a) velar pela aplicação dos instrumentos comuns de política comercial intrabloco e com terceiros países, grupos de países ou organizações internacionais; b) analisar a evolução destes instrumentos para o funcionamento da união aduaneira e formular *propostas* referentes à matéria comercial e aduaneira ao GMC; e c) estabelecer comitês técnicos necessários ao adequado cumprimento de suas funções.

[418] A CPC é o órgão que representa os parlamentos nacionais no âmbito do Mercosul, sendo integrada por representantes, em igual número, indicados pelos respectivos Parlamentos nacionais. A Comissão, que já existia informalmente durante o período de transição, tem por função precípua acelerar os procedimentos de internalização do direito derivado do Mercosul nos ordenamentos jurídicos internos, podendo ainda encaminhar, por intermédio do GMC, *recomendações* ao CMC (arts. 25-6 do POP).

[419] O FCES é o órgão de representação dos setores econômicos e sociais (sindicatos, associações etc.), exercendo sua função consultiva através de *recomendações* ao GMC (art. 29 do POP).

Não obstante as reformulações operadas pelo POP, optou-se pela continuação do processo de tomada e implementação de decisões pelo consenso de seus participantes, nos moldes do direito internacional público clássico, confirmando a estrutura orgânica intergovernamental do Mercosul. A intergovernamentalidade traduz o pragmatismo e a flexibilidade que informam a integração sub-regional no cone sul. Luiz Olavo Baptista observa, neste mister, que a originalidade do Mercosul em comparação ao modelo europeu, mais institucionalizado e supranacional, atende ao peculiar desenho geopolítico da região que o conforma, em especial as disparidades de peso dos países que o compõem e a idéia de uma soberania excludente de controles internacionais.[420]

Nos termos do art. 37 do Protocolo, as decisões dos órgãos do Mercosul devem ser tomadas por consenso e na presença de todos os Estados participantes do agrupamento regional. Ademais, disposições expressas do POP estabelecem a necessidade de internalização, através de procedimentos de incorporação aos ordenamentos jurídicos nacionais, do direito derivado do Mercosul no âmbito interno dos quatro Estados (arts. 38-42 do POP).[421] A intergovernamentabilidade do bloco sub-regional traduz-se também no mecanismo de solução de controvérsias, disciplinado pelo Protocolo de Brasília (1991), que foi confirmado pelo POP.[422]

Os êxitos econômicos do agrupamento sub-regional associados a sua crescente importância política despertaram a atenção de Chile e Bolívia que, em 1996, tornaram-se membros associados do bloco. O Mercosul, atualmente, passa por um processo de consolidação do espaço econômico já constituído, bem como negocia sua ampliação

---

[420] Baptista, *O Mercosul*, ob. cit., p. 41.

[421] Como lembra Paulo Roberto de Almeida, embora o esquema comunitário, com fundamento na supranacionalidade, não tenha sido privilegiado no entorno sub-regional do cone sul, o objetivo de constituição de um mercado comum permanece válido e legítimo do ponto de vista político, bem como economicamente factível no futuro. Almeida, *Mercosul*, ob. cit., p. 13.

[422] O sistema de solução de controvérsias no âmbito do Mercosul, disciplinado pelo Protocolo de Brasília, firmado em dezembro de 1991, compreende, basicamente, três etapas: a) negociações diretas; b) intervenção do GMC, que adota uma recomendação, propondo uma solução para a controvérsia sem caráter obrigatório; e c) instituição de um tribunal arbitral *ad hoc*, composto por três árbitros, cuja decisão final é irrecorrível. Recusando-se a cumprir a laudo arbitral, o Estado prejudicado poderá suspender concessões até o montante dos prejuízos sofridos. A exemplo do que ocorre na OMC, o particular não tem *locus standi*, sendo necessário o instituto da proteção diplomática (ou endosso) para ingressar no sistema. Para uma análise do mecanismo de solução de controvérsias, v. Baptista, *O Mercosul*, ob. cit., p. 146-71; Baptista, "A Solução de Divergências no Mercosul", *in* Basso, Maristela (org.), *Mercosul - Seus Efeitos Jurídicos, Econômicos e Políticos nos Estados-Membros*, 2ª ed., Porto Alegre, Livraria do Advogado, 1997, p. 157-86.

Comércio internacional e política externa brasileira

a países do entorno regional, em especial a Comunidade Andina, nos moldes das associações de Chile e Bolívia. Negociações para a conformação de uma área de livre comércio hemisférica (ALCA) e transatlântica, com a Comunidade Européia, também estão em curso.

Capítulo 5

Multilateralismo e regionalismo: os acordos regionais de comércio no sistema do GATT/OMC

5.1. OS ACORDOS REGIONAIS DE COMÉRCIO E A NAÇÃO MAIS FAVORECIDA

Na *rationale* do Acordo Geral, a não-discriminação e a reciprocidade originaram a cláusula da nação mais favorecida, prevista em seu art. I, e que implica a igualdade de tratamento que toda parte contratante do GATT deveria dispensar aos demais Estados com que mantém relações comerciais com a finalidade de evitar o protecionismo e promover o intercâmbio comercial.[423] No plano teórico, portanto, a conformação de acordos de integração regional - que ontologicamente representam um protecionismo em nível regional ou sub-regional -, contraria a nação mais favorecida, pedra angular de todo sistema multilateral de comércio. Como observa Thiébaut Flory,

> "L'intégration implique en effet l'existence de certains liens préférentiels entre les membres qui en font partie. Or, la notion même de 'préférences' est par essence incompatible avec la clause de la nation la plus favorisée et avec le principe de non-discrimination".[424]

As tentativas de conciliação dos acordos regionais de comércio com o sistema multilateral, cujos fundamentos são a reciprocidade e a não-discriminação, levaram, no campo econômico, à construção teórica das noções de criação e desvio de comércio. No plano jurídico, resultaram no art. XXIV do GATT, posteriormente objeto de um Entendimento sobre sua interpretação, durante a Rodada Uruguai

---

[423] Flory, Thiébaut, *Le GATT - Droit International et Commerce Mondial*, Paris, LGDJ, 1968, p. 11.

[424] Idem, p. 86-7.

Comércio internacional e política externa brasileira

(1986-93), bem como à cláusula de habilitação (*enabling clause*), negociada durante a Rodada Tóquio (1973-9), que procuram compatibilizar, no âmbito do Acordo Geral, princípios teoricamente inconciliáveis. Daí a originalidade destas normas, de que nos fala Flory.[425]

5.2. OS EFEITOS DO REGIONALISMO PARA O SISTEMA MULTILATERAL

No pós-Segunda Guerra, as iniciativas de integração econômica verificadas no continente europeu levaram os analistas econômicos a debater os reais efeitos advindos da conformação de acordos regionais de comércio. Se, por um lado, o regionalismo poderia ser um instrumento para a liberalização comercial global ao possibilitar a abertura de mercados outrora protecionistas, de outro tais acordos poderiam se constituir em áreas fechadas e alternativas ao sistema multilateral de comércio, através de entendimentos bilaterais - bloco a bloco - e setoriais de comércio administrado - *managed trade*.[426] Numa palavra, a questão que se coloca é saber se os acordos regionais de comércio complementam ou impossibilitam o desenvolvimento do sistema multilateral de comércio, *i.e.*, constituem *building* ou *stumbling blocs* na conformação multilateral.[427] Politicamente, como observa Sacerdoti, a questão se relaciona com a própria disposição dos países envolvidos no esquema regional de privilegiar o multilateralismo ou, ao contrário, de acentuar o regionalismo em detrimento do sistema global.[428] De outra sorte, do ponto de vista econômico, a análise passa necessariamente pelas teorias da criação e desvio de comércio, e pelo potencial de *trade diversion* do acordo regional em relação a terceiros mercados, uma vez que os *standards*

---

[425] Nas palavras de Thiébaut Flory, "l'article XXIV de l'Accord Général constitue à lui seul tout un système juridique qui s'efforce de rendre compatibles deux principes théoriquement inconciliables. L'originalité de l'article XXIV réside précisément dans cette tentative de concilier - sur le plan du commerce international - régionalisme et mondialisme." Flory, ob. cit., p. 87.

[426] Para Kenneth Dam, por exemplo, "the effort to attain precision and to force future arrangements into Article XXIV's mold proved to be, as will be seen, a failure, if not a fiasco. Ambiguity rather than precision reigned." Dam, Kenneth W., *The GATT - Law and International Economic Organization*, Chicago, University of Chicago, 1970, p. 275.

[427] Lawrence, Robert Z., *Regionalism, Multilateralism and Deeper Integration*, Washington, The Brookings Institution, 1996, p. 2.

[428] Sacerdoti, Giorgio, "Nuovi Regionalismi e Regole del GATT Dopo l'Uruguay Round", *in* Sacerdoti, Giorgio & Alessandrini, Sergio (cura), *Regionalismo Economico e Sistema Globale degli Scambi*, Milano, Giuffrè, 1994, p. 10.

multilaterais têm por objetivo resguardar seus interesses no sistema multilateral de comércio.

5.3. CRIAÇÃO E DESVIO DE COMÉRCIO

O precursor das idéias de criação e desvio de comércio foi Jacob Viner que, analisando os sistemas multilateral e regional de comércio, concluiu que as preferências regionais podem aumentar ou não o bem-estar dos agentes econômicos daquela determinada área, dependendo de quanto comércio o agrupamento regional cria ou, ao contrário, desvia.[429] Viner distinguiu a potencial criação de comércio, verificada nos acordos regionais, do seu potencial desvio, também presente em tais acordos. Há criação de comércio sempre que a redução e/ou eliminação de barreiras tarifárias ou não-tarifárias traduz-se, para determinado participante do acordo, na importação de produtos que, caso contrário, seriam produzidos domesticamente - ou, então, não seriam produzidos. Já o desvio de comércio verifica-se quando o tratamento preferencial é causa de um deslocamento de país exportador de determinado produto. Neste caso, as barreiras tarifárias ou não-tarifárias vigentes fazem com que um produto, que antes era importado de um terceiro país qualquer, passe a sê-lo de algum dos países-membros do bloco, em detrimento do produto que, originalmente, era importado daquele terceiro país a custos menores (mais competitivo) do que se proviessem de um dos países do grupo regional.[430] Como aponta Robert Lawrence,

> "On the one hand, by eliminating the barriers among its members, an arrangement can *create* trade and improve efficiency by shifting production from a high-cost domestic producer to a lower-cost trading partner. On the other hand, by granting members market access on preferential terms, it can *divert* trade, by expanding the production of less efficient members and reducing the production of more efficient outsiders".[431]

---

[429] Viner, Jacob, *The Customs Union Issue*, New York, Carnegie Endowment for International Peace, 1950, p. 41-55. Para uma análise aprofundada das relações entre a integração econômica e o bem-estar dos agentes envolvidos, v. Balassa, Bela, *The Theory of Economic Integration*, Homewood, Richard Irwin, 1961, p. 10-7.

[430] Serra, Jaime *et. al.*, *Reflections on Regionalism - Report of the Study Group on International Trade*, Washington, Carnegie Endowment for International Peace, 1997, p. 11. Para um desenvolvimento sintético das teorias da Viner, v. Grilli, Enzo, "Regionalismo e Multilateralismo: Conflitto o Coesistenza?", *in* Sacerdoti, Giorgio & Alessandrini, Sergio (cura), *Regionalismo Economico e Sistema Globale degli Scambi*, Milano, Giuffrè, 1994, p. 31-42.

[431] Lawrence, ob. cit., p. 4.

Comércio internacional e política externa brasileira

5.3.1. O impacto do regionalismo no sistema global

Considerando que os acordos de integração regional reduzem ou eliminam barreiras ao comércio entre seus membros, a conseqüência lógica que se nos apresenta, numa primeira análise, seria a indubitável contribuição daqueles acordos para um sistema multilateral de comércio mais liberalizado, pelo impacto na alocação de recursos e no crescimento da produção.[432] Como assinala um estudo elaborado sob os auspícios do secretariado da Organização Mundial do Comércio (OMC),

> "Dismantling restrictions on all (or most) trade represents an important step in the direction of carrying out economic activity with one or more partners on the same basis as, say, between different states or provinces of the same country".[433]

Entretanto, os críticos do regionalismo têm insistido que, enquanto aqueles acordos diluem eventuais distorções comerciais existentes entre seus participantes, eles também são responsáveis pela criação de novas distorções no comércio verificado entre os participantes do agrupamento regional e terceiros países.[434] Essas distorções seriam corolário da própria natureza preferencial de tais acordos, uma vez que as preferências tarifárias somente beneficiam os envolvidos, não se estendendo a terceiros mercados. Como observa Bela Balassa,

> "Through abolishing tariffs within the union and maintaining them against third countries, a customs union entails the suppression of discrimination between home-produced goods and goods produced in partner countries, and, at the same time, it gives rise to discrimination between commodities produced in partner and in third countries. Whether the net effect of the union's establishment represents a move in direction of free trade or, on balance, increases discrimination depends on the relative magnitudes of various factors".[435]

---

[432] Balassa, ob. cit., p. 14-5.

[433] World Trade Organization (WTO), *Regionalism and the World Trading System*, Geneva, WTO, 1995, p. 6.

[434] Como explica Giorgio Sacerdoti, "ci si chiede se il mantenimento e il rafforzamento di un sistema commerciale multilaterale sia favorito da questa sorte di razionalizzazione dei partecipanti al commercio internazionale che deriva dalla costituzione dei blocchi o se invece i blocchi sono destinati a favorire la propria integrazione interna a scapito della liberalizzazione commerciale su scala mondiale (le integrazioni regionali come *building blocks* o *stumbling blocks* del sistema mondiale)." Sacerdoti, ob. cit., p. 9-10.

[435] Balassa, ob. cit., p. 23. No mesmo sentido são as considerações de Jaime Serra *et al.*, para quem "while RTAs remove distortions in trade among member countries, they may introduce new distortions in trade between members and the outside world. These distortions arise from

5.3.2. Cinco hipóteses de análise

Esses fatores são analisados por Balassa através da enunciação de cinco hipóteses sobre o comércio de um produto x desenvolvido entre uma união aduaneira, formada pelos Estados A e B, e um terceiro Estado C, que não participa do esquema regional.[436] Em primeiro lugar, considerando que ambos os Estados envolvidos na união produzem a mercadoria x, sendo um deles competitivo internacionalmente na produção desta mercadoria (Estado A), a conformação do bloco regional responderá pela substituição da produção menos eficiente (Estado B) através da importação da mercadoria x produzida no Estado vizinho. Nesta hipótese, não haveria desvio de comércio, e a criação de comércio verificada regionalmente poderia, num momento posterior, ser multilateralizada pela redução da tarifa externa comum (TEC), uma vez que o Estado A apresenta-se competitivo internacionalmente na produção de x. Por outro lado, como aponta o relatório da OMC citado, terceiros mercados poderão se beneficiar da conformação regional pelo incremento da demanda do bloco por produtos e serviços importados, aproveitando ao sistema mutilateral como um todo.[437]

Numa segunda hipótese, os Estados A e B produzem x em virtude de barreiras tarifárias e não-tarifárias presentes, não se apresentado competitivos no plano internacional. A conformação regional, neste caso, poderá ainda criar comércio entre os países envolvidos - pela variação do custo de produção de x em A e B -, mas no plano multilateral esta situação revela-se indesejável, uma vez que impede a importação de x proveniente de economias mais produtivas na produção desta mercadoria. No terceiro caso, o Estado A é competitivo internacionalmente, e B não produz x mesmo na presença de barreiras tarifárias e não-tarifárias. Aqui, como na primeira hipótese, haverá criação de comércio intra-regional sem desviar terceiros mercados.[438]

Na quarta hipótese analisada por Bela Balassa, o Estado B produz x sob protecionismo, enquanto A importa a mesma mercadoria de C, que se apresenta competitivo internacionalmente. A conformação da união, neste caso, responderá pelo desvio de comércio entre A e C, uma vez que o Estado A passará a importar x do Estado B, que o produz de forma protecionista. Neste quarto caso, não obstan-

---

the *preferential* nature of the agreements: concessions provided to members are not also available to non-members." Serra *et al.*, ob. cit., p. 11.

[436] Balassa, ob. cit., p. 25.

[437] WTO, ob. cit., p. 55-6.

[438] Balassa, ob. cit., p. 26.

Comércio internacional e política externa brasileira

te a criação de comércio regional, o desvio de mercado do Estado C é facilmente identificável, resultando em prejuízo para o sistema multilateral. Como aponta Balassa,

> "Removal of tariffs between A and B shifts A's entire import demand from the lower-cost producer C to country B, since - under the assumption of uniform tariff levels - production costs in B are less than the sum of the tariff and the cost of production in C (trade diversion). The resulting situation is less efficient than that existing prior to the union's establishment and, a fortiori, less efficient than universal free trade".[439]

Na quinta e última hipótese, ambos os Estados envolvidos na união não produzem x, mesmo na presença de barreiras tarifárias e não-tarifárias. A conformação do agrupamento regional, neste caso, não altera o fluxo comercial dos Estados A e B com C, competitivo na produção de x, pois o bloco continuará importando a mercadoria x de C, como na primeira e na terceira hipóteses.[440] É de se notar que a redução das barreiras existentes na união poderá responder, num momento posterior, pela ampliação do comércio multilateral - aqui, o efeito da redução seria bastante semelhante ao processo de liberalização empreendido unilateralmente. Para voltar a Balassa,

> "Trade creation, then, represents a movement toward the free-trade position, since it entails a shift from high-cost to low-cost sources of supply, while trade diversion - a shift of purchases from lower-cost to higher-cost producers - acts in the opposite direction".[441]

5.3.3. O caso europeu

Estimativas econômicas empíricas realizadas *ex ante* e *ex post* à conformação da Comunidade Econômica Européia indicam que, neste caso específico, a criação de comércio de produtos manufaturados em muito superou o desvio observado. Já quanto aos produtos agrícolas, os estudos demonstraram que o desvio de comércio, pela presença da Política Agrícola Comum (PAC), excedeu o percentual de comércio criado intrabloco. Estes estudos, entretanto, não apresentam relatórios conclusivos sobre o impacto da CEE no comércio internacional como um todo e, como assinala o relatório da OMC mencionado, não levam em conta a potencial ampliação das expor-

---

[439] Balassa, ob. cit., p. 26.

[440] Idem, ibidem.

[441] Idem, ibidem.

tações de terceiros mercados para os países do agrupamento regional europeu pelo impacto da conformação regional nas economias nacionais envolvidas.[442]

5.3.4. Desvio de comércio: uma questão de comportamento

Nos estudos desenvolvidos pela Carnegie Endowment for International Peace, sob a direção de Jaime Serra, a conclusão a que se chegou, na linha desenvolvida por Viner, é que a simples presença do agrupamento regional não é condição suficiente para se afirmar a existência ou não de desvio de comércio, devendo-se analisar sobretudo a estrutura desse bloco econômico.[443] Estes podem se prestar à criação ou, ao contrário, ao desvio de comércio, dependendo da conformação que se lhes dêem seus países-membros. Como observa Enzo Grilli, "non si tratta tanto di una questione di principi discordanti ma piuttosto di comportamenti contrastanti indotti".[444] Daí a importância da política aduaneira desenvolvida pelos participantes, que deve ser transparente e não-discriminatória, privilegiando as tarifas em detrimento das barreiras não-tarifárias ao comércio como contingenciamentos, restrições quantitativas e abuso no recurso aos direitos antidumping.[445] Como bem observam Jaime Serra *et al.*,

"Economic theory alone cannot tell us whether RTAs are likely to increase or reduce distortions in the world trading system. From a static perspective, RTAs are more likely to enhance than to reduce world efficiency if their primary effect is to create new investment and trade rather than to divert existing investment and trade. The prospects for this depend upon existing trading patterns among would-be RTA members and the way in which the agreement is structured".[446]

---

[442] WTO, ob. cit., p. 45.

[443] Serra *et al.*, ob. cit., p. x. Como observa Viner, "if the customs union is a movement in the direction of free trade, it must be predominantly a movement in the direction of goods being supplied from lower money-cost sources than before. If the customs union has the effect of diverting purchases to higher money-cost sources, it is then a device for making tariff protection more effective. None of these questions can be answered *a priori*, and the correct answers will depend on just how the customs union operates in practice." Viner, ob. cit., p. 42-3.

[444] Grilli, ob. cit., p. 54. Como aponta Enzo Grilli, "gli accordi regionali possono evolversi in una direzione o in un'altra in termini di comportamenti (commerciali) a seconda dell'economia politica che sta alla loro base. Questi comportamenti possono essere favorevali in termini di benessere in alcune circostanze, ma possono esserlo molto meno in altre." Grilli, ob. cit., p. 57.

[445] Grilli, ob. cit., p. 39-40.

[446] Serra *et al.*, ob. cit., p. x.

5.3.4.1. O desvio de comércio numa perspectiva estática: a estrutura do bloco regional de comércio

Numa perspectiva estática, o potencial de desvio de comércio é diretamente proporcional ao valor das barreiras comerciais mantidas pelo agrupamento regional em relação a terceiros países que não participam do bloco. Quanto mais elevadas, mais os países-membros serão incentivados a importar de países também pertencentes ao agrupamento regional, em detrimento de produtos semelhantes que provenham de um terceiro mercado qualquer, pela presença de barreiras tarifárias e não-tarifárias.[447] Daí a importância da estrutura do esquema de integração regional, que deve atuar de forma a minimizar ao máximo o potencial de desvio de comércio presente em todo acordo regional. Os participantes devem laborar, por exemplo, para que as regras de origem numa área de livre comércio, ou a tarifa externa comum (TEC), numa união aduaneira, não contribuam para aumentar o potencial de desvio de comércio existente.[448] No estudo desenvolvido pela Carnegie Endowment for International Peace, neste particular, existem recomendações para o processo de conformação de um acordo regional de comércio, a fim de que contribuam para a manutenção e ampliação do sistema multilateral de comércio. No caso da união aduaneira, a sugestão seria limitar a tarifa externa comum (TEC) aos níveis médios praticados anteriormente ao acordo regional.[449]

No livre comércio, a questão passa necessariamente pela administração das *regras de origem*, que responderão pela caracterização de uma determinada mercadoria como produzida intrabloco - o que lhe permite o livre trânsito pelos mercados que o compõem - ou importada de terceiros mercados. Tais regras poderão estabelecer a necessidade de um *processo de transformação substancial* do produto no interior do bloco, ou estabelecer um percentual mínimo de *con-*

---

[447] Nas palavras de Jaime Serra *et al.*, "the potential for trade diversion is related most directly to the size of the external trade barriers maintained by the members countries. If a country has moderate tariffs and other trade barriers, then relatively few importers will find an incentive to shift their sourcing from outside countries to member countries once preferential access is granted. However, if a country has high tariffs and other trade barriers, then the preference afforded member countries will provide a substantial incentive for importers to look within the region rather than to the rest of the world." Serra *et al.*, ob. cit., p. 12.

[448] Para voltar ao estudo desenvolvido pela Carnegie Endowment for Internacional Peace, "RTAs must be structured so as to *minimize* their potential for trade and investment diversion. In practise, this means ensuring that the common external tariffs of a customs union or the rules of origin of a free-trade agreement do not increase distortions in trade with the rest of the world. From a dynamic perspective, the key question is whether RTAs promote or retard further liberalization at the multilateral level, where it generates efficiency and other benefits for many more countries." Serra *et al.*, ob. cit., p. x-xi.

[449] Serra *et al.*, ob. cit., p. 12.

teúdo regional da mercadoria, para que possa se beneficiar das preferenciais regionais.[450] O estudo citado, para minimizar o potencial de *trade diversion* no livre comércio, sugere a harmonização dos níveis das tarifas externas e outras barreiras praticadas pelos países participantes - numa palavra, a conformação de uma união aduaneira -, sendo necessária, num período transitório, a atuação da Organização Mundial do Comércio (OMC) a fim de que as regras de origem não sejam administradas com a finalidade de proteger os produtores regionais.[451]

5.3.4.2. O desvio de comércio numa perspectiva dinâmica: as motivações político-econômicas dos Estados envolvidos

Numa perspectiva dinâmica, de outra sorte, a análise sobre o impacto dos agrupamentos regionais no sistema multilateral de comércio passa necessariamente pelas implicações que o processo de liberalização regional tem sobre o comércio internacional regulado multilateralmente. Deste ângulo, a questão se relaciona às motivações político-econômicas dos Estados envolvidos na integração, que poderão privilegiar o regionalismo *per se*, utilizando-o, através de uma *fortress mentality*, para reduzir ou eliminar a concorrência externa, ou por outro lado, entendê-lo como complementar ao sistema multilateral - *building bloc* - possibilitando a inserção competitiva da região no macrossistema das relações comerciais internacionais, pela presença de economias de escala e pelo funcionamento das vantagens comparativas.[452] Estas discussões acabam por retomar a aplicação dos argumentos realista e racionalista aos processos de integração regional, a que já nos referimos no Capítulo anterior.[453] Como observa Sacerdoti,

---

[450] No caso do Mercosul, por exemplo, foi estabelecido um índice geral de 60% de conteúdo regional para que um produto possa se beneficiar do livre comércio entre os mercados nacionais que o compõem. Sobre a importância das regras de origem, v. Lafer, Celso, *Comércio, Desarmamento, Direitos Humanos - Reflexões sobre uma Experiência Diplomática*, São Paulo, Paz e Terra, 1999, p. 55-64.

[451] Serra et al., ob. cit., p. 13-4. Para uma visão geral das recomendações feitas pelo Grupo de Estudos sobre o Comércio Internacional da Carnegie Endowment of Internacional Peace, que acaba por sugerir um novo Entendimento sobre a interpretação do art. XXIV do GATT, v. Serra *et al.*, ob. cit., p. 41-55.

[452] Serra *et al.*, ob. cit., p. 15-6.

[453] Sobre as teorias realista e racionalista aplicadas aos movimentos de integração, mencionadas no Capítulo anterior, v. Fonseca Jr., Gelson, "Notas sobre os Processos de Integração e a Ordem Internacional", *in* Mourão, Fernando Augusto Albuquerque & Oliveira, Henrique Altemani (org.), *Mercosul - Desafios a Vencer*, São Paulo, CBRI, 1994, p. 69-78; Hurrell, Andrew, "Regionalism in Theoretical Perspective", *in* Fawcett, Louise & Hurrell, Andrew (editors), *Regionalism in World Politics - Regional Organization and International Order*, Oxford, Oxford University Press, 1995, p. 45-73; Krasner, Stephen D., "Blocos Econômicos Regionais e o Fim da Guerra Fria", *Política Externa*, 1 (2): 61-78, 1992.

"Sotto il profilo politico-economico ci si può chiedere se la tendenza in atto indichi un abbandono da parte delle maggiori potenze commerciali della scelta a favore del mantenimento e del perfezionamento di un contesto giuridico-politico universale della disciplina degli scambi a favore di una più accentuata regionalizzazione, anche in vista delle difficoltà che ostacolarono la conclusione di un acoordo globale quale quello perseguito nell'Uruguay Round".[454]

5.4. O PRINCÍPIO DA SUBSIDIARIEDADE NA ARTICULAÇÃO DO REGIONAL COM O MULTILATERAL

Além da complementação operada no vetor econômico - cuja análise é informada pelas idéias de *trade creation* e *trade diversion* -, do ponto de vista político, e pela ótica do racionalismo grociano, o papel do regionalismo no sistema multilateral de comércio representa a aplicação do princípio da subsidiariedade no plano internacional, perfazendo a articulação do regional com o multilateral através de uma dualidade de regimes jurídicos. Como lembra Celso Lafer, esta dualidade aparece porque há matérias que, por sua complexidade e sensibilidade política, podem ser melhor equacionadas num âmbito associativo menor do que a escala universal da OMC, pois o multilateralismo não pode ser tão ambicioso, *ratione materiae*, quanto os acordos regionais de comércio.[455] Como observa o relatório da OMC sobre o regionalismo,

"Regional and multilateral integration initiatives are complements rather than alternatives in the pursuit of more open trade. By accepting higher levels of obligation (than in multilateral agreements) in certain areas, members of regional agreements have gone further plurilaterally than was possible (at the time) multilaterally".[456]

5.5. OS *STANDARDS* MULTILATERAIS SOBRE OS ACORDOS REGIONAIS DE COMÉRCIO

Objetivando compatibilizar juridicamente o regionalismo com o sistema multilateral de comércio - que se complementam, como já

---

[454] Sacerdoti, ob. cit., p. 10.

[455] Lafer, Celso, *A OMC e a Regulamentação do Comércio Internacional - Uma Visão Brasileira,* Porto Alegre, Livraria do Advogado, 1998, p. 96-7.

[456] WTO, ob. cit., p. 62.

se disse, nos campos da economia e da política -, existem regras, no âmbito da OMC, que procuram estabelecer, através de *standards* jurídicos, os padrões de adequação dos acordos regionais de comércio com o multilateralismo. Não obstante a crítica severa, por exemplo, de Kenneth Dam quanto à flexibilidade de conteúdo destas normas,[457] os *standards* jurídicos constituem o modo típico de regulação no plano do direito internacional econômico e, como observa Celso Lafer,

> "Enquanto *standard* jurídico, o dispositivo visa a avaliar, em circunstâncias de especificidade variável, se os membros estão se conduzindo, num acordo regional, segundo critérios multilateralmente controlados, que transitam pelo teste da razoabilidade e do zelo devido em relação aos seus demais parceiros comerciais, num contexto de *fairness*".[458]

5.5.1. As propostas de exceção à nação mais favorecida

No processo de negociações que levaria ao GATT (1947), estava claro que um futuro multilateralismo comercial deveria conformar exceções que o compatibilizassem com os acordos regionais de comércio então existentes, como o Sistema Imperial de Preferências, em vigor na Commonwealth britânica desde 1932, e o Benelux (1944). A eficácia de um sistema multilateral de comércio dependia, por isso, em grande parte, da previsão de exceções que flexibilizassem a aplicação da reciprocidade e da nação mais favorecida.[459] Por esta razão, nas reuniões preparatórias que levariam ao GATT e ao projeto da Organização Internacional do Comércio (OIC), os Estados Unidos advogavam a existência de mecanismos que permitissem o livre comércio e a adoção de uma política aduaneira comum por um grupo restrito de países. Líbano e Síria, apoiados pelos países em desenvolvimento, e depois a França, iam além da proposta norte-americana, defendendo a inclusão também da área de livre comércio, sem uma política aduaneira comum, como exceção à cláusula da nação mais favorecida.[460]

---

[457] Dam critica a imprecisão e a abstração dos *standards* do art. XXIV, a ausência de considerações econômicas mais profundas no âmbito deste dispositivo e os insuficientes mecanismos de controle dos agrupamentos regionais de comércio frente ao sistema multilateral. Dam, ob. cit., p. 275 e ss.

[458] Lafer, *A OMC e a Regulamentação do Comércio Internacional*, ob. cit., p. 85.

[459] Serra *et al.*, ob. cit., p. 5.

[460] Como aponta o estudo da OMC citado, "avoidance of the requirement for a common external trade policy - which required the further step of an agreement on the harmonization of trade policies - made the free trade area technique better suited to the needs of integration among developing countries." WTO, ob. cit., p. 8.

Comércio internacional e política externa brasileira

5.5.2. O artigo XXIV do GATT, a cláusula de habilitação e o Entendimento da Rodada Uruguai

Dentre as exceções passíveis de serem invocadas pelos membros do sistema multilateral de comércio de mercadorias, há duas importantes regras acerca da possibilidade de coexistência com o GATT de áreas de preferência regional.[461] A primeira delas constava do próprio texto original do GATT (1947), em seu artigo XXIV, negociado por inspiração da delegação francesa. Por ocasião da Rodada Uruguai (1986-93), chegou-se a um entendimento sobre sua interpretação, que veio a complementar os *standards* materiais por este artigo determinados. A cláusula de habilitação (*enabling clause*), outra exceção à nação mais favorecida pela constituição de agrupamentos regionais, ingressou no sistema multilateral de comércio durante a Rodada Tóquio (1973-9), como resultado de um processo iniciado na Rodada Kennedy (1964-7) pela inclusão da Parte IV ao Acordo Geral.[462] Esta cláusula tem por finalidade conceder aos países em desenvolvimento condições especiais de não-reciprocidade no comércio internacional, tendo em vista seu nível de desenvolvimento.

O Entendimento sobre a interpretação do art. XXIV, a que se chegou na Rodada Uruguai (1986-93), após reconhecer a ampliação do número e da importância dos acordos regionais de comércio desde o estabelecimento do GATT (1947), e sua contribuição para a expansão do comércio internacional, desde que tenha por objetivo facilitar o comércio intrabloco e não elevar as barreiras tarifárias e não-tarifárias ao comércio com terceiros mercados, e desde que não exclua setores inteiros da atividade econômica, explicitou o conteúdo dos *standards* materiais previstos no art. XXIV, dispondo também sobre o procedimento que deve ser seguido para verificação, pela OMC, da compatibilidade do esquema regional de integração com o sistema multilateral de comércio.

---

[461] Não serão analisados, neste livro, os ditames do art. V do Acordo Geral sobre o Comércio de Serviços (GATS), que disciplina os mecanismos de complementação do regionalismo com o sistema multilateral de comércio de serviços. Note-se, entretanto, que as regras a respeito são bastante semelhantes àquelas que normatizam o comércio de produtos. Os textos do art. XXIV do GATT, do Entendimento sobre sua interpretação negociado durante a Rodada Uruguai e da cláusula de habilitação (*enabling clause*), que regulam a matéria no comércio de mercadorias, são reproduzidos, na íntegra e em inglês, nos Anexos I, II e III deste livro.

[462] A Parte IV do GATT, intitulada Comércio e Desenvolvimento, fundamentou, por exemplo, a conformação da Convenção Lomé, entre europeus e países da África, Caribe e Pacífico (ACP), ex-colônias européias.

5.5.3. Os acordos regionais previstos no âmbito do GATT

No âmbito do art. XXIV do GATT são previstos, como acordos de integração regional, a área de livre comércio e a união aduaneira. Para Flory, o Acordo Geral constitui o primeiro texto de direito internacional positivo a estabelecer uma definição jurídica precisa destas modalidades de acordo regional de comércio,[463] não obstante opere através de *standards* jurídicos.[464] Kenneth Dam observa que,

> "The principal objective in the drafting of the customs union and free-trade area provisions became to tie down, in the most precise legal language possible, the conditions that such regional groupings would have to fulfill in order to escape prohibition under the most-favored-nation clause as preferential arrangements".[465]

As definições de área de livre comércio e união aduaneira estão previstas no art. XXIV, § 8º, alíneas *b* e *a* do Acordo Geral, respectivamente, e fundamentam as noções já mencionadas no Capítulo anterior. O livre comércio caracteriza-se pela redução e/ou eliminação das barreiras tarifárias e não-tarifárias ao comércio intrabloco, e a união aduaneira prevê, além do livre comércio, a instituição de uma política aduaneira comum através da tarifa externa comum (TEC), aplicada às mercadorias importadas pelo bloco de terceiros mercados.[466] Uma peculiaridade do art. XXIV, § 5º, alínea *c*, é a possibilidade de um *acordo provisório* para a conformação progressiva de uma área de livre comércio ou união aduaneira. Este acordo provisório, que responde por um período de transição, submete-se, entretanto, a certas condições - que serão analisadas no item seguinte -, a saber: o acordo provisório deve prever um plano ou programa para a conformação, num prazo razoável, do acordo de integração regional pretendido.

---

[463] Flory, ob. cit., p. 89.

[464] Lafer, *A OMC e a Regulamentação do Comércio Internacional*, ob. cit., p. 85.

[465] Dam, ob. cit., p. 275.

[466] Sobre o assunto, v. Balassa, ob. cit. p. 1 e ss.; Baptista, Luiz Olavo, "Impacto do Mercosul sobre o Sistema Legislativo Brasileiro", *in* Baptista, Luiz Olavo, Mercadante, Araminta de Azevedo & Casella, Paulo Borba (org.), *Mercosul - Das Negociações à Implantação*, 2ª ed., São Paulo, LTr, 1998, p. 19-24; Baptista, Luiz Olavo, *O Mercosul, suas Instituições e Ordenamento Jurídico*, São Paulo, LTr, 1998, p. 45-53; Basso, Maristela, "Apresentação", *in* Basso, Maristela (org.), *Mercosul - Seus Efeitos Jurídicos, Econômicos e Políticos nos Estados-Membros*, 2ª ed., Porto Alegre, Livraria do Advogado, 1997, p. 19; Imhoof, Rodolphe S., *Le GATT et les Zones de Libre-Échange*, Genève, Librairie de l'Université Georg & Cie SA, 1979, p. 39-49.

Comércio internacional e política externa brasileira

5.6. O PAPEL DOS ACORDOS REGIONAIS DE COMÉRCIO NO SISTEMA DO GATT

Os acordos de integração regional aparecem, no âmbito do GATT, como modos alternativos de promoção do comércio internacional e consecução, portanto, dos objetivos do Acordo Geral, e não como contrários ao sistema multilateral de comércio.[467] Como aponta Rodolphe Imhoof, embora a integração regional não possa ser considerada um dos *objetivos* do GATT, certamente aparece como um dos *instrumentos* de que dispõem as partes contratantes para a consecução de suas finalidades.[468] Entretanto, para que sejam considerados compatíveis com o sistema do GATT e um método indireto para ampliação do intercâmbio internacional, os esquemas de integração regional devem se conformar aos *standards* previstos no art. XXIV, §§ 4º a 9º, que, em última análise, procuram assegurar que a integração regional responda pela criação de comércio intra-regional com um mínimo de desvio de comércio de terceiros Estados. Comentando o art. XXIV, Imhoof observa que

> "Il élabore tout un système juridique en définissant deux formes de préférences autorisées, l'union douanière et la zone de libre-échange, en édictant des conditions et en imaginant des procédures qui permettent aux parties contractantes de s'assurer que ces systèmes préférentiels ne portent pas préjudice à la libéralisation du commerce mondial et contribuent au contraire à l'expansion des échanges".[469]

O GATT, portanto, diferencia os acordos de integração regional cuja finalidade última é a expansão do comércio internacional como um todo, no quadro do sistema multilateral, dos acordos cujos efeitos restritivos acabam por impedir a promoção do intercâmbio comercial através de medidas protecionistas e discriminatórias. O art. XXIV,

---

[467] Como estabelece o art. XXIV, § 4º, as partes contratantes reconhecem "que o estabelecimento de uma união aduaneira ou de uma zona de livre comércio deve ter por finalidade facilitar o comércio entre seus territórios constitutivos, e não opor obstáculos ao comércio de outras partes contratantes com esses territórios."

[468] Nas palavras de Rodolphe Imhoof, "les pères du GATT ont donc considéré qu'il pouvait s'avérer utile de passer par le biais de la formation d'espaces économiques unifiés pour arriver, par étapes, à la libéralisation du commerce mondial. Dans leur optique en effet, cette dernière ne pouvait se réaliser immédiatement. Partant de l'axiome que l'union douanière constituait un pas vers la libéralisation mondiale des échanges - car elle associe obligatoirement les Etats tiers à l'expansion que connaissent les Etats membres de l'intégration - le GATT admit que tout compte fait, le commerce mondial dans son ensemble devait profiter, à long terme en tous les cas, d'une libéralisation partielle, engagée à l'origine sur un plan strictement régional." Imhoof, ob. cit., p. 33.

[469] Imhoof, ob. cit., p. 39.

objetivando minimizar as possibilidades de desvio de comércio de terceiros Estados, estabelece alguns *standards* materiais e, por outro lado, fixa determinados procedimentos - disposições formais - para a conformação dos agrupamentos regionais com o sistema multilateral de comércio.

Estas obrigações materiais relacionam-se com a) o processo de liberalização comercial intrabloco - que deve abranger o maior número possível de mercadorias (§ 8º, alíneas *a* e *b*); b) o modo de conformação do agrupamento regional, que pode ser implementado em etapas (§ 5º, alínea *c*); e c) a impossibilidade dos países componentes do esquema de integração regional de ampliar as barreiras ao comércio com terceiros Estados (§ 5º, alíneas *a* e *b*) a fim de que o regionalismo complemente o sistema multilateral de comércio sem deslocar terceiros mercados. As normas procedimentais (ou formais) referem-se aos mecanismos de que dispõe a Organização Mundial do Comércio (OMC) para averiguação da compatibilidade dos acordos regionais de comércio com o multilateralismo.

5.6.1. O regionalismo enquanto complemento do sistema multilateral de comércio

A análise do § 4º do art. XXIV, que constitui a enunciação da compatibilidade dos agrupamentos regionais com o sistema multilateral de comércio,[470] permite a explicitação de dois princípios gerais sobre a matéria. O primeiro deles prevê que a liberalização do comércio internacional pode ser realizada também pela conclusão de acordos de integração regional - daí a idéia de que o regionalismo aberto figura como um dos instrumentos previstos no âmbito do Acordo Geral para a ampliação da liberdade comercial no nível multilateral (*second best*) -, e um segundo princípio admite que a liberalização operada no nível regional possa aproveitar a toda comunidade internacional desde que tais acordos não se façam acompanhar da criação de novos obstáculos ao comércio do grupo com terceiros mercados.[471]

---

[470] Nos termos do art. XXIV, § 4º, as partes contratantes reconhecem que "é recomendável aumentar a liberdade de comércio desenvolvendo, através de acordos livremente concluídos, uma integração mais estreita das economias dos países participantes de tais acordos. Reconhecem igualmente que o estabelecimento de uma união aduaneira ou área de livre comércio deve ter por finalidade facilitar o comércio entre seus territórios constitutivos, e não opor obstáculos ao comércio de outras partes contratantes com esses territórios."

[471] Por isso, como explica Imhoof, "l'intégration régionale ne doit être considérée ni comme principe, ni comme exception aux axiomes fondamentaux mais, ainsi que nous l'avons laissé entrevoir, comme moyen de la réalisation de l'expansion commerciale." Imhoof, ob. cit., p. 60.

Numa palavra, a complementação que o regionalismo opera no sistema multilateral resulta, para voltar a Viner, da criação do comércio intrabloco (*trade creation*), com um mínimo de desvio de terceiros mercados (*trade diversion*).[472] Por isso, a legitimidade de uma integração regional não pode ser verificada intrinsecamente, mas depende do impacto do agrupamento no comércio mundial.[473] Nas palavras de Imhoof,

> "Ainsi, si une union douanière ou une zone de libre-échange ont plutôt tendance à modifier le courant des échanges en faveur de l'un ou de l'autre des pays membres, il y aura lieu de présumer que l'espace économique unifié aura un effet protectionniste sur le commerce traditionnel des Etats tiers avec les parties concernées. Il s'agit alors, dans l'esprit libre-echangiste du GATT, d'une 'mauvaise' union douanière ou zone de libre-échange. En revanche, si le système d'intégration entraîne plutôt un accroissement des courants d'échanges entre le Etats membres sans détournement de ceux-ci, il n'y a pas de raison pour que cet effet de croissance se limite, à terme, aux seuls Etats parties. En réalité, les Etats tiers profiteront également de la prospérité accrue de l'espace économique unifié. Dans uns perspective libre-échangiste ce sera alors une 'bonne' intégration économique".[474]

Desta forma, pode-se dizer, como assinala Paul Reuter, que a presença dos acordos regionais apenas operou uma alteração/ampliação dimensional das unidades que atuam no comércio internacional, conformado pelas regras do sistema multilateral.[475] A presença dos blocos regionais - *a world of areas* - representa uma alteração das unidades regidas, no âmbito do GATT, pela nação mais favorecida,[476] não obstante o papel fundamental que continua a desempenhar o Estado *ut singuli* no desenvolvimento do comércio internacional. Como observa Robert Lawrence, "once countries remove all internal barriers, they can legitimately be considered the equivalent of the nation-states that are natural units for GATT".[477]

Os princípios gerais explicitados pelo art. XXIV, § 4º - que, em virtude da presença repetida do verbo "reconhecer", podem ser vis-

---

[472] Jackson, John H., *World Trade and the Law of the GATT - A Legal Analysis of the General Agreement on Tariffs and Trade*, Indianapolis, Bobbs-Merrill, 1969, p. 600 e ss.; Viner, ob. cit., p. 41-55.

[473] Flory, ob. cit., p. 163.

[474] Imhoof, ob. cit., p. 60-1.

[475] Reuter, Paul, *Organisations Européennes*, Paris, Thémis, 1966, p. 20.

[476] Flory, ob. cit., p. 165.

[477] Lawrence, ob. cit., p. 98.

tos, numa hermenêutica gramatical, como preâmbulo ao texto do artigo[478] - conformam a interpretação dos *stardards* jurídicos previstos nos §§ 5º e 8º, a fim de resguardar a compatibilidade dos esquemas regionais com o sistema multilateral de comércio.[479] Não obstante as críticas de Kenneth Dam,[480] pode-se dizer que funcionam, por isso, como regras de calibração do sistema como um todo[481] - notadamente o segundo deles -, no processo de averiguação do papel do regionalismo para a manutenção e ampliação do sistema multilateral.

5.6.2. O *standard* do *substantially all trade*

O primeiro *standard* que deve ser observado para a constituição de um acordo regional de comércio figura no § 8º, alíneas *a* e *b*, do art. XXIV. Consoante estes dispositivos convencionais, o processo de eliminação e/ou redução de barreiras tarifárias e não-tarifárias ao comércio intrabloco, na conformação de uma área de livre comércio ou união aduaneira, deve açambarcar o maior número possível das mercadorias transacionadas no interior do agrupamento regional - *substantially all trade* -, a fim de que o acordo de integração não tenha um caráter parcial - vale dizer, limite-se a determinados produtos ou setores econômicos. Neste particular, é de se notar a importância das *regras de origem* que, em última análise, fundamentam a apreciação do *substantially all trade* na área de livre comércio, pois sem elas produtos provenientes de terceiros mercados poderiam circular livremente pelos países do bloco que o importam na presença de maiores e menores barreiras tarifárias e/ou não-tarifárias. Como observa Imhoof,

> "Dans une zone de libre-échange, le degré de libéralité des règles d'origine jouera un rôle capital pour décider si, dans un cas concret, les échanges commerciaux d'une zone couvrent l'essentiel du commerce entre les pays membres. Et comme les règles d'origine sont fixées librement par les Etats qui créent la zone de libre-échange, ceux-ci auront une influence indéniable sur le

---

[478] Imhoof, ob. cit., p. 63.

[479] Como observa Rodolphe Imhoof, "le paragraphe 4 de l'article XXIV GATT est une disposition introductive et interprétative qui sert de complément indispensable à l'appréhension de la portée des principes juridiques subséquents. Il est également un appoint extrêmement précieux à l'interprétation des buts généraux du GATT." Imhoof, ob. cit., p. 65.

[480] Dam, ob. cit., p. 276 e ss.

[481] Ferraz Jr., Tércio Sampaio, *Teoria da Norma Jurídica - Ensaio de Pragmática da Comunicação Normativa*, 3ª ed., Rio de Janeiro, Forense, 1999, p. 131 e ss.

Comércio internacional e política externa brasileira

contenu pratique de la portée du 'substantially all trade' qui leur sera apliquée".[482]

5.6.2.1. A delimitação de seu conteúdo

Na *rationale* do Acordo Geral, portanto, o acordo regional deve, inicialmente, referir-se ao *essencial das trocas comerciais* para que possa ser considerado em conformidade com o sistema multilateral. Enquanto *standard* jurídico, o disposto no art. XXIV, § 8º, alíneas *a* e *b*, tem sido objeto de discussão na doutrina e interpretação por parte do GATT/OMC, no caso concreto, para delimitação de seu conteúdo.[483] Enquanto alguns autores procuram traçar os limites deste dispositivo pela quantificação do volume das trocas coberto pelo acordo regional - critério quantitativo -, outros afirmam não ser possível a determinação *a priori* de um percentual.[484] Um critério quantitativo admitiria acordos que excluíssem, por exemplo, todo o setor agrícola do livre comércio intrabloco desde que houvesse um percentual determinado de comércio liberalizado.[485] Nesta perspectiva, como assinala o relatório da OMC citado,

> "The criterium of the Article XXIV is that obstacles be eliminated on substantially all the trade between the parties and not on trade in substantially all products or sectors".[486]

A posição que procura relacionar a idéia de *substantially all trade* a critérios qualitativos, como a natureza do comércio regional liberalizado - o que impediria, por exemplo, a exclusão de todo um setor econômico do intercâmbio regional -, orientou a prática do antigo GATT no processo de exame dos acordos regionais notificados às partes contratantes[487] e foi reafirmada na linguagem preambular do

---

[482] Imhoof, ob. cit., p. 75. Sobre o assunto, v. Lafer, *Comércio, Desarmamento, Direitos Humanos*, ob. cit., p. 55-64.

[483] Carreau, Dominique & Juillard, Patrick, *Droit International Economique*, 4ᵉ éd., Paris, LGDJ, 1998, p. 289.

[484] Flory, ob. cit., p. 91-2 e 157-9; Jackson, ob. cit., p. 607-10.

[485] Assim, não obstante a exclusão, por exemplo, do setor agrícola, a liberalização de, digamos, 80% do comércio intra-bloco estaria de acordo com o *standard* do *substantially all trade*. Foi esta a posição da Comunidade Econômica Européia por ocasião da análise do Tratado de Roma (1957) pelas partes contratantes do GATT. A falta de consenso quanto ao conteúdo do *standard* mencionado acabou impossibilitando a apreciação da compatibilidade da CEE com o sistema multilateral.

[486] WTO, ob. cit., p. 13.

[487] Por esta razão a Comunidade Européia do Carvão e do Aço (CECA), criada pelo Tratado de Paris (1951), e o acordo de livre comércio de automóveis firmado por Estados Unidos e Canadá (1965) não foram autorizados com fundamento no art. XXIV, § 8º, alínea *a* do GATT, mas resultaram de uma derrogação consentida pelas partes contratantes ao amparo do art. XXV,

Entendimento sobre a interpretação do art. XXIV, concluído durante a Rodada Uruguai (1986-93). Como aponta Thiébaut Flory,

"Aussi, il est nécessaire que les secteurs les plus représentatifs de la vie économique des pays en cause soient inclus dans le programme de libération qui a été prévu par l'accord d'intégration régionale. Si le GATT fait preuve d'une certaine tolérance sur le taux de libération, il est en revanche intransigeant sur la nature du commerce englobé dans le pourcentage de libération. La régle de 'l'essentiel' s'applique en effet à l'ensemble des secteurs et des produits de la vie économique, sans possibilité d'exclusion ni de discrimination".[488]

Com efeito, a conformação regional, não obstante seja influenciada por determinados agentes econômicos, não pode excluir setores inteiros da economia sob pena de ampliar o potencial de desvio de comércio da região. Este *standard*, por isso, numa perspectiva que enfatiza a *qualidade* do comércio liberalizado regionalmente, impede a eliminação e/ou redução de barreiras tarifárias e não-tarifárias setorialmente, para proteção de determinados nichos ineficientes, a fim de ampliar o comércio intra-regional com um mínimo de *trade diversion*.[489]

5.6.2.2. *Exceções ao* substantially all trade

Há, entretanto, algumas exceções ao *standard* do *substantially all trade* previstas no próprio texto do art. XXIV, § 8º, alíneas *a* e *b*, que remetem aos arts. XI a XV e XX do Acordo Geral. Este elenco exemplificativo - e não exaustivo[490] - prevê a possibilidade de exceção aos princípios gerais do GATT, a que já nos referimos no Capítulo 3, item 3.6 deste livro - desequilíbrio no balanço de pagamentos e salvaguardas, por exemplo -, que poderão ser invocadas pelos participantes do agrupamento regional para limitação do comércio intrabloco. As exceções previstas no texto do Acordo Geral continuam, pois, válidas no âmbito da região.[491]

---

§ 5º. No caso da CECA, consideraram que a organização criada responderia pela expansão do comércio daquelas matérias-primas realizado pelos europeus com as demais partes contratantes do Acordo Geral. Imhoof, ob. cit., p. 37-8 e 67-73.

[488] Flory, ob. cit., p. 159.

[489] Lawrence, ob. cit., p. 97.

[490] WTO, ob. cit., p. 13.

[491] Como apontam Carreau e Juillard, "la dispense ne vise que les dispositions de la Partie I de l'Accord Général - soit les articles I et II. Toutes les autres demeurent applicables aux participants à des intégrations économiques régionales, soit individuellement soit collectivement selon les cas." Carreau & Juillard, ob. cit., p. 292.

Comércio internacional e política externa brasileira

5.6.3. Os *standards* sobre o acordo provisório

O segundo *standard* material previsto pelo Acordo Geral para constituição de uma área de livre comércio ou união aduaneira compatível com o sistema do GATT/OMC aparece no art. XXIV, § 5º, alínea *c*, e se relaciona com o *procedimento* de conformação do espaço regional, que pode se realizar em etapas, a partir de um *acordo provisório*. Nos termos daquele dispositivo, o acordo provisório - que ingressou no Acordo por inspiração da delegação francesa -, entretanto, deve apresentar um *plano* ou *programa* para a realização da integração econômica num *prazo razoável*. Como assinala Flory,

> "Cette disposition implique en fait deux obligations différentes: l'élaboration d'un plan et d'un programme prévoyant de façon suffisamment précise l'établissement de l'union douanière ou de la zone de libre-échange, et l'existence d'un délai raisonnable en ce qui concerne la durée de la période transitoire. Cette dernière règle est destinée à garantir que l'accord provisoire aboutisse réellement et rapidement à une union douanière ou à une zone de libre-échange complète et définitive, et non à l'instauration d'un régime préférentiel qui se maintiendrait pendant une durée indéfinie".[492]

A definição de *acordo provisório*, para voltar a Imhoof, pode ser obtida pela contraposição com a idéia de acordo *definitivo* - área de livre comércio ou união aduaneira.[493] O acordo definitivo é aquele que preenche três condições: a) a supressão imediata das barreiras tarifárias e não-tarifárias ao comércio regional - vale dizer, tal eliminação entra em vigor concomitantemente ao acordo, inexistindo um período transitório; b) a supressão das barreiras deve ser total - tarifa zero e, em princípio, ausência de barreiras não-tarifárias; e c) o livre comércio deve abranger a maior parte do comércio intrabloco (*substantially all trade*). *A contrario sensu*, se a eliminação das barreiras tarifárias e não-tarifárias ao comércio intrabloco é realizada em etapas, progressivamente - que se justifica por razões práticas, dada a impossibilidade de sua eliminação total e imediata -, o acordo deve ser caracterizado como *provisório*.[494]

---

[492] Flory, ob. cit., p. 92-3.

[493] Imhoof, ob. cit., p. 78-81.

[494] Nas palavras de Rodolphe Imhoof, "dans l'esprit du GATT, les mots 'accord provisoire' signifient simplement que le stade définitif de l'intégration économique ne doit pas être atteint immédiatement, mais qu'il peut être réalisé au cours d'une période transitoire pendant laquelle des démantèlements successifs tendent vers l'élimination totale des entraves aux échanges." Imhoof, ob. cit., p. 80.

As condições para a compatibilização de um acordo provisório com o sistema multilateral de comércio, previstas no art. XXIV, § 5º, alínea *c* - as noções de *plano, programa* e *prazo razoável* -, têm por objetivo impedir a constituição de acordos preferenciais e discriminatórios, ao amparo da noção de transitoriedade. Deste modo, o processo de desmantelamento das barreiras tarifárias e não-tarifárias no âmbito regional, se realizado progressivamente (em etapas), deve prever um *plano* ou *programa* a ser realizado num *prazo razoável*. Não é necessário que o *plano* ou *programa* discipline de modo preciso e detalhado o desenvolvimento do processo de integração.[495] Na prática do antigo GATT - e hoje, na OMC -, o conteúdo do *standard prazo razoável* - que não pode ser indefinido ou indeterminado - depende do grau de desenvolvimento dos países envolvidos,[496] mas não poderá exceder o limite de dez anos, salvo *excepcionalmente* - caso, por exemplo, dos países em desenvolvimento, com fundamento na cláusula de habilitação -, consoante estabelece o § 3º do Entendimento sobre a interpretação do art. XXIV da Rodada Uruguai (1986-93).

5.6.4. A proibição de ampliação das barreiras comerciais ao comércio com terceiros mercados "no seu conjunto"

Finalmente, o terceiro *standard* material previsto no art. XXIV, § 5º, alíneas *a* e *b*, que encontra inspiração imediata no próprio objetivo do Acordo Geral de ampliação do comércio internacional, relaciona-se com a impossibilidade dos países componentes do agrupamento regional, individualmente - caso da área de livre comércio - e enquanto grupo coeso - hipótese de união aduaneira - de ampliar as barreiras, sejam estas tarifárias ou não-tarifárias, existentes quando da entrada em vigor do acordo regional, ao comércio com terceiros mercados.[497] Na letra das alíneas citadas, não pode haver ampliação dos entraves comerciais *no seu conjunto - on the whole -,* o

---

[495] Como esclarece Thiébaut Flory, "s'il n'est pas indispensable que le plan et le programme soient très détaillés, il est en revanche nécessaire qu'ils soient complets, c'est-à-dire qu'ils prévoient l'établissement définitif de l'union douanière ou de la zone de libre-échange." Flory, ob. cit., p. 156.

[496] Imhoof, ob. cit., p. 81-4.

[497] Como aponta Imhoof, "dans le cas d'une zone de libre-échange, les obligations qui découlent du paragraphe 5 sont à la charge de chaque Etat membre pris individuellement et non pas à celle de la zone en tant qu'entité globale, car vis-à-vis de l'extérieur la zone de libre-échange ne se présente pas comme un tout. Dans le cas de l'union douanière en revanche, la situation est différente. L'union douanière constitue à l'égard des Etats tiers une unité; il est dès lors logique que les obligations quant aux droits de douane et autres réglementations commerciales soient remplies par l'union en tant que telle." Imhoof, ob. cit., p. 86.

Comércio internacional e política externa brasileira

que ensejou grandes discussões.[498] É de se notar, novamente, a importância das *regras de origem* para o atendimento deste *standard* na área de livre comércio, uma vez que os participantes podem utilizá-las para criar novas barreiras ao comércio com terceiros.[499]

De outra sorte, na conformação da tarifa externa comum (TEC), o Acordo Geral prevê, em seu art. XXIV, § 6º a possibilidade de ampliação da tarifa anterior de algum dos Estados envolvidos, desde que exista um procedimento *prévio* - nos termos dos §§ 4º a 6º do Entendimento sobre a interpretação do art. XXIV - de renegociação das concessões tarifárias nos moldes estabelecidos pelo art. XXVIII.[500] O Entendimento, neste particular, estabeleceu também que a incidência geral das barreiras tarifárias e não-tarifárias aplicáveis sobre o comércio antes da formação da união deverá basear-se num exame global da média ponderada das tarifas e taxas alfandegárias cobradas, através das estatísticas de importação durante um período precedente representativo a ser fornecido pelos participantes do esquema regional de integração (§ 2º do Entendimento). No geral, portanto, as concessões tarifárias consolidadas no âmbito da OMC - e do antigo GATT - não poderão ser ampliadas por ocasião da constituição de um acordo regional de comércio, do mesmo modo que estão proibidas quaisquer barreiras não-tarifárias - imposição de quotas e demais restrições quantitativas - inexistentes à época de conclusão do acordo.[501]

5.6.5. A cláusula de habilitação

Além dos três *standards* do art. XXIV, acima mencionados, o sistema multilateral prevê a possibilidade de conformação de acordos regionais de comércio com fundamento na cláusula de habilitação (*enabling clause*), negociada durante a Rodada Tóquio (1973-9). Esta regra refletia a visão segundo a qual tornava-se necessária a elevação das exportações de países em desenvolvimento, através de

---

[498] Carreau e Juillard lembram, por exemplo, que "s'il apparaît que l'expression 'dans l'ensemble' n'impose pas que le droit de douane applicable à *chaque produit* soit la moyenne arithmétique de ceux perçus dans chaque territoire avant sa participation dans l'union douanière mais fait seulement référence au *niveau général du tarif douanier commun* qui ne doit pas être supérieur au *niveau moyen* général du tarif douanier en vigueur dans chaque territoire lors de son entrée dans l'Union, en revanche, aucun accord ne put jamais être dégagé pour établir une *méthodologie précise.*" Carreau & Juillard, ob. cit., p. 290.

[499] Lafer, *Comércio, Desarmamento, Direitos Humanos*, ob. cit., p. 55-64; WTO, ob. cit., p. 15.

[500] Não obstante tenha o Entendimento colocado termo à discussão quanto ao momento de renegociação das concessões tarifárias - o procedimento é *prévio* -, permanecem dúvidas quanto à natureza da compensação e se a redução tarifária implementada pela união aduaneira para alguns itens deve ser levada em consideração. WTO, ob. cit., p. 15.

[501] Flory, ob. cit., p. 154-5.

um *tratamento diferenciado e mais favorável* pela não-reciprocidade, na linha das motivações que tinham levado à inclusão da Parte IV no Acordo Geral (1964), sob a inspiração da Conferência das Nações Unidas para o Comércio e o Desenvolvimento (UNCTAD).[502] Nos termos do § 5º da cláusula, os países desenvolvidos declaravam não esperar reciprocidade nas concessões feitas aos países em desenvolvimento, através da redução de tarifas e da remoção de barreiras não-tarifárias.

Como assinala Oliver Long, a cláusula de habilitação estabelece, pela primeira vez no âmbito do direito internacional econômico, um fundamento jurídico permanente para a não-reciprocidade, excepcionando a nação mais favorecida.[503] Este tratamento diferenciado, nos termos do § 2º da *enabling clause*, pode se dar em quatro hipóteses: a) tratamento tarifário preferencial, pelos países desenvolvidos, aos produtos provenientes de países em desenvolvimento - caso do sistema geral de preferências (SGP); b) tratamento diferenciado e mais favorável quanto às obrigações relacionadas à proibição de barreiras não-tarifárias no comércio internacional, consoante as provisões do Acordo Geral; c) conformação de acordos regionais de comércio para a redução e/ou eliminação de barreiras tarifárias e não-tarifárias entre países em desenvolvimento; e, d) tratamento especial dispensado pelos países em desenvolvimento àqueles países de menor desenvolvimento relativo. Esta lista não é, entretanto, exaustiva, apenas exemplificando modos de tratamento diferenciado e mais favorável permitidos com fundamento na cláusula de habilitação.[504]

Não obstante a maior flexibilidade para constituição de agrupamentos regionais entre países em desenvolvimento pela *enabling clause*, a alínea *a* do § 3º especifica que a conformação destas preferências deve ter por objetivo facilitar e promover as exportações destes países, e não a ampliação das barreiras ao comércio com terceiros mercados, reafirmando o *standard* interpretativo presente no § 4º do art. XXIV do GATT, a que fizemos referência acima. Pelo princípio da transparência, também os acordos regionais fir-

---

[502] A Parte IV do GATT, que corresponde aos artigos XXXVI a XXXVIII, autoriza a não-reciprocidade nas negociações comerciais entre países desenvolvidos e países em desenvolvimento. A Parte IV fundamentou, inicialmente, a Convenção Lomé, celebrada entre a CEE e países da África, Caribe e Pacífico (ACP), mas num momento posterior, as partes contratantes do GATT entenderam pela necessidade de um *waiver*, consoante o disposto no art. XXV, § 5º, que foi obtido para a Quarta Convenção em dezembro de 1994.

[503] Long, Oliver, *Law and its Limitations in the GATT Multilateral Trade System*, Dordrecht, Martinus Nijhoff, 1987, p. 101; Carreau & Juillard, ob. cit., p. 276.

[504] Idem, p. 102.

Comércio internacional e política externa brasileira

mados com fundamento na cláusula de habilitação devem ser notificados ao Comitê sobre Comércio e Desenvolvimento da OMC, que deverá se pronunciar sobre sua compatibilidade com o sistema multilateral.

5.6.6. As propostas de reforma dos *standards* multilaterais sobre o regionalismo

Durante a primeira conferência ministerial da OMC, realizada em Cingapura, em dezembro de 1996, a questão da compatibilização do regionalismo com o sistema multilateral de comércio foi objeto de muita discussão. Países como o Japão, a Coréia e a Austrália entendiam ser necessário um procedimento de revisão das normas da OMC atualmente em vigor concernentes aos agrupamentos regionais de comércio, pois seus conceitos, de conteúdo demasiadamente amplo, prestar-se-iam a interpretações diversas, o que acabaria por elidir a atuação da OMC em sua função de zelar pela compatibilidade dos acordos regionais de comércio com o sistema multilateral.[505] Objetivando assegurar tal complementaridade, chegou-se mesmo a se pensar numa alteração do disposto no art. XXIV que viesse a proibir a constituição de áreas de livre comércio, permitindo-se tão-somente a existência de uniões aduaneiras, que apresentariam regras mais transparentes em matéria de integração.[506] Todavia, a *praxis* demonstra que os Estados têm optado pela constituição de zonas de livre comércio por estas implicarem menores vínculos políticos entre os envolvidos, uma vez que cada um dos participantes continua independente na condução de sua política aduaneira.[507]

---

[505] A Coréia apresentou, em Cingapura, dois *non papers* a respeito do regionalismo. No primeiro, afirmava que acordos regionais, ainda que não contrariassem a letra do GATT, feriam seu espírito e, portanto, a Conferência Ministerial deveria emitir declaração que traduzisse o desejo da OMC de fortalecer as regras sobre a existência de agrupamentos regionais, e sua compatibilidade com o sistema multilateral. No segundo, propunha: a) que fossem identificados os elementos do regionalismo que conflitassem com o sistema multilateral - especialmente barreiras não-tarifárias; b) que se buscassem meios de incorporar ao sistema multilateral as liberalizações alcançadas no nível regional; e, finalmente, c) que fosse revista a validade do artigo XXIV do GATT, bem como do artigo V do GATS, que prevê a possibilidade de acordos regionais para o comércio de serviços. Não houve, entretanto, consenso a respeito, e o texto final da reunião acabou demonstrando, como aponta Lafer, tanto a preocupação dos céticos quanto aos efeitos positivos do regionalismo para a liberalização comercial em nível mundial, quanto a visão daqueles que entendem haver uma complementaridade entre ambos. Lafer, *A OMC e a Regulamentação do Comércio Internacional*, ob. cit., p. 51 e ss.

[506] Sobre o assunto, que já era objeto de discussão no antigo GATT, v. Imhoof, ob. cit., p. 183-201.

[507] Sacerdoti, ob. cit., p. 20.

5.7. A OMC NO CONTROLE DO REGIONALISMO

As disposições formais, ou procedimentais, previstas nos §§ 7º, 9º e 10 do art. XXIV do GATT, disciplinam os mecanismos de que dispõe a OMC para o controle da compatibilidade dos acordos regionais de comércio com o sistema multilateral, consoante os *standards* materiais mencionados.

5.7.1. A obrigação de notificar

Nos termos do § 7º do art. XXIV, alíneas *a* e *c*, todo membro da OMC que decida por conformar um acordo regional, seja ele provisório ou definitivo, ou modificar acordo já existente, está submetido à obrigação de notificar a Organização, para que esta verifique a compatibilização do mesmo com o sistema multilateral de comércio.[508] Não obstante a obrigação de notificar, uma questão que permanece em aberto, e deverá ser objeto de interpretação pelo próprio Comitê, relaciona-se ao prazo para esta notificação, já que a formulação do parágrafo é pouco precisa.[509] A OMC não atua *ex officio*, e como observa Thiébaut Flory,

> "Devant la constitution d'une nouvelle intégration régionale, le GATT n'a pas le pouvoir de se saisir de lui-même, mais ce sont les parties contractantes désirant participer à l'intégration projetée qui ont l'obligation de soumettre au GATT l'accord instituant l'organisation régionale".[510]

A notificação normalmente é feita pelo endereçamento do acordo e demais informações que os participantes considerarem convenientes ao secretariado e a todos os membros do Comitê sobre Acordos Regionais ou Comitê sobre Comércio e Desenvolvimento, dependendo da fundamentação jurídica do acordo - art. XXIV do

---

[508] Como estabelece o art. XXIV, § 7º, alínea *a*, "toda parte contratante que resolva participar de uma união aduaneira, área de livre comércio ou acordo provisório concluído para o estabelecimento de quaisquer acordos regionais de comércio, comunica-lo-á sem demora às partes contratantes, fornecendo-lhes todas as informações que lhes permitam endereçar às partes contratantes os relatórios e as recomendações que julguem apropriados."

[509] Enquanto alguns defendem um prazo dilatado para possibilitar uma maior flexibilidade nas negociações do acordo regional, outros entendem que a demora na notificação acaba por prejudicar todo o procedimento de averiguação da compatibilidade do acordo com o sistema multilateral de comércio, uma vez que, estando o acordo em vigor, o trabalho do Comitê no sentido de adotar recomendações que julgue apropriadas torna-se mais difícil. Thorstensen, Vera, "Os Acordos Regionais de Comércio e as Regras da OMC", *Política Externa*, 9 (1): 59-87, 2000, p. 68.

[510] Flory, ob. cit., p. 97.

GATT ou cláusula de habilitação, respectivamente.[511] Estes Comitês substituíram os grupos de trabalho *ad hoc* que existiam anteriormente. Como se vê, a atuação da OMC é sempre *ex post*.[512] Os Comitês poderão solicitar aos Estados envolvidos no esquema de integração regional todas as informações e esclarecimentos que julguem necessários à verificação da compatibilidade do acordo regional com o sistema multilateral de comércio, podendo mesmo iniciar um procedimento de consultas. Num momento posterior, os Comitês deverão elaborar um relatório, que será submetido ao Conselho para o Comércio de Bens - ou Serviços, dependendo da hipótese.[513]

O Conselho decide, por maioria simples, sobre a validade da iniciativa regional, consoante os *standards* mencionados, endereçando recomendações aos Estados envolvidos caso entenda pela incompatibilidade do esquema regional com as normas multilaterais (§ 7º do Entendimento). Na prática do antigo GATT, e hoje da OMC, entretanto, busca-se o consenso na adoção do *report* do Comitê, vale dizer, a decisão é tomada na ausência de oposição formal de qualquer de seus membros quando a questão é colocada em votação.[514] Esse controle realizado pela Organização é exercido de modo periódico, através de relatórios bi-anuais.[515]

No caso específico da verificação de acordos provisórios - que constituem a grande maioria dos acordos notificados ao GATT/OMC -, os Comitês, nos termos dos §§ 8º a 10 do Entendimento, poderão fazer recomendações sobre o prazo proposto e as medidas necessárias ao perfazimento da área de livre comércio ou união aduaneira. Na ausência de um *plano* ou *programa*, o Comitê deverá, em seu relatório, recomendar sua inclusão - sugerindo, para tanto, um *projeto* de plano ou programa aos participantes. Após o pronunciamento da OMC, através de *recomendação* - que é obrigatória -, os Estados deverão adaptar seu esquema regional aos ditames da recomendação do Comitê específico, ou abandoná-lo.[516] Como observam Carreau e Juillard,

---

[511] Consoante informações disponíveis até março de 2000, permaneciam em vigor noventa e três acordos regionais firmados com fundamento no art. XXIV do GATT, e quinze com fundamento na cláusula de habilitação. O elenco destes acordos pode ser obtido no *site* da OMC na internet, no endereço www.wto.org.

[512] A atuação *ex post* da OMC é criticada no estudo preparado sob os auspícios da secretaria da organização por impossibilitar a manifestação de terceiros países eventualmente afetados pela conformação do acordo regional. WTO, ob. cit., p. 12.

[513] Thorstensen, Vera, *Organização Mundial do Comércio - As Regras do Comércio Internacional e a Rodada do Milênio*, São Paulo, Aduaneiras, 1999, p. 221-3.

[514] WTO, ob. cit., p. 10.

[515] Consoante decisão das partes contratantes do antigo GATT, de 1971. WTO, ob. cit., p. 13.

[516] Nas palavras de Flory, "les parties à l'accord sont ainsi tenues de se conformer strictement aux recommandations du GATT, ce qui signifie qu'elles ont le choix entre deux possibilités:

"Ces *recommandations*, malgré leur nom, sont *obligatoires* en ce que les Membres doivent modifier en conséquence les accords incompatibles conclus ou s'abstenir de les maintenir ou de les mettre en vigueur".[517]

A proibição expressa à ampliação de barreiras tarifárias e não-tarifárias no âmbito da OMC (art. I, § 2º do GATT) é excepcionada pelo § 9º do art. XXIV, no processo de conclusão de uma área de livre comércio ou união aduaneira. As vantagens e benefícios de terceiros mercados poderão ser reduzidos, por exemplo, pela constituição da tarifa externa comum (TEC) que, por ser a média das tarifas praticadas pelos Estados participantes, poderá ser superior à praticada por algum deles. Neste caso, será necessário um procedimento de renegociação das concessões tarifárias, através da modificação das listas consolidadas no âmbito da OMC (art. XXVIII do GATT).

5.7.2. A solicitação de derrogação temporária (*waiver*)

Além do procedimento comum de verificação, realizado pela OMC ao amparo do art. XXIV, § 7º, do GATT, poderão as partes envolvidas num acordo de integração regional solicitar uma derrogação (*waiver*) para sua conformação, nos termos do art. XXIV, § 10, ou do art. XXV, § 5º, desde que não estejam presentes os *standards* materiais previstos nos §§ 5º e 8º daquele artigo. O art. XXV, § 5º, contempla uma *exceção geral* que pode ser solicitada pelas partes contratantes a quaisquer disposições do Acordo Geral - inclusive aos ditames do art. XXIV.[518] Já o artigo XXIV, § 10, estabelece um procedimento específico para excepcionar a nação mais favorecida através da constituição de um espaço econômico integrado na ausência dos *standards* materiais. Estas decisões necessitam maioria de dois terços, e os Estados envolvidos devem demonstrar que, não obstante as incompatibilidades presentes, o projeto deverá conduzir ao estabelecimento completo e definitivo de uma área de livre comércio ou união aduaneira.[519]

---

la modification dans le sens des recommandations, ou l'abandon du projet d'intégration." Flory, ob. cit., p. 98. É também o que determina o § 10 do Entendimento sobre a interpretação do art. XXIV.

[517] Carreau & Juillard, ob. cit., p. 287.

[518] Foi o caso, por exemplo, do Tratado de Paris (1951), que instituiu a CECA, por se tratar de um acordo de integração limitado a dois setores da economia dos países envolvidos - carvão e aço -, bem como do acordo de livre comércio de automóveis firmado por Estados Unidos e Canadá (1965), ambos não satisfazendo a condição do *substantially all trade* do art. XXIV, § 8º.

[519] O disposto no art. XXIV, § 10 parece ter sido incorporado ao GATT para análise dos acordos regionais de comércio dos quais fizesse parte algum Estado que não fosse parte contratante do Acordo Geral, uma vez que a possibilidade de *waiver* geral já está contemplada pelo art. XXV, § 5º. WTO, ob. cit., p. 10.

Comércio internacional e política externa brasileira

5.7.3. A criação do comitê sobre acordos regionais de comércio

A dificuldade na análise de compatibilidade entre o sistema multilateral de comércio e a proliferação de agrupamentos regionais, tendo em consideração os *standards* materiais mencionados, sempre foi um tema recorrente no âmbito do GATT. Neste particular, criticava-se a existência apenas de grupos de trabalho *ad hoc* para verificação daquela compatibilidade, que agiam de forma dispersa e não contribuíam para um efetivo exame da questão. Como lembra Vera Thorstensen, estes grupos de trabalho não atuavam com fundamento num critério único, e nem apresentavam respostas claras na interpretação dos *standards* materiais mencionados.[520] Foi o caso, por exemplo, da verificação do *standard* que proíbe a ampliação das barreiras tarifárias e não-tarifárias ao comércio com terceiros mercados vigentes à época da conformação do agrupamento regional por ocasião da análise do Tratado de Roma (1957), que instituía a Comunidade Econômica Européia (CEE).[521] No período que se estende de 1947-94, por exemplo, dos cento e seis acordos regionais de comércio notificados ao GATT, apenas cinco deles foram considerados consensualmente compatíveis com o artigo XXIV, e nenhum foi considerado em oposição ao sistema multilateral de comércio.[522]

É de se notar que para tanto muito contribuiu o sistema de tomada de decisões no âmbito do GATT, que tinha por fundamento o consenso positivo das partes contratantes. Como qualquer das partes poderia obstar o trabalho do grupo *ad hoc* e, mesmo se concordasse com este, poderia impedir a adoção de sua *recomendação*, o sistema de averiguação da compatibilidade dos acordos regionais com o sistema multilateral acabava por ficar paralisado. As alterações no sistema de tomada de decisões no âmbito da OMC, que o tornam automático pelo *consenso negativo*, vieram, neste particular, dotar a Organização de "dentes" - como se costuma dizer em Genebra[523] - para efetivar os *standards* previstos no art. XXIV. No sistema da OMC, para que a constituição de um *panel* ou a adoção de seu *report* sejam bloqueadas, faz-se necessário o consenso dos membros - daí a idéia do consenso negativo.

Tendo em consideração que aquelas normas necessitavam de uma interpretação cuidadosa, a fim de que os *standards* lá estabelecidos pudessem ser aplicados *in casu*, o Canadá propôs, ainda em

---

[520] Thorstensen, *Organização Mundial do Comércio*, ob. cit., p. 218.

[521] Neste caso, a falta de consenso levou as partes contratantes a abandonarem o processo de verificação da compatibilidade da CEE com o sistema multilateral. WTO, ob. cit., p. 11.

[522] Carreau & Juillard, ob. cit., p. 287; Sacerdoti, ob. cit., p. 16.

[523] Lafer, *A OMC e a Regulamentação do Comércio Internacional*, ob. cit., p. 84.

1995, a criação de um Comitê que centralizasse as atribuições de verificação da compatibilidade dos acordos regionais com o sistema multilateral de comércio. A proposta canadense, após ser discutida pelos membros da OMC, foi aprovada pelo Conselho Geral da Organização em dezembro do mesmo ano. O Comitê sobre Acordos Regionais de Comércio, que substituiu os diversos grupos de trabalho *ad hoc* que existiam até então - cada qual responsável pela análise de um acordo regional específico - passou a funcionar no início de 1996, e atualmente verifica a compatibilidade de acordos importantes como o Acordo de Livre Comércio da América do Norte (NAFTA) e a Comunidade Européia, firmados com fundamento no art. XXIV, com o sistema multilateral de comércio.[524] O Comitê sobre Comércio e Desenvolvimento já se pronunciou sobre a ASEAN (1979) e o sistema geral de preferências (SGP, em 1989), e atualmente analisa a compatibilidade do Mercosul com os *standards* previstos na cláusula de habilitação. Até o início de 2000, entretanto, o Comitê sobre Acordos Regionais não havia concluído nenhum dos processos sobre a compatibilidade dos acordos regionais notificados à OMC com o sistema multilateral, principalmente devido à ausência de interpretação consensual sobre os *standards* materiais e formais previstos.[525]

---

[524] Lafer, *A OMC e a Regulamentação do Comércio Internacional*, ob. cit., p. 50-1.

[525] Thorstensen, "Os Acordos Regionais de Comércio e as Regras da OMC", ob. cit., p. 62.

Capítulo 6

Reflexões sobre a política externa brasileira enquanto tradução de necessidades internas em possibilidades externas

Como já afirmamos alhures,[526] toda política externa deve representar um esforço de tradução das necessidades internas em possibilidades externas, operando a ampliação do poder de controle do País sobre seu próprio destino através de uma adequada inserção no sistema das relações internacionais. Para Celso Lafer, esta tarefa de transcrição do singular no universal tem como item permanente os *interesses* de um país no plano internacional, que devem ser identificados e especificados, diferenciando-os dos interesses dos demais atores que operam no plano internacional, o que faz da política externa um exercício diário de representação da identidade coletiva de um país.[527]

6.1. POLÍTICA EXTERNA BRASILEIRA: TRÊS MOMENTOS

A identificação e a especificação do interesse nacional, que será traduzido em possibilidades externas no sistema internacional, revelam uma certa continuidade no tempo que responde pelo componente *tradição*, ou *coerência no tempo*, da atuação diplomática dos países. José Honório Rodrigues observa que os interesses nacionais constituem um somatório de aspirações permanentes e atuais que se criam e se desenvolvem no processo histórico de cada comunidade, traduzindo-se na garantia de dois objetivos: o bem-estar do povo, e a unidade política e integridade territorial do Estado.[528] No caso bra-

---

[526] Sobre o assunto, v. Capítulo 2, item 2.4 deste livro.

[527] Lafer, Celso, "A Identidade Internacional do Brasil e a Política Externa Brasileira - Passado, Presente, Futuro", mimeo, 1999, p. 2. Sobre o assunto, v. Magnoli, Demétrio *et al.*, "Em Busca do Interesse Nacional", *Política Externa*, 9 (1): 33-50, 2000.

[528] Rodrigues, José Honório, *Interesse Nacional e Política Externa*, Rio de Janeiro, Civilização Brasileira, 1966, p. 76-7.

sileiro, estes objetivos têm por substrato, para Seixas Corrêa, uma trindade de valores básicos: a unidade, a grandeza e a visão de futuro, dos quais decorrem outros como o nacionalismo, a busca da igualdade soberana entre as nações e o pragmatismo.[529]

Os modos de implementação da adequada inserção destas aspirações nacionais permanentes no cenário internacional - que respondem, nas palavras de Lampreia, por uma visão orgânica do Brasil no mundo,[530] e têm a ver com a idéia de *estilo* da atividade diplomática[531] - permitem vislumbrar, no processo evolutivo de nossa política exterior, três fases distintas, que representam tendências gerais de nosso posicionamento externo, a saber: uma primeira, que se inicia na Colônia e se estende até a gestão do Barão do Rio Branco no Itamaraty (1902-12) - em que o interesse nacional é traduzido no objetivo de consolidação da integridade territorial; uma segunda que, seguindo-se a esta, vai até a presidência de Juscelino Kubitschek (1956-60) - um período marcado por um relativo desinteresse do Brasil pelo universo das relações internacionais, preferindo um alinhamento automático à diplomacia norte-americana; e, finalmente, uma terceira, que se estende de Kubitschek a nossos dias - em que o interesse nacional, que será transcrito no plano internacional, está associado à idéia de desenvolvimento do espaço nacional, respondendo por uma verdadeira *diplomacia para o desenvolvimento*.[532] A referência à história diplomática brasileira para a análise da política externa brasileira no quadro das relações internacionais econômicas, neste particular, torna-se indispensável,[533] pois como observa Seixas Corrêa, nada é mais importante para o ofício da diplomacia do que pôr os fatos em uma perspectiva adequada, e para tanto, nada mais útil do que o conhecimento adequado da história.[534]

---

[529] Seixas Corrêa, Luiz Felipe de, "Diplomacia e História: Política Externa e Identidade Nacional Brasileira", *Política Externa*, 9 (1): 22-32, 2000, p. 27.

[530] Lampreia, Luiz Felipe, *Diplomacia Brasileira - Palavras, Contextos, Razões*, Rio de Janeiro, Lacerda, 1999, p. 31.

[531] Lafer, Celso, *Ensaios Liberais*, São Paulo, Siciliano, 1991, p. 211.

[532] Jaguaribe assinala, como pontos de inflexão da política externa brasileira, a gestão de Rio Branco e a Segunda Guerra Mundial. Jaguaribe, Hélio, *O Nacionalismo na Atualidade Brasileira*, Rio de Janeiro, MEC/ISEB, 1958, p. 225.

[533] Como observa Luiz Felipe de Seixas Corrêa, diplomacia e história acham-se vinculadas "não apenas porque, do ponto de vista de sua formalidade e de seus ritos, a diplomacia, como a História, se nutre constantemente de precedentes. Mas, sobretudo, porque reflete visões e percepções de interesses nacionais ancorados naquilo que cada sociedade tem de mais profundo: a sua própria formação, as suas características distintivas e a tensão que cada Estado, ao exercitar a sua individualidade e a sua soberania, carrega na relação com o outro." Seixas Corrêa, "Diplomacia e História", ob. cit., p. 23.

[534] Seixas Corrêa, "Diplomacia e História", ob. cit., p. 25.

6.1.1. Defesa e consolidação da integridade territorial

O longo período que constitui a primeira fase de nossa política exterior tem como característica comum o propósito de defesa e consolidação de nossa integridade territorial, no âmbito de uma política orientada para a formação ou preservação de um sistema de forças favorável ao Brasil no subcontinente sul-americano.[535] No plano das relações internacionais econômicas, além de procurar equacionar a questão da mão-de-obra para a grande propriedade monocultora - através do incentivo da imigração, após as pressões inglesas para o fim do tráfico negreiro e a abolição do trabalho escravo -, a participação brasileira no jogo internacional econômico resumia-se à exportação de produtos agrícolas - açúcar, café etc. - e à importação de manufaturados, sob a égide do Pacto Colonial, no quadro do mercantilismo europeu.[536] Daí a idéia de uma *diplomacia do primário*, na caracterização de Paulo Roberto de Almeida.[537] Nas palavras de Reinaldo Gonçalves *et al.*, "desde a Independência, por mais de um século, o Brasil foi governado por uma elite que considerava a exportação o principal objetivo econômico do país e, a importação, a única fonte de produtos industriais".[538]

6.1.1.1. *A política externa do império*

A precária divisão do mundo pretendida por Tordesilhas (1494) exigia da Coroa portuguesa esforços de preservação das fronteiras ocidentais ameaçadas pela presença espanhola no oeste. Para tanto, os portugueses apoiaram suas reivindicações menos na remota divisão do mundo forjada em 1494, e mais na efetiva ocupação do território, consolidada pelo Tratado de Madri (1750), que fora negociado por Alexandre de Gusmão, tendo por princípio orientador o *uti possidetis*.[539] Como observa Lafer, a política exterior do Império compreende dois níveis de análise: no primeiro nível, relacionado com

---

[535] Sobre o assunto, v. Rodrigues, ob. cit., p. 9-45.

[536] Para uma análise economia brasileira neste período, v. Prado Jr., Caio, *História Econômica do Brasil*, 41ª ed., São Paulo, Brasiliense, 1994.

[537] Almeida, Paulo Roberto de, *Relações Internacionais e Política Externa do Brasil - Dos Descobrimentos à Globalização*, Porto Alegre, UFRGS, 1998, p. 252-3.

[538] Gonçalves, Reinaldo et al., *A Nova Economia Internacional - Uma Perspectiva Brasileira*, Rio de Janeiro, Campus, 1998, p. 97. Para uma visão detalhada da história da política exterior brasileira no período, v. Carvalho, Delgado de, *História Diplomática do Brasil*, São Paulo, Companhia Editora Nacional, 1959; Vianna, Hélio, *História Diplomática do Brasil*, São Paulo, Melhoramentos, s.d.

[539] Jaguaribe, *O Nacionalismo na Atualidade Brasileira*, ob. cit., p. 225-6. Sobre o assunto, v. Goes Filho, Synesio Sampaio, *Navegantes, Bandeirantes, Diplomatas - Um Ensaio sobre a Formação das Fronteiras do Brasil*, São Paulo, Martins Fontes, 1999; Magnoli, Demétrio, *O Corpo da Pátria - Imaginação Geográfica e Política Externa no Brasil (1808-1912)*, São Paulo, Moderna/UNESP, 1997.

Comércio internacional e política externa brasileira

o sistema internacional, o Império buscou uma política independente de defesa da soberania nacional, jogando com os interesses das grandes potências; no nível sub-regional, por outro lado, buscou-se uma concertação pela implantação da balança de poder no cone sul que impedisse posições hegemônicas, sobretudo da Argentina.[540] No plano econômico, a preocupação do Brasil monárquico do final do século XIX tinha por nota determinante a exportação da produção cafeeira. Para voltar a Paulo Roberto de Almeida, "o Brasil era o café e o café era o Brasil".[541]

6.1.1.2. A importância de Rio Branco

Rio Branco, que por dez anos esteve à frente da Chancelaria (1902-12), procurou, por sua vez, resolver as questões de fronteira ainda pendentes, devotando especial atenção à questão do Acre com a Bolívia, equacionada através do Tratado de Petrópolis (1903). Ao normalizar as relações do País com seus vizinhos, o Barão *possibilitou* a alteração do vetor fundamental de nossa política externa rumo ao *desenvolvimento do espaço nacional* - que ficou latente até os anos JK - ainda hoje a nota singularizadora de nossa atuação diplomática.[542]

O Patrono da Diplomacia Brasileira, consciente do papel que desempenhariam os Estados Unidos no contexto internacional que começava a se delinear, também procurou deslocar o centro de gravidade de nossa política exterior do Velho Continente para Washington, através de um bem-sucedido discurso pan-americanista.[543] Habilmente, o Barão percebeu que o deslocamento do eixo da atuação diplomática brasileira, por meio de uma aliança não-escrita com os norte-americanos - como a caracterizou Burns[544] -, seria uma forma de minimizar a influência britânica no cenário nacional, ampliando a autonomia do Brasil no contexto internacional do concerto europeu.[545] Ao final de sua gestão, não só estavam solucionadas todas as questões de fronteira, como surgia a estratégica aliança

---

[540] Lafer, Celso, "Uma Interpretação do Sistema das Relações Internacionais do Brasil", *in* Lafer, Celso & Peña, Félix, *Argentina e Brasil no Sistema das Relações Internacionais*, São Paulo, Duas Cidades, 1973, p. 85.

[541] Almeida, *Relações Internacionais e Política Externa do Brasil*, ob. cit., p. 254.

[542] Lafer, "A Identidade Internacional do Brasil e a Política Externa Brasileira", ob. cit., p. 24. Sobre o assunto, v. Ricupero, Rubens, *Rio Branco: o Brasil no Mundo*, Rio de Janeiro, Contraponto, 2000.

[543] Jaguaribe, Hélio, "Introdução Geral", *in* Albuquerque, José Augusto Guilhon (org.), *Sessenta Anos de Política Externa Brasileira (1930-1990) - Crescimento, Modernização e Política Externa*, vol. I, São Paulo, Cultura, 1996, p. 24.

[544] Burns, E. Bradford, *The Unwritten Alliance - Rio Branco and Brazilian-American Relations*, New York, Columbia University Press, 1966.

[545] Lafer, "Uma Interpretação do Sistema das Relações Internacionais do Brasil", ob. cit., p. 87.

Brasil-Estados Unidos, alterando o vetor fundamental de nossa política externa.[546]

Como aponta Lafer, Rio Branco também desempenhou um papel fundamental na conformação da autoridade do Itamaraty e da sua aura de prestigiosa instituição pública nacional, o que o torna um verdadeiro *institution-builder* da Chancelaria.[547] O Barão permaneceu ainda como fonte inspiradora de um estilo diplomático peculiar que busca desdramatizar a agenda através da moderação construtiva, numa leitura grociana da realidade internacional[548] - daí sua caracterização como um dos *founding fathers* da moderna política externa brasileira, colocada manifesta e exclusivamente a serviço dos interesses nacionais.[549] Como já observamos em outras partes deste livro, o racionalismo grociano não ignora a existência do conflito, mas procura enfatizar o potencial de solidariedade e sociabilidade presente no universo das relações internacionais que permite a condução das dissonâncias pela cooperação, que poderá ou não se institucionalizar através da criação de uma organização internacional.

No pensamento de Rio Branco já se encontra a idéia de que o entorno do cone sul, para o Brasil, não representa apenas uma opção diplomática, mas constitui, como observa Lafer, a nossa própria *circunstância*, o nosso *estar no mundo* compartilhado.[550] Esta passaria a ser uma vertente constante na atuação diplomática brasileira, possibilitando recentemente a criação do Mercosul. O *pacifismo* na América do Sul aparece, em Rio Banco, como indispensável ao *desenvolvimento do espaço nacional*, que entendia ser o substrato primeiro da política externa brasileira.[551]

---

[546] Como observa José Honório Rodrigues, "a questão dos limites, embora dominada pela ideologia pacifista e pelo recurso à arbitragem, já não é encarada como um problema jurídico permanente, como convinha antes à nossa posição vital, à aspiração e defesa dos nossos objetivos nacionais. É também uma questão política e assim age Rio Branco. Defendidas as extensas fronteiras e fixados mais de dezesseis mil km², sem o derrame de uma só gota de sangue, sem um tiro, com a prova histórica e a habilidade política, Rio Branco revira o eixo de nossa diretriz internacional, deseuropeizando-a." Rodrigues, ob. cit., p. 54.

[547] Lafer, "A Identidade Internacional do Brasil e a Política Externa Brasileira", ob. cit., p. 24.

[548] Fonsenca Jr., Gelson, *A Legitimidade e Outras Questões Internacionais*, São Paulo, Paz e Terra, 1998, p. 356.

[549] Almeida, Paulo Roberto de, "O Legado do Barão: Rio Branco e a Moderna Diplomacia Brasileira", *Revista Brasileira de Política Internacional*, 39 (2): 125-35, 1996, p. 125.

[550] Lafer, "A Identidade Internacional do Brasil e a Política Externa Brasileira", ob. cit., p. 25-6; Lafer, Celso, *A Inserção Internacional do Brasil - A Gestão do Ministro Celso Lafer no Itamaraty*, Brasília, MRE, 1993, p. 130; Reis, Fernando Guimarães, "O Brasil e a América Latina", *in* Fonseca Jr., Gelson & Castro, Sérgio Henrique Nabuco de (org.), *Temas de Política Externa II*, vol. II, 2ª ed., São Paulo, Paz e Terra, 1997, p. 13-6.

[551] Lafer, "A Identidade Internacional do Brasil e a Política Externa Brasileira", ob. cit., p. 26.

Comércio internacional e política externa brasileira

6.1.1.3. A presença brasileira nos foros multilaterais

O Brasil inaugura sua presença nos foros multilaterais em 1907, com a presença de Rui Barbosa na II Conferência de Paz de Haia. A diplomacia brasileira buscava, neste momento, assegurar ao País um lugar de destaque, como potência intermédia, no processo de elaboração das normas que conformariam o desenvolvimento das relações internacionais a partir de então. Como observa Luiz Felipe de Seixas Corrêa, da participação do Brasil em Haia derivam dois princípios que passariam a orientar nossa política exterior: a singularidade do Brasil - rejeitando alinhamentos automáticos ou tipificações aprioríticas -, e o respeito ao direito internacional.[552] Depois de Haia, um momento importante da presença do Brasil nos foros multilaterais relaciona-se com sua participação ativa na Liga das Nações (SDN), criada durante a Conferência de Paz de Versalhes (1919) com vistas a constitucionalizar as relações internacionais e, deste modo, manter a paz e a segurança internacionais.[553] Foi Raul Fernandes, o delegado brasileiro na Liga, a propor a chamada cláusula facultativa de jurisdição obrigatória, tornando não-automática a jurisdição da Corte Permanente de Justiça Internacional (CPJI), fórmula que persistiu no pós-SegundaGuerra, quando a Corte de Haia tornou-se um dos órgãos das Nações Unidas.[554]

6.1.2. Uma diplomacia ornamental e aristocrática

Uma segunda fase de nossa política exterior abrange o período que medeia o final da gestão Rio Branco no Itamaraty (1912) e a presidência de JK (1956-60). Consolidada a integridade territorial, não obstante a *possibilidade* de uma política externa voltada para o desenvolvimento do espaço nacional, pela liberação de forças operada por Rio Branco no equacionamento das questões de fronteira, a diplomacia brasileira passa a ser conduzida, nas palavras de Hélio Jaguaribe, por uma atitude essencialmente *ornamental* e *aristocrática*, que visava a proporcionar às elites dirigentes uma participação no estilo de vida europeu e, ao mesmo tempo, valorizar os padrões de

---

[552] Seixas Corrêa, Luiz Felipe de, "O Discurso da Diplomacia Brasileira na Assembléia Geral da ONU: Cinco Décadas de Política Externa e de Contribuições ao Direito Internacional", *in* Casella, Paulo Borba (org.), *Dimensão Internacional do Direito - Estudos em Homenagem a G. E. do Nascimento e Silva*, São Paulo, LTR, 2000, p. 90.

[553] Sobre o assunto, v. Garcia, Eugênio Vargas, *O Brasil e a Liga das Nações (1919-1926): Vencer ou não Perder*, Porto Alegre, UFRGS, 2000.

[554] Sobre a Corte de HAIA, v. Fonseca, José Roberto Franco da, "Estrutura e Funções da Corte Internacional de Justiça", *in* Baptista, Luiz Olavo & Fonseca, José Roberto Franco da (org.), *O Direito Internacional no Terceiro Milênio - Estudos em Homenagem ao Professor Vicente Marotta Rangel*, São Paulo, LTR, 1998, p. 750-62.

civilização do País.[555] Este posicionamento marca, para Jaguaribe, o início de nossa decadência diplomática, uma vez que nossos representantes no exterior estavam mais preocupados em atrair a simpatia e a adesão das classes dirigentes estrangeiras do que assumir uma efetiva posição brasileira de defesa dos interesses nacionais.[556] Nas palavras de Celso Lafer,

> "Enquanto o Brasil permaneceu substancialmente um país agrícola, exportador de matérias-primas e importador de manufaturados, com uma estrutura social não diversificada, as elites dirigentes mantiveram, por inércia e conveniência, a política exterior do Brasil ligada aos Estados Unidos".[557]

Ao final da Segunda Guerra, uma vez que as relações internacionais não operam no vazio e não constituem um arranjo espontâneo, sob o patrocínio norte-americano e inspiração liberal é elaborado um grande plano que pretendia instaurar uma nova ordem internacional a partir de três campos principais: o político, o econômico-financeiro e o comercial. O Brasil participou deste grande projeto, do qual resultaram as Nações Unidas - criadas na Conferência de São Francisco (1945) -, o Fundo Monetário Internacional (FMI) e o Banco Mundial (BIRD) - instituições negociadas durante a Conferência de Bretton Woods (1944) - e o Acordo Geral sobre Tarifas e Comércio (GATT) - subproduto na Conferência de Havana (1948), que pretendia conformar uma Organização Internacional do Comércio (OIC). Não obstante a presença brasileira nestes foros multilaterais, que inauguram o sistema moderno das relações internacionais, a defesa do multilateralismo econômico permanece latente até os anos sessenta, quando o Brasil passa a advogar a necessidade de uma nova ordem internacional econômica com fundamento na não-reciprocidade.[558]

O mundo visto como externalidade não impediu que o Brasil procurasse instrumentalizar a industrialização nacional, no quadro

---

[555] Jaguaribe, *O Nacionalismo na Atualidade Brasileira*, ob. cit., p. 227.

[556] Como assinala Jaguaribe, "essa mesma gratuidade de nossa política exterior a desvincularia do processo econômico-social interno, afastando a opinião pública das cogitações internacionais, pelo menos como área de interferência do país, que se habituou à idéia de ser um participante passivo do jogo internacional de poder." Jaguaribe, *O Nacionalismo na Atualidade Brasileira*, ob. cit., p. 227.

[557] Lafer, "Uma Interpretação do Sistema das Relações Internacionais do Brasil", ob. cit., p. 88.

[558] Lafer, Celso, *Comércio, Desarmamento, Direitos Humanos - Reflexões sobre uma Experiência Diplomática*, São Paulo, Paz e Terra, 1999, p. 30-3; Lafer, Celso, *Paradoxos e Possibilidades - Estudos sobre a Ordem Mundial e sobre a Política Exterior do Brasil num Sistema Internacional em Transformação*, Rio de Janeiro, Nova Fronteira, 1982, p. 95-148; Lafer, Celso & Peña, Félix, "Contribuição para uma Perspectiva Latinoamericana do Sistema das Relações Internacionais", *in* Lafer, Celso & Peña, Félix, *Argentina e Brasil no Sistema das Relações Internacionais*, São Paulo, Duas Cidades, 1973, p. 15-60; Stern, Brigitte, *Un Nouvel Ordre Economique International?*, Paris, Economica, 1983.

Comércio internacional e política externa brasileira

do nacionalismo de fins, jogando com os pólos de poder que começavam a se delinear. Nesta perspectiva, e para voltar a Paulo Roberto de Almeida, a política externa do período pode ser caracterizada como uma *diplomacia do secundário* ao buscar os recursos financeiros necessários ao projeto de industrialização nacional.[559]

6.1.2.1. Eqüidistância pragmática

Após os insucessos de Mauá, na segunda metade do século XIX, a economia nacional assiste, neste período, a um novo surto industrial, calcado na substituição de importações. No governo Vargas, o *nacionalismo de fins*, para voltar a Jaguaribe,[560] inaugurado sob o impacto da crise de 29 - que interrompeu os fluxos de capital e provocou a queda dos preços do café, principal *commodity* de exportação da época - resultava na implementação, ainda que involuntária por refletir a política cambial adotada,[561] de um paradigma de desenvolvimento com fundamento na industrialização por substituição de importações, através do protecionismo, e calcado no potencial do mercado interno.[562] A política externa do Brasil, então, que procurava uma *autonomia pela distância*, visa a obter do exterior, notadamente dos Estados Unidos e da Europa Ocidental, os recursos financeiros e técnicos necessários à execução de um projeto nacional-desenvolvimentista, como contrapartida à participação do País na Guerra, inaugurando um período, na expectativa brasileira, de *relações especiais* com os parceiros desenvolvidos.[563] O País buscava, como lembra Gerson Moura, implementar uma política exterior de *eqüidistância pragmática* em relação aos centros hegemônicos emergentes, especialmente Estados Unidos e Alemanha.[564]

6.1.2.2. A política externa de Dutra nos limites da bipolaridade

No quadro da bipolaridade rígida da guerra fria, o Brasil, com Dutra, acabou por alinhar-se automaticamente ao bloco ocidental,

---

[559] Almeida, *Relações Internacionais e Política Externa do Brasil*, ob. cit., p. 254-6.

[560] Jaguaribe, *O Nacionalismo na Atualidade Brasileira*, ob. cit., p. 52.

[561] Sobre o assunto, v. Gonçalves *et al.*, ob. cit. , p. 97 e ss.

[562] Lafer, "A Identidade Internacional do Brasil e a Política Externa Brasileira", ob. cit., p. 48-50.

[563] Não obstante a prioridade norte-americana, no plano econômico, fosse a cooperação com a Europa, no campo estratégico-militar, Washington procurou estreitar seu relacionamento com América Latina, em geral, e com o Brasil, em particular, através da assinatura do Tratado Interamericano de Assistência Recíproca (TIAR, de 1947), no quadro dos alinhamentos automáticos da guerra fria. Cervo, Amado Luiz & Bueno, Clodoaldo, *História da Política Exterior do Brasil*, São Paulo, Atlas, 1992, p. 248.

[564] Moura, Gerson, *Autonomia na Dependência - A Política Externa Brasileira de 1935 a 1942*, Rio de Janeiro, Nova Fronteira, 1980, p. 63 e ss.

sem um abrangente processo de negociações que trouxesse recompensas na instrumentalização do nacionalismo de fins. As polaridades definidas da guerra fria conformaram o desenvolvimento das relações internacionais não apenas nos seus aspectos estratégico-militares, mas também econômicos, pautando o desenvolvimento da cooperação técnica, comercial e financeira num sistema internacional marcadamente heterogêneo.[565] Daí a política de bloco praticada pela diplomacia brasileira, acompanhando Washington nas votações de questões vinculadas ao jogo de polaridades definidas pelo enfrentamento Leste-Oeste.[566]

Neste período, a política norte-americana em relação à América Latina em geral, e o Brasil em particular, mostrava-se ambígua, pois ao mesmo tempo em que reconhecia a importância da região - como demonstra os esforços de Washington para conclusão do Tratado Interamericano de Assistência Recíproca (TIAR, de 1947), que estruturasse um sistema hemisférico de segurança -, a percepção norte-americana era a de que os latino-americanos, no plano econômico, não demandavam grande atenção. Como lembra Eiiti Sato, a amizade histórica que unia as Américas, em vez de servir como motivo de cooperação no quadro da bipolaridade, desviou a atenção dos Estados Unidos para a reconstrução da Europa, através da ajuda econômica unilateral instrumentalizada pelo Plano Marshall (1947), que buscava conter o expansionismo soviético, no quadro da doutrina Truman de *containment*.[567]

6.1.2.3. *A qualificação da parceria norte-americana*

Desfeita a primeira impressão de que os esforços brasileiros na Guerra traziam como contrapartida grandes empréstimos públicos americanos - e que ainda perdurou durante os primeiros anos do Governo JK, uma vez que o desenvolvimentismo previsto no Plano de Metas tinha por fonte de financiamento o capital estrangeiro[568] -,

---

[565] Aron, Raymond, *Paix et Guerre entre les Nations*, 6e éd., Paris, Calmann-Lévy, 1962, p. 108-13; Lafer, Celso & Fonseca Jr., Gelson, "Questões para a Diplomacia no Contexto das Polaridades Indefinidas - notas analíticas e algumas sugestões", *in* Fonseca Jr., Gelson & Castro, Sérgio Henrique Nabuco de (org.), *Temas de Política Externa II*, vol. I, 2ª ed., São Paulo, Paz e Terra, 1997, p. 50; Sato, Eiiti, "40 Anos de Política Externa Brasileira, 1958-1998: Três Inflexões", *Revista Brasileira de Política Internacional*, 41(número especial): 8-28, 1998, p. 8.

[566] Seixas Corrêa, "O Discurso da Diplomacia Brasileira na Assembléia Geral da ONU", ob. cit., p. 92.

[567] Sato, ob. cit., p. 12-3.

[568] Neste período inicial, o discurso desenvolvimentista e modernizador dos "50 anos em 5" encontrou articulação no Plano de Metas, ou Plano Nacional de Desenvolvimento, que tinha por fundamento a associação estreita com o capital estrangeiro, particularmente norte-americano, num quadro de alinhamento automático. Daí se dizer que o projeto de industrialização

a política exterior altera sua estratégia para privilegiar a solidariedade latino-americana e reivindicar, para o continente, uma ajuda financeira nos moldes do Plano Marshall. A expectativa unilateral transformou-se, pois, em demanda multilateral, tendo por fundamento a necessidade de fortalecer o continente contra os riscos do comunismo, através do *desenvolvimento*, tal como pretendia Schmidt. Como observa Seixas Corrêa, surgiram formulações favoráveis à implantação de mecanismos multilaterais para a promoção do desenvolvimento econômico por oposição ao bilateralismo assistencialista característico do período anterior. Numa palavra, sem abandonar as expectativas da parceria norte-americana, a diplomacia brasileira passaria a qualificá-la.[569]

6.1.2.4. O conceito de segurança econômica coletiva

Esta alteração na concepção do posicionamento externo brasileiro inseriu no repertório diplomático a formulação do conceito de *segurança econômica coletiva* como contraponto econômico da segurança política e militar operada sob os auspícios do Conselho de Segurança das Nações Unidas.[570] Oswaldo Aranha, discursando na XII Assembléia Geral da ONU (1957), bem como Francisco Negrão de Lima e Augusto Frederico Schmidt, por ocasião da XII (1958) e XIII (1959) AGNU, apontavam que havia chegado o momento de as Nações Unidas devotarem maior atenção ao desenvolvimento econômico.[571] Negrão de Lima procurou enfatizar a necessidade de uma cooperação internacional mais ativa na luta pelo desenvolvimento, lembrando as oscilações de preço dos produtos primários no comércio internacional, a deterioração dos termos de troca, bem como a retração da demanda externa de produtos de base, que se traduziram

---

impulsionado por JK era, durante os dois primeiros anos de seu mandato, mais um *desenvolvimentismo-associado* do que um *nacional-desenvolvimentismo*. Vizentini, Paulo Fagundes, "A Política Externa do Governo JK (1956-61)", *in* Albuquerque, José Augusto Guilhon (org.), *Sessenta Anos de Política Externa (1930-1990) - Crescimento, Modernização e Política Externa*, vol. I, Cultura, 1996, p. 232. Sobre o assunto, v. Lafer, Celso, *The Planning Process and the Political System in Brazil - A Study of Kubitschek's Target Plan (1956-1961)*, Cornell University, Latin American Studies Program, Dissertation Series nº 16, 1970.

[569] Seixas Corrêa, "O Discurso da Diplomacia Brasileira na Assembléia Geral da ONU", ob. cit., p. 93.

[570] Idem, ibidem.

[571] Nas palavras do Embaixador Oswaldo Aranha, havia chegado "o momento de empreenderem as Nações Unidas - principalmente através de suas entidades especializadas - uma participação mais ativa no encaminhamento da solução dos problemas de desenvolvimento econômico." Fundação Alexandre de Gusmão (FUNAG), *A Palavra do Brasil nas Nações Unidas (1945-1995)*, Brasília, FUNAG, 1995, p. 107-12.

em esforços para a consecução dos acordos de produtos primários.[572] Nas palavras do Chanceler Negrão de Lima,

"Não é mais lícito duvidar que existe uma correlação evidente entre o subdesenvolvimento de determinadas áreas e as fricções locais que vêm ameaçando a paz da humanidade. Na miséria e no descontentamento é que fermentam e proliferam as manifestações de uma política de desespero que poderá invalidar em definitivo as tentativas de implementação da concórdia universal. (...) Esse estado de insatisfação vem conduzindo algumas nações a ingressarem no perigoso caminho da adoção de ideologias contrárias à sua própria formação política e cultural, na ilusória esperança de encontrarem nas mesmas uma resposta adequada a seus problemas".[573]

A hermenêutica extensiva proposta pela diplomacia brasileira considerava os assuntos relativos à paz e à segurança internacionais, que estavam sob os auspícios das Nações Unidas, não apenas uma situação de ausência de guerra, de *não-guerra*, mas pretendia ampliá-los, ao considerar as vinculações da paz e da segurança internacionais com o desenvolvimento econômico. Este novo vetor da política externa brasileira deslocou gradualmente seu eixo da confrontação Leste-Oeste para privilegiar a dinâmica Norte-Sul das relações internacionais econômicas. Como diria mais tarde, o Chanceler Araújo Castro, ao abrir a XVIII (1963) AGNU, "nem tudo é Este ou Oeste nas Nações Unidas. O mundo possui outros pontos cardeais".[574]

6.1.2.5. A Operação Pan-Americana (OPA, 1958)

A nova percepção dos interesses do Brasil no quadro das relações internacionais afastava os enquadramentos automáticos para privilegiar uma avaliação diferenciada dos interesses nacionais traduzidos no cenário internacional por sua política exterior. A luta pelo desenvolvimento em escala regional recebeu articulação, no segundo período do governo Kubitschek (1958), com o lançamento da Operação Pan-Americana (OPA). A OPA, ambicioso projeto de cooperação hemisférica que fora largamente defendido por Schmidt na XIII AGNU (1959), buscava incentivar o fluxo de capitais públicos

---

[572] Bueno, Clodoaldo, "A Política Multilateral Brasileira", *in* Cervo, Amado Luiz (org.), *O Desafio Internacional - A Política Exterior do Brasil de 1930 a nossos Dias*, Brasília, UNB, 1994, p. 84-7; FUNAG, ob. cit., p. 113-8; Lafer, Celso, *O Convênio do Café de 1976 - Da Reciprocidade no Direito Internacional Econômico*, São Paulo, Perspectiva, 1979, p. 56 e ss.

[573] FUNAG, ob. cit., p. 116.

[574] Idem, p. 162.

estrangeiros, principalmente norte-americanos, para os países da América Latina. A proposta da OPA buscava uma tradução econômica para a solidariedade política, que já existia desde 1947 com o Tratado do Rio de Janeiro (TIAR). Na concepção então vigente, seria a cooperação econômica que daria a verdadeira força ao pan-americanismo, impedindo a penetração de ideologias de esquerda no espaço americano: não haveria democracia onde há miséria.[575] Como lembra Seixas Corrêa, em lugar de se dedicarem a preparar a guerra, através da corrida armamentista, os países desenvolvidos deveriam se dedicar a cooperar para erradicar o subdesenvolvimento.[576] A OPA, entretanto, contou com um apoio norte-americano mais retórico do que efetivo.[577]

6.1.3. O desenvolvimento do espaço nacional

A partir de Kubitschek, *desenvolver o espaço nacional* torna-se a palavra de ordem a informar o relacionamento externo brasileiro, vetor este a orientar nosso posicionamento diplomático, não obstante avanços e recuos, até nossos dias.[578] A impossibilidade de perduração de seu antigo sentido *ornamental*, e a tomada de consciência da relação estreita existente entre política exterior e desenvolvimento, altera a atuação diplomática brasileira no cenário internacional, privilegiando uma atitude orientada para otimização dos interesses nacionais no contexto das relações internacionais universais e mul-

---

[575] Cervo & Bueno, ob. cit., p. 259. Sobre a política exterior de JK e a OPA, v. também Caldas, Ricardo Wahrendorff, *A Política Externa do Governo Kubitschek*, Brasília, Thesaurus, 1996, p. 37 e ss.

[576] Seixas Corrêa, "O Discurso da Diplomacia Brasileira na Assembléia Geral da ONU", ob. cit., p. 95.

[577] Para uma transcrição do discurso de Schmidt, v. FUNAG, ob. cit., p. 119-27. Não obstante os modestos resultados da OPA, a reorientação multilateral empreendida por JK responderia por uma maior aproximação com os países do subcontinente latino-americano, consubstanciada na criação, pelo Tratado de Montevidéu (1960), da Área Latino-Americana de Livre Comércio (ALALC). De outra sorte, foi por iniciativa da OPA que o Governo Kennedy decidiu apoiar a criação do Banco Interamericano de Desenvolvimento (BID), em 1960, e a Aliança para o Progresso, em 1961. Jaguaribe, "Introdução Geral", ob. cit., p. 27-8.

[578] Como lembra Clodoaldo Bueno, "para retirar o país do atraso, impunham-se não apenas reformas internas, mas também mudanças no relacionamento do país com as demais nações. Na ótica dos formuladores e defensores de tais mudanças, havia problemas específicos e prementes, como: a necessidade de o país receber capitais e tecnologia por meio da cooperação internacional - mais exatamente dos EUA; a deterioração dos termos de troca no comércio internacional, isto é, o não-acompanhamento dos preços internacionais das matérias-primas e produtos agrícolas em relação aos produtos industrializados; a necessidade de ampliação do mercado exterior do Brasil a fim de se lhe aumentar a capacidade de importação de bens e equipamentos necessários ao desenvolvimento. Nunca na história do século XX brasileiro valorizou-se tanto o contexto externo no equacionamento dos problemas nacionais." Cervo & Bueno, ob. cit., p. 256.

tilaterais.[579] Por isso, o Chanceler Horácio Lafer, em seu discurso de posse no Itamaraty afirmava que "onde houver um cliente possível para o Brasil, ali estará vigilante o setor econômico do Ministério das Relações Exteriores".[580] A idéia de uma *política externa para o desenvolvimento*, possibilitada por Rio Branco, passa a dar a cadência da atuação do Itamaraty a partir de então. Neste particular, Seixas Corrêa sintetiza o substrato do posicionamento exterior brasileiro afirmando que,

"O principal vetor da ação diplomática brasileira é o interesse fundamental do país em se desenvolver econômica e socialmente. Diferencia-se, portanto, a política externa brasileira da praticada por outros países que se movem prioritariamente por interesses de segurança e/ou de expansão. Conseqüentemente, nossas opções externas e nossas alianças operacionais expressam-se em função de oportunidades, não de antagonismos; estão baseadas em sentido comum e pragmatismo, mais do que em ideologias de qualquer natureza".[581]

6.2. DIPLOMACIA PARA O DESENVOLVIMENTO

A retomada da idéia-força de *desenvolvimento do espaço nacional*, que se tornava um dos vetores possíveis da atuação diplomática brasileira após a gestão do Rio Branco no Itamaraty, responde, então, por um terceiro ponto de inflexão em nossa política exterior - a concepção de uma *diplomacia para o desenvolvimento* -, através da multilateralização da OPA, que prenuncia a política externa independente (PEI) de Affonso Arinos, San Tiago Dantas e Araújo Castro, e o pragmatismo responsável de Azeredo da Silveira. Como observa Eiiti Sato, a diplomacia para o desenvolvimento, inaugurada por Kubitschek, apresenta como notas características o abandono do chamado *paradigma Rio Branco* - que colocava Washington como centro pivotal da política externa brasileira -, a ampliação das parcerias internacionais do Brasil - que responde pela idéia de *universalismo* -

---

[579] Sobre o assunto, v. Silva Neto, Antônio Francisco da Costa e, "A Evolução do Conceito de Desenvolvimento e seu Reflexo na Política Externa Brasileira", *in* Danese, Sérgio França (org.), *Ensaios de História Diplomática do Brasil (1930-1986)*, Brasília, IPRI, 1989, p. 131-42.

[580] Lafer, Celso, "Introdução. Horácio Lafer - Um Artífice da Modernidade do Brasil", *in Horácio Lafer - Discursos Parlamentares*, Brasília, Câmara dos Deputados, 1988, p. 63.

[581] Seixas Corrêa, "O Discurso da Diplomacia Brasileira na Assembléia Geral da ONU", ob. cit., p. 117-8.

Comércio internacional e política externa brasileira

e pela crescente importância do multilateralismo econômico.[582] Nas palavras de Hélio Jaguaribe,

> "As relações internacionais deixaram de ser consideradas expressão de meras afinidades ou incompatibilidades entre povos para serem entendidas como um esforço global para o atendimento, na área internacional, das necessidades de cada país. E a política exterior deixou de ser concebida como assunto privativo das chancelarias para tornar-se objeto da preocupação pública".[583]

Como um desdobramento da OPA, o esboço de uma política exterior de âmbito universal e multilateral, não sujeita a alinhamentos automáticos, começa a se delinear com o restabelecimento das relações comerciais com a União Soviética, em dezembro de 1959. O comércio com a URSS, implementado por Horácio Lafer, era possibilitado externamente pela *détente* na confrontação Leste-Oeste, e colocava em questão a normalização das relações diplomáticas com o governo soviético, interrompidas desde 1947. O governo brasileiro procurou também se aproximar das nações afro-asiáticas, com vistas à ampliação das trocas comerciais.[584] Além do posicionamento brasileiro no GATT, favorável à não-reciprocidade para os países em desenvolvimento, o Itamaraty acompanhava de perto o processo de análise de compatibilidade da Comunidade Econômica Européia (1957) com as regras multilaterais de comércio.[585]

6.3. A POLÍTICA EXTERNA INDEPENDENTE (PEI)

Retomando a orientação inaugurada por Juscelino Kubitschek, Jânio Quadros inicia, com Affonso Arinos na Chancelaria, uma *política externa independente*, orientada para a otimização dos interesses brasileiros no cenário internacional, nos moldes do *desenvolvimento do espaço nacional* preconizado por Rio Branco.[586] Seixas Corrêa ob-

---

[582] Sato, ob. cit., p. 8.

[583] Jaguaribe, *O Nacionalismo na Atualidade Brasileira*, ob. cit., p. 221.

[584] Cervo & Bueno, ob. cit., p. 267-8.

[585] Sobre o assunto, v. Capítulo 4, item 4.5, e Capítulo 5, item 5.3.3 deste livro.

[586] Sobre o assunto, v. Álvares, Vera Cíntia, "Reflexões sobre o Surgimento da Política Externa Independente na Gestão de Jânio Quadros", *in* Danese, Sérgio França (org.), *Ensaios de História Diplomática do Brasil (1930-1986)*, Brasília, IPRI, 1989, p. 79-87; Cruz, José Humberto de Brito, "Aspectos da Evolução da Diplomacia Brasileira no Período da Política Externa Independente (1961-1964)", *in* Danese, Sérgio França (org.), *Ensaios de História Diplomática do Brasil (1930-1986)*, Brasília, IPRI, 1989, p. 65-78.

serva que não constituindo preocupação imediata do País as questões da paz, segurança e delimitação territorial - que são os grandes temas tradicionalmente associados à atividade diplomática -, o desafio do desenvolvimento nacional tornava-se o vetor predominante na atuação do Itamaraty.[587] Sem descuidar do regional, que havia sido a prioridade dos anos iniciais de JK, a nova política externa enfatizava o universal, informada por um pragmatismo desprovido de preconceitos ideológicos, uma vez que o comércio não tem ideologia.[588] Nas palavras de José Honório Rodrigues,

> "O Brasil, com seu continente territorial e sua grande população, tem um poder dinâmico que gera forças históricas e não pode mais aceitar o argumento de que sua política nacional, sua opinião sobre o mundo esteja subordinada aos interesses gerais ou à política geral de outra qualquer Nação. O interesse nacional, isto é, a soma dos interesses do seu povo e da União, determina sua política externa".[589]

6.3.1. A recusa aos alinhamentos automáticos

Para melhor consecução de seus objetivos, Quadros adotava uma postura de independência frente às outras nações, sem compromissos prévios com quaisquer dos blocos, recusando os alinhamentos automáticos característicos do período da bipolaridade:[590] deveria ser ela própria do Brasil, e não alinhada à política de outros países.[591]

---

[587] Seixas Corrêa, Luiz Felipe de, "O Brasil e o Mundo no Limiar do Novo Século: Diplomacia e Desenvolvimento", *Revista Brasileira de Política Internacional*, 42 (1): 5-29, 1999, p. 17.

[588] Rodrigues, ob. cit., p. 67. Como observa Rodrigo Amado, "a PEI, instituída no governo Quadros, resultou da consciência de que o Brasil já não podia ficar confinado aos princípios do pan-americanismo. Com o fracasso da Operação Pan-Americana (OPA), ficava evidente que a relação especial Brasil-Estados Unidos jamais sairia do papel." Amado, Rodrigo, "A Política Externa de João Goulart", *in* Albuquerque, José Augusto Guilhon (org.), *Sessenta Anos de Política Externa (1930-1990) - Crescimento, Modernização e Política Externa*, vol. I, Cultura, 1996, p. 284.

[589] Rodrigues, ob. cit., p. 91.

[590] Cervo & Bueno, ob. cit., p. 279 e ss. É interessante notar, neste período, a contraposição ideológica que existia, no plano interno, entre a Escola Superior de Guerra (ESG) e o Instituto Superior de Estudos Brasileiros (ISEB). Enquanto a primeira via o mundo sob a ótica do conflito Leste-Oeste, o ISEB tinha por matriz o pensamento nacionalista e desenvolvimentista, sob influência direta da CEPAL, enfatizando a necessidade da industrialização em virtude da deterioração dos termos de troca de produtos primários. Amado, ob. cit., p. 285.

[591] Nas palavras de San Tiago Dantas, "essa posição de independência permite que procuremos, diante de cada problema ou questão internacional, a linha de conduta mais consentânea com os objetivos a que visamos sem a prévia vinculação a blocos de nações (...). O Brasil será levado, graças à posição independente em que se colocou, a tomar atitudes e participar de iniciativas, que ora o aproximarão de determinados Estados, ora poderão alinhá-lo com Estados de orientação diferente." Dantas, San Tiago, *Política Externa Independente*, Rio de Janeiro, Civilização Brasileira, 1962, p. 18.

Como apontava José Honório Rodrigues, "não somos contra ninguém, somos, apenas, a favor de nós mesmos, como povo que aspira ao progresso econômico e à justiça social".[592] Discursando por ocasião da XVI AGNU (1961), Affonso Arinos de Mello Franco lembrava que,

> "O mundo não está somente dividido em Leste e Oeste. Esta separação ideológica faz esquecer a existência de outra divisão, não ideológica mas econômico-social, que distancia o hemisfério Norte do hemisfério Sul. Se a aproximação entre Leste e Oeste poderia ser atingida em termos de acomodação ideológica, a diminuição da enorme diferença entre Norte e Sul só será alcançada planejadamente, através do auxílio eficaz dos países desenvolvidos do Norte aos povos subdesenvolvidos do Sul".[593]

6.3.2. A busca pela universalização das relações comerciais

O imperativo do desenvolvimento, que passava a ser a tônica da atuação externa brasileira, reclamava o aumento de seu comércio exterior, focalizando a ampliação dos mercados, independentemente de orientações ideológicas. Como apontava Affonso Arinos, "as diferenças ideológicas não impedirão, por si mesmas, que o Brasil mantenha relações com outros Estados".[594] O primeiro passo foi a abertura para a África, acreditando Jânio Quadros que o Brasil deveria tornar-se o elo, a ponte entre o continente africano e o Ocidente. Para Quadros, as aspirações africanas coincidiam com a posição brasileira: luta pelo desenvolvimento, defesa dos produtos de base e industrialização - daí a importância da dinamização das relações intercontinentais.[595] Num momento posterior, procurou ampliar o relacionamento com Leste europeu, restabelecendo os laços diplomáticos com a Hungria, Romênia, Bulgária e Albânia, interrompidas desde o término da Segunda Guerra. JQ também iniciou as discussões sobre o reatamento das relações diplomáticas com a União Soviética,

---

[592] Rodrigues, ob. cit., p. 68. Ainda nas palavras de Rodrigues, "é um equívoco comprometer o Brasil incondicionalmente, pois nossos compromissos são com os nossos interesses nacionais. Por isso mesmo é um erro fazer abertamente uma opção de fidelidade ao chamado Ocidente. Não devemos ter limitações nos entendimentos que pretendam defender nossos interesses e nos desentendimentos que nos ameacem. Esta é a posição nacionalista, própria e independente." Rodrigues, ob. cit., p. 212.

[593] FUNAG, ob. cit., p. 143.

[594] Idem, p. 145.

[595] Araújo, Braz José, "A Política Externa no Governo Jânio Quadros", in Albuquerque, José Augusto Guilhon (org.), *Sessenta Anos de Política Externa (1930-1990) - Crescimento, Modernização e Política Externa*, vol. I, Cultura, 1996, p. 264.

interrompidas desde 1947, e enviou à China uma missão comercial chefiada pelo vice-presidente João Goulart.[596]

Essa política externa independente, que acabou por aproximar o Brasil do bloco socialista, incentivou a conservadora União Democrática Nacional (UDN), que apoiara a eleição de Quadros, a colocar-se em oposição ao Presidente, que renunciaria em agosto de 1961. As mudanças ocorridas na política interna não alteram, entretanto, os rumos da política exterior independente, seguida por João Goulart tendo à frente da Chancelaria San Tiago Dantas, na fase parlamentarista, e Araújo Castro, na fase final do presidencialismo. Com Jango, além das reformas de base, que seriam operadas no nível interno, o relacionamento externo do País e a universalização de nossas relações continuavam sendo faces do caminho para o desenvolvimento e, neste particular, a ampliação do mercado externo permanece como alta prioridade.[597]

6.3.3. San Tiago Dantas na Chancelaria

Foi com San Tiago Dantas que a política externa independente, de maximização dos interesses nacionais no plano internacional, conheceu competente formulação e eficaz implementação,[598] desmitificando a *ideologização* de nossa política externa, e asseverando seu papel como instrumento de renovação e impulso ao desenvolvimento do País.[599] Para tanto, San Tiago Dantas enfatizava os vetores latino-americanos da política exterior brasileira, e o papel dos países socialistas na ampliação de nosso comércio exterior, sem abandonar as possibilidades de incremento das relações comerciais com os Estados Unidos e a Europa Ocidental. Nas palavras do Chanceler,

"A rápida ampliação do mercado externo de nossos produtos tornou-se um imperativo do desenvolvimento do país. (...) Daí dever ser a conquista de mercados a tônica de nossa política econômica exterior.

É certo que a simples expansão de exportações de produtos primários não representa a solução total de um problema sobre o qual atua permanentemente o fato negativo da deterioração dos termos de comércio, ou seja, a desvalorização contínua dos produtos primários em relação às manufaturas. Mas o crescimento quantitativo é indispensável, e para isso não podemos contar

---

[596] Cervo & Bueno, ob. cit., p. 284 e ss.

[597] Idem, p. 292 e ss.

[598] Jaguaribe, "Introdução Geral", ob. cit., p. 29.

[599] Amado, ob. cit., p. 287.

apenas com a capacidade potencial de absorção dos mercados que já freqüentamos.[600]

Não menos importante que o rótulo de *independência* foi a conformação do processo de *universalização* de nossa política externa. San Tiago Dantas normaliza as relações com a União Soviética[601] - processo já iniciado por Affonso Arinos -, prepara o reconhecimento da China - efetivado nos anos setenta - e estreita as relações com a América Latina, em geral, e com a Argentina, em particular. Dantas, retomando o vetor diplomático inaugurado por Horácio Lafer, acreditava estar superado o período de rivalidade entre Argentina e Brasil, afirmando que os dados econômicos apontavam no sentido da integração, "não só pelo que tinha de complementar entre as duas economias, mas também pelo que representaria a integração dos dois mercados. Brasil e Argentina seriam o núcleo de um grande mercado latino-americano".[602]

6.3.4. Araújo Castro: a continuidade da independência

O sucessor de San Tiago Dantas na pasta das relações exteriores, Araújo Castro, que esteve à frente da Chancelaria nos últimos meses do Governo Goulart, seguiu as mesmas linhas anteriormente determinadas. Durante a XVIII AGNU (1963), Araújo Castro profere o importante discurso dos três Ds - desarmamento, desenvolvimento e descolonização[603] - que tencionava ampliar o poder dos países médios e pequenos na construção da ordem internacional, através da descolonização, que favorecesse o desenvolvimento num contexto de paz e segurança internacionais pela atuação em prol do desarmamento.[604] Nas palavras do Chanceler,

"A luta pelo desarmamento é a própria luta pela Paz e pela igualdade jurídica de Estados que desejam colocar-se a salvo do medo e da intimidação. A luta pelo desenvolvimento é a própria luta pela emancipação econômica e pela justiça social. A luta pela

---

[600] Dantas, ob. cit., p. 11 e ss.

[601] A reaproximação com a União Soviética, na formulação de San Tiago Dantas, era ditado por razões econômicas, vale dizer, aumento dos mercados de destino de nossas exportações, e não tinha "qualquer significação ideológica, nem implica simpatia, ou mesmo tolerância, em relação a regimes que se inspiram em princípios diversos dos que informam o sistema democrático representativo, que praticamos." Dantas, ob. cit., p. 25.

[602] Cervo & Bueno, ob. cit., p. 297.

[603] O discurso dos três Ds seria retomado pelo Chanceler Celso Amorim por ocasião da XLVIII (1993) AGNU, substituindo a descolonização pela democracia. Sobre o assunto, v. FUNAG, ob. cit., p. 555-68.

[604] Para uma transcrição do discurso do Ministro Araújo Castro, v. FUNAG, ob. cit., p. 161-79.

descolonização, em seu conceito mais amplo, é a própria luta pela emancipação política, pela liberdade e pelos direitos humanos".[605]

No plano do desenvolvimento, Araújo Castro aponta três áreas prioritárias: a industrialização - que seria capaz de assegurar a emancipação econômica dos países em desenvolvimento no curto prazo -, a mobilização de capital - pelo aumento dos investimentos e empréstimos públicos estrangeiros, propondo inclusive a criação de um organismo de assistência financeira, o Fundo de Capital, no âmbito das Nações Unidas[606] - e a ampliação do comércio, levando em conta, no processo de conformação das regras multilaterais sobre o comércio internacional, a especial situação dos países em desenvolvimento[607] - daí a convocação, pela Assembléia Geral da ONU, da Conferência das Nações Unidas para o Comércio e o Desenvolvimento, a UNCTAD (1964).

6.4. O RETORNO AOS LIMITES ESTREITOS DA BIPOLARIDADE

A implantação do autoritarismo no País, a partir de 1964, marca um curto período de retrocesso no posicionamento exterior brasileiro, abandonando a independência para adotar o alinhamento automático ao bloco americano a partir de uma visão maniqueísta do mundo, de forte conotação ideológica.[608] No imediato pós-1964, a política exterior volta a pautar-se nos lindes estreitos da bipolaridade, uma vez que o próprio perfil do novo governo refletia a confrontação ideológica que havia levado à deposição de Jango, abandonando a visão pela qual o não-alinhamento constituiria fator

---

[605] FUNAG, ob. cit., p. 163.

[606] Na proposta brasileira, o Fundo de Capital das Nações Unidas, que seria integrado por todos os países-membros da ONU, teria por função conceder empréstimos e doações diretas. Em contraposição às instituições de Bretton Woods - FMI e BIRD -, seus recursos seriam administrados de forma a atribuir a todos os países-membros igual poder decisório, independentemente de sua capacidade de contribuição. Araújo Castro também propunha que uma parcela substancial dos recursos liberados pela política de desarmamento fosse destinada ao Fundo. Sobre esta idéia de dividendos para a paz, v. Lafer, *Comércio, Desarmamento, Direitos Humanos*, ob. cit., p. 95-107.

[607] FUNAG, ob. cit., p. 168-73.

[608] A frase-lema de Juracy Magalhães, Chanceler de Castello Branco - "o que é bom para os Estados Unidos é bom para o Brasil" -, ilustra a alteração de vetor da política externa brasileira. Sobre o assunto, v. Souza, Rodrigo do Amaral, "Da Política Externa Independente à Política Externa Interdependente: o Governo Castello Branco", *in* Danese, Sérgio França (org.), *Ensaios de História Diplomática do Brasil (1930-1986)*, Brasília, IPRI, 1989, p. 89-100.

positivo e enriquecedor das oportunidades diplomáticas para o Brasil.[609] A política externa torna-se, então, uma simplista defesa de princípios, apartada da satisfação dos legítimos interesses nacionais, o que, nas palavras de Hélio Jaguaribe, "é um dos piores equívocos em que possa incidir uma política externa".[610]

6.5. O PRAGMATISMO RESPONSÁVEL

O retrocesso inicial de abandono dos pressupostos fundamentais de nossa conduta diplomática, inaugurado no governo Castello Branco (1964-6), passa por Costa de Silva (1967-9) e perdura até final do governo Médici (1970-3), que marca o apogeu do milagre econômico, num cenário internacional de crescimento que Hobsbawn caracteriza como a *golden age* do breve século XX.[611] A administração de Ernesto Geisel (1974-9), que teve à frente do Itamaraty o Chanceler Azeredo da Silveira,[612] retoma o posicionamento de otimização dos interesses nacionais no cenário internacional, conduzindo uma política de *pragmatismo responsável* que se aproximava, num contexto interno e internacional diverso do período anterior, da idéia de uma política externa independente (PEI).[613] Silveira, discursando perante a XXIX AGNU (1974), afirmava, num tom grociano, que a política externa brasileira exploraria todas as vias de entendimento por acreditar que a cooperação é mais eficaz do que o antagonismo, e que o respeito mútuo superaria as ambições de preponderância. Nas palavras do Chanceler,

> "Nossa conduta, para alcançar esses objetivos, é pragmática e responsável. Pragmática, na medida em que buscamos a eficácia e estamos dispostos a procurar, onde quer que nos movam os interesses nacionais brasileiros, as áreas de convergência e as

---

[609] Como observa Luiz Felipe de Seixas Corrêa, "a posição do Brasil doravante decorreria da fidelidade básica da sociedade ao sistema democrático ocidental, assumindo-se como legítimas as políticas destinadas a satisfazer interesses individuais das potências guardiãs do mundo ocidental." Seixas Corrêa, "O Discurso da Diplomacia Brasileira na Assembléia Geral da ONU", ob. cit., p. 98.

[610] Jaguaribe, "Introdução Geral", ob. cit., p. 30.

[611] Para uma síntese do período, v. Fausto, Boris, *História do Brasil*, 4ª ed., São Paulo, Edusp, 1996, p. 463-88. Sobre a era de ouro do pós-Segunda Guerra, marcada por elevadas taxas de crescimento econômico e do comércio internacional, v. Hobsbawn, Eric, *Era dos Extremos - O Breve Século XX (1914-1991)*, trad. Marcos Santarrita, São Paulo, Companhia das Letras, 1995, p. 223 e ss.

[612] Para uma transcrição dos discursos do Ministro Azeredo da Silveira perante a AGNU, de 1974 (XXIX) a 1978 (XXXIII), v. FUNAG, ob. cit., p. 299-350.

[613] Para uma análise comparativa destas duas políticas, v. Fonseca Jr., ob. cit., p. 293-352.

faixas de coincidência com os interesses nacionais de outros povos. Responsável, porque agiremos sempre na moldura do ético e exclusivamente em função de objetivos claramente identificados e aceitos pelo povo brasileiro".[614]

6.5.1. Interesses e situações

Na concepção do Chanceler Azeredo da Silveira, num mundo em constante mutação, não haveria coincidências permanentes nem divergências perenes: refutando os alinhamentos automáticos, acreditava ser o objeto de toda ação diplomática não *países*, mas *situações*. Por outras palavras, não existiriam aliados ou inimigos perpétuos, mas sim *interesses* eternos.[615] Como lembra Souto Maior,

"A ênfase na identificação ideológica com o bloco político-militar ocidental, que caracterizara o governo Castelo Branco e que apenas fora atenuada durante a gestão do General Costa e Silva, cedeu lugar a uma orientação mais pragmática. A nova linha de atuação diplomática passou a dar prioridade aos interesses nacionais autonomamente definidos, rejeitando um alinhamento automático e apriorístico com o Mundo Ocidental, com cujos valores declarava, entretanto, seguir identificando-se".[616]

6.5.2. Causas da reorientação da política exterior

A reorientação da política exterior, operada por Azeredo da Silveira no quadro do pragmatismo responsável, deveu-se a dois elementos principais: de um lado, a primeira crise do petróleo (1973), ao evidenciar a dependência do modelo de desenvolvimento brasileiro de fontes externas de energia, conduziu a uma política de aproximação com o mundo árabe, fora dos alinhamentos automáticos da bipolaridade; de outra sorte, o alinhamento incondicional ao mundo ocidental afastava cada vez mais o Brasil dos países em desenvolvimento e latino-americanos, arriscando-se o País a um isolamento diplomático nos foros multiltaterais.[617] Além destas condicionantes do cenário internacional, caracterizado pela *détente* no enfrentamento Leste-Oeste, e pela disjunção entre ordem e poder

---

[614] FUNAG, ob. cit., p. 303.

[615] Souto Maior, Luiz Augusto, "O Pragmatismo Responsável", *in* Albuquerque, José Augusto Guilhon (org.), *Sessenta Anos de Política Externa (1930-1990) - Crescimento, Modernização e Política Externa*, vol. I, Cultura, 1996, p. 341-2.

[616] Idem, p. 337.

[617] Seixas Corrêa, "O Discurso da Diplomacia Brasileira na Assembléia Geral da ONU", ob. cit., p. 104.

Comércio internacional e política externa brasileira

com o surgimento de novos centros econômicos - notadamente o Japão e o continente europeu[618] -, a modernização econômica levada a efeito pelos militares havia alterado em profundidade o perfil da economia brasileira: crescimento, industrialização e diversificação dos mercados externos e da pauta de exportações responderiam, para voltar a Celso Lafer, por uma política exterior entre o Ocidente e o Terceiro Mundo.[619]

6.5.3. A reafirmação do universalismo

O pragmatismo responsável asseverava que a diplomacia brasileira estaria a serviço, em particular, de nossos interesses comerciais, desvencilhando-se de quaisquer encargos ideológicos ou alinhamentos que pudessem inibir a busca por parcerias estratégicas no quadro geral das relações internacionais comerciais. A Chancelaria buscou, tendo a frente Azeredo da Silveira, estreitar as relações com a África e os países árabes, reatar com a China (1974), reativar o comércio com a Europa do leste e melhorar o entrosamento com a Europa Ocidental e com os países da bacia Amazônica.[620] Ao final do Governo Geisel, o País havia preenchido quase todos os vazios diplomáticos, absolutos ou relativos, deixados pelos governos anteriores, dinamizando o relacionamento com todos os países do globo, sem tabus ideológicos, respeitando-se, apenas, os interesses nacionais. Nas palavras de Souto Maior,

> "A idéia de uma política externa 'ecumênica' traduziu-se, pois, num esforço deliberado para preencher vazios diplomáticos totais ou parciais, sem preconceitos ideológicos, à luz dos interesses do país. A crise do petróleo, ao tornar imperativo assegurar fontes estáveis de suprimento e ampliar os mercados para os produtos brasileiros, tornou ainda mais evidente alguns desses vazios".[621]

Azeredo da Silveira, ao fazer um balanço de sua gestão à frente do Itamaraty (1974-8), por ocasião da XXXIII AGNU (1978), concluía que,

> "Ampliamos consideravelmente as áreas de cooperação e entendimento com nossos vizinhos da região latino-americana e os de

---

[618] Lafer, *Paradoxos e Possibilidades*, ob. cit., p. 95-148; Lafer & Peña, ob. cit., p. 15-60.

[619] Lafer, Celso, *O Brasil e a Crise Mundial - Paz, Poder e Política Externa*, São Paulo, Perspectiva, 1984, p. 101-28.

[620] Jaguaribe, "Introdução Geral", ob. cit., p. 31.

[621] Souto Maior, ob. cit., p. 356-8.

além-mar, as irmãs repúblicas da África, e com os demais países do mundo. Consolidamos amizades tradicionais e desenvolvemos amizades novas e mutuamente benéficas".[622]

6.5.4. A prioridade latino-americana

Na formulação de Silveira, a prioridade geográfica foi dada à América Latina, onde o Brasil negava ter quaisquer pretensões hegemônicas, mas intencionava desempenhar um papel protagônico.[623] Tal política de estreitamento subcontinental, entretanto, não prejudicava o caráter ecumênico de nosso relacionamento exterior, nem limitava as aspirações de atuação internacional do País, até porque o Brasil de 1974 era substancialmente diferente daquele de 1964, e as diferenças não se limitavam ao aspecto quantitativo. Como mencionamos acima, o crescimento do volume de nossas exportações fez-se acompanhar da diversificação da pauta de produtos comercializáveis, que passou a contemplar também os industrializados, e este traço distintivo afastava o País do estereótipo dos países em desenvolvimento, tradicionalmente exportadores de poucos produtos primários e importadores de manufaturas.[624]

6.5.5. O diálogo norte-sul

Os atritos que adviriam destas alterações qualitativas, notadamente com os Estados Unidos e o bloco econômico europeu, faziam com que o Brasil procurasse uma atuação concertada com outros países em desenvolvimento para a modificação de uma ordem internacional fundamentada na bipolaridade Leste-Oeste que não levava em conta seus interesses e pretensões. A dimensão Norte-Sul do jogo internacional passa, então, a ser cada vez mais enfatizada pelos países em desenvolvimento, articulados no Grupo dos 77, tendo à frente Brasil e Índia, nas brechas do confronto bipolar.[625] O diálogo Norte-Sul buscava inserir na agenda internacional, na perspectiva do Sul, a conformação de uma *nova ordem econômica internacional* a partir da conclusão de acordos intergovernamentais sobre produtos primá-

---

[622] FUNAG, ob. cit., p. 346.

[623] A título de exemplo, vale lembrar o Tratado de Cooperação Amazônica (TCA), de julho de 1978, assinado em Brasília, e cujo significado maior foi integrar o País num sistema concreto de cooperação multilateral sul-americana. A ausência de um acordo com a Argentina permanecia, entretanto, como o único grande insucesso da diplomacia brasileira no continente. Souto Maior, ob. cit., p. 349 e ss.

[624] Sato, ob. cit., p. 21-2; Souto Maior, ob. cit., p. 342-3.

[625] Sobre o tema da disjunção entre ordem e poder, que permitiu a inserção de novos interesses e aspirações na agenda internacional, v. Lafer, *Paradoxos e Possibilidades*, ob. cit., p. 95-148; Lafer & Peña, ob. cit., p. 15-60.

rios, da criação da Conferência das Nações Unidas para o Comércio e o Desenvolvimento (UNCTAD, de 1964) e pela concepção de um direito internacional do desenvolvimento.[626]

6.6. A POLÍTICA EXTERNA UNIVERSALISTA DE SARAIVA GUERREIRO

A *orientação universalista* voltada ao multilateralismo, inaugurada no governo Kubitschek, radicalizada na concepção de uma política externa independente, e retomada por Azeredo da Silveira sob o emblema do pragmatismo responsável, seria a tônica da política externa a partir de então.[627] Seu sucessor à frente do Itamaraty, o Chanceler Saraiva Guerreiro,[628] que permaneceu à frente do Ministério das Relações Exteriores durante todo o Governo do Presidente João Baptista Figueiredo (1979-84), procurou reafirmar as afinidades do Brasil com os países em desenvolvimento, em especial a América Latina, o continente africano e os países do oriente médio.[629] O Presidente Figueiredo, primeiro Chefe de Estado brasileiro a tomar a palavra do Debate-Geral, por ocasião da XXXVII AGNU (1982), após reafirmar o alinhamento do Brasil ao bloco ocidental fora do constrangimento hegemônico de superpotências ou de pressões ideoló-

---

[626] Lafer, *Comércio, Desarmamento, Direitos Humanos*, ob. cit., p. 30-3; Lafer, Celso, *A OMC e a Regulamentação do Comércio Internacional - Uma Visão Brasileira*, Porto Alegre, Livraria do Advogado, 1998, p. 20-3; Lafer, *Paradoxos e Possibilidades*, ob. cit., p. 124-6; Stern, Brigitte, *Un Nouvel Ordre Économique International?*, Paris, Economica, 1983.

[627] Sobre o assunto, v. Lessa, Antônio Carlos, "A Diplomacia Universalista do Brasil: a Construção do Sistema Contemporâneo de Relações Bilaterais", *Revista Brasileira de Política Internacional*, 41 (número especial): 29-41, 1998.

[628] Para uma transcrição dos discursos do Ministro Ramiro Saraiva Guerreiro perante a AGNU, de 1979 (XXXIV) a 1984 (XXXIX), v. FUNAG, ob. cit., p. 351-432.

[629] Como observava o Chanceler Ramiro Saraiva Guerreiro, ao se dirigir à XXXIV AGNU (1979), "para o Governo brasileiro, é motivo de satisfação que as relações com os nossos vizinhos imediatos - as nações irmãs da América Latina - estejam cada vez mais permeadas por tendências positivas. Sopram ventos de mudança na América Latina. Os países da região estão conscientes da necessidade de dar novas dimensões a seus laços históricos, através da intensificação de suas consultas políticas, do estabelecimento de novos e dinâmicos laços culturais e do aumento substancial de suas relações econômicas e comerciais. Embora conservando seus traços e peculiaridades, os países da América Latina se aproximam cada vez mais." Sobre o continente africano, Saraiva Guerreiro apontava que, "com seus vizinhos de Leste, as nações da África, o Brasil se sente especialmente ligado. Os vínculos que pudemos desenvolver através dos anos refletem não apenas a proximidade geográfica, mas também as profundas afinidades entre os nossos povos. Juntos, identificamos nosso interesse pela criação de novos padrões de cooperação econômica e técnica pelo estabelecimento de novos fluxos de bens e serviços. Juntos buscamos soluções comuns, em nossos esforços para superar os desafios do desenvolvimento e da independência, numa base de confiança e respeito mútuo." FUNAG, ob. cit., p. 355.

gicas adversas, também explicitava a vocação universalista da política externa brasileira, propugnando pela imprescindibilidade do diálogo Norte-Sul no trato das questões da agenda internacional, especialmente na conformação de uma nova ordem econômico-financeira.[630]

No decorrer da década de oitenta, as pretensões dos países em desenvolvimento por uma nova ordem econômica internacional, que tivesse por fundamento um direito ao desenvolvimento, através da cobrança coletiva do Sul por recursos financeiros e tecnológicos, entretanto, começava a perder legitimidade. O diálogo Norte-Sul, que habilmente havia sido inserido na agenda internacional pela articulação do Grupo dos 77, nas brechas da bipolaridade Leste-Oeste, cede lugar às crescentes acusações do Norte, em certa medida reconciliado pela *détente*, em relação ao Sul: respeito aos direitos humanos, adesão à não-proliferação de armas de destruição em massa, combate ao narcotráfico, ao terrorismo e à imigração ilegal, conflitos regionais e democratização.[631]

6.7. SARNEY E A BUSCA PELO RESTABELECIMENTO DA CONFIABILIDADE INTERNACIONAL DO BRASIL

No plano interno, o retorno da democracia ao País deu-lhe nova identidade, tornando-o mais sensível aos clamores da opinião pública. Como lembra Lafer, a democracia legitima, de dentro para fora, as ações externas de um Governo, conferindo-lhe o respaldo da sociedade em suas negociações diplomáticas, uma vez que existe uma relação entre a organização interna do Estado e da sociedade e a visão do mundo.[632] A democracia, ademais, não só tem um papel de legitimação da política externa, mas permite à sociedade civil expressar seus interesses específicos que serão traduzidos, ou transcritos, no plano internacional pela diplomacia.[633] Coube ao Presidente José Sarney (1985-9), e ao seu Chanceler Abreu Sodré,[634] que sucedeu

---

[630] É interessante notar nas palavras do Presidente Figueiredo, já em 1982, a posição contrária do Brasil à ampliação *ratione materiae* do GATT pela inclusão das temáticas relacionadas a serviços e investimentos na agenda multilateral. Para uma transcrição do discurso do Presidente João Baptista Figueiredo perante a XXXVII AGNU (1982), v. FUNAG, ob. cit., p. 393-408.

[631] Lafer, Celso, *Política Externa Brasileira: Três Momentos*, São Paulo, Konrad-Adenauer-Stiftung, 1993, p. 26-7.

[632] Lafer, *Ensaios Liberais*, ob. cit., p. 207-8.

[633] Lafer, *Política Externa Brasileira*, ob. cit., p. 24.

[634] Para uma reprodução dos discursos do Chanceler Roberto de Abreu Sodré perante a XLI (1986), XLII (1987) e XLIII (1988) AGNU, v. FUNAG, ob. cit., p. 453-90.

Comércio internacional e política externa brasileira

a Olavo Setúbal na chefia do Itamaraty,[635] a difícil tarefa de recuperar a projeção internacional do País, como Estado de Direito, e buscar sua reinserção no sistema das relações internacionais.[636]

O Presidente Sarney expressaria seu *sentimento de mundo* ao discursar perante a XL (1985) e a XLIV (1989) AGNU, sintetizando no Debate-Geral suas percepções sobre o sistema internacional e a posição do Brasil.[637] O projeto de reforma econômica determinaria a ênfase, mais uma vez, na busca de parcerias bilaterais e multilaterais estratégicas como formas de dinamizar o desenvolvimento econômico nacional. Como lembra Seixas Corrêa, o cenário internacional, entretanto, seria marcado por constrangimentos e restrições decorrentes do agravamento da crise da dívida externa e do controle exercido pelos países desenvolvidos sobre a agenda internacional.[638]

Falando o continente a linguagem comum da democracia representativa, foi possível um grau de coordenação e concertação latino-americana inédito, abrindo espaços para os acordos de associação e integração, notadamente entre Brasil e Argentina, que levariam à criação do Mercado Comum do Sul.[639] O Presidente Sarney buscava desfazer a impressão, difundida durante os anos autoritários, de que o Brasil não tinha interesse pela América Latina e, com vistas a assumir o papel que lhe cabia no cenário regional, normaliza as relações com Cuba (1986). Os diálogos com a China se intensificariam, e seriam consolidados com uma visita de Sarney à República Popular (1988). Na mesma ocasião, o Presidente visitou a União Soviética, firmando com Gorbatchev um memorando sobre a conformação das relações brasileiro-soviéticas.[640]

---

[635] O Chanceler Olavo Setúbal, quando conduziu o Itamaraty (1985), buscou implementar uma *diplomacia para resultados*, caracterizada como flexível, criativa e realista na implementação de uma presença mais efetiva do Brasil nos debates multilaterais e nas negociações bilaterais, com vistas a ampliar o controle do País sobre seu próprio destino. Sobre o assunto, v. Setúbal, Olavo Egydio, *Diplomacia para Resultados - A Gestão Olavo Setúbal no Itamaraty*, Brasília, MRE, 1986.

[636] As *confidence building measures* que buscavam diluir as impressões, no cenário internacional, de um Brasil autoritário, começaram pela adesão, já em 1985, aos Pactos de Direitos Humanos das Nações Unidas (1966) e à Convenção contra a Tortura (1984), instrumentos ratificados em 1992. Sobre o assunto, v. Piovesan, Flávia, *Direitos Humanos e o Direito Constitucional Internacional*, São Paulo, Max Limonad, 1996, p. 247 e ss.; Piovesan, Flávia, *Temas de Direitos Humanos*, São Paulo, Max Limonad, 1998, p. 21-47.

[637] Para uma transcrição dos discursos do Presidente José Sarney perante a XL (1985) e a XLIV (1989) AGNU, v. FUNAG, ob. cit., p. 433-51 e 491-506.

[638] Seixas Corrêa, "A Discurso da Diplomacia Brasileira na Assembléia Geral da ONU", ob. cit., p. 110.

[639] Sobre o assunto, v. Capítulo 4, item 4.9 deste livro.

[640] Seixas Corrêa, "A Discurso da Diplomacia Brasileira na Assembléia Geral da ONU", ob. cit., p. 113. Para uma ampla análise da política externa do Governo Sarney, v. Seixas Corrêa, Luiz Felipe de, "A Política Externa de José Sarney", *in* Albuquerque, José Augusto Guilhon (org.), *Sessenta Anos de Política Externa (1930-1990) - Crescimento, Modernização e Política Externa*, vol. I, Cultura, 1996, p. 361-85.

6.8. A REINSERÇÃO INTERNACIONAL DO BRASIL

Ao assumir o Governo, o Presidente Fernando Collor de Mello (1990-2) tinha a intenção declarada de alterar o paradigma de desenvolvimento nacional, fundado na política de industrialização por substituição de importações, cujo patente esgotamento havia conduzido o País à década perdida dos anos oitenta, marcada por uma combinação perversa de recessão econômica e hiperinflação, a "estagflação". Este novo modelo de desenvolvimento *voltado para fora*, cujo substrato era a idéia de *modernização*, iniciou-se com um amplo processo unilateral de desgravação tarifária, abrindo o mercado interno à competição internacional com vistas à reinserção do País no universo das relações internacionais econômicas.[641] Nas palavras de Luiz Felipe Lampreia, caberia à diplomacia brasileira promover e defender os interesses nacionais a partir de um constante aperfeiçoamento da inserção do país no mundo, pois o desenvolvimento nacional dependeria em grande medida - ainda que não exclusivamente - das oportunidades e das condições do entorno internacional.[642]

6.8.1. Alterações no plano interno e no sistema internacional

O projeto de reinserção internacional do Brasil respondia às alterações profundas vivenciadas pela sociedade brasileira durante a década de oitenta, tanto politicamente, pela bem-sucedida transição do autoritarismo militar para o regime democrático, quanto economicamente, pela crise da dívida e a hiperinflação que levaram ao esgotamento do paradigma de desenvolvimento por substituição de importações. O esgotamento deste modelo, como lembra Lafer, tornou-se ainda mais visível com as modificações operadas no plano

---

[641] Não obstante a necessidade de alteração do paradigma de desenvolvimento cepalino por substituição de importações, com vistas a um modelo *voltado para fora* que refletisse as mudanças por que passavam os cenários interno e internacional, é de se notar que a abertura econômica empreendida unilateralmente durante o Governo Collor foi realizada de forma acelerada, sem buscar contrapartidas para os produtos brasileiros nos mercados externos, notadamente no âmbito da Rodada Uruguai do GATT (1986-93), que então estava em curso. Na crítica feita pelo Embaixador Paulo Nogueira Batista, que observa ter sido esta política externa inicial desvinculada do Itamaraty, "é realmente muito difícil conceber uma abertura unilateral, acelerada e incondicional do nosso mercado interno, sem exigência de reciprocidade ou sem a precaução de salvaguardas, sem se assegurar às empresas estabelecidas no país - nacionais ou estrangeiras - condições sistêmicas de competição. É muito difícil entender que haja, de fato, sido possível ignorar o elevado risco, sobretudo numa economia em recessão, de que essa abertura fosse capaz de provocar desindustrialização e desemprego, de gerar atraso ao invés de modernizar o Brasil." Batista, Paulo Nogueira, "A Política Externa de Collor: Modernização ou Retrocesso?", *Política Externa*, 1 (4): 106-35, 1993, p. 120-1.

[642] Lampreia, Luiz Felipe, "O Brasil e o Atual Ordenamento Político e Econômico Mundial", *Cadernos do IPRI*, (7): 5-39, 1993, p. 10-4.

Comércio internacional e política externa brasileira

internacional, a partir da queda do Muro de Berlim (1989) e o desmantelamento da União Soviética (1991), eventos que emblematizam o papel da cooperação internacional no processo de desenvolvimento interno.[643]

Neste particular, as revoluções tecnológica e científica, operadas nos domínios do tempo e do espaço, que logram tornar o tempo mais rápido - pelos progressos nas comunicações - e o espaço menor - pela diminuição nos custos dos transportes - diluíram as diferenças entre o *interno* e o *externo*, tornando imperativo o processo de uma adequada inserção dos países no sistema das relações internacionais, especialmente econômico-comerciais. Daí a impossibilidade de desenvolvimento pelo nacionalismo de fins num cenário internacional que deixava de se apresentar para o Brasil como uma externalidade.[644] Na síntese feita por Celso Lafer,

> "Enquanto prevaleceu um sistema internacional de polaridades definidas, Leste/Oeste, Norte/Sul, e o processo de substituição de importações, baseado na escala continental do país teve dinamismo econômico, a política externa do Brasil buscou, na lógica de um nacionalismo de fins, a autonomia pela distância. Esta busca foi operada de forma flexível e construtiva, com uma conduta diplomática de estilo grociano, voltada para explorar os nichos de oportunidade, oferecidos pela convivência competitiva da bipolaridade. O objetivo, na formulação de San Tiago Dantas, era o de desenvolver-se para emancipar-se. Emancipar-se, no plano externo, do peso da assimetria da estratificação internacional. Emancipar-se, no plano interno, do peso da 'exclusão social', como uma das 'falhas' da formação do país".[645]

6.8.2. Celso Lafer na Chancelaria

Collor discursou no Debate-Geral das Nações Unidas por ocasião da XLV (1990) e da XLVI (1991) AGNU, expondo seu programa de modernização e enfatizando de modo especial a temática ambiental, e suas relações com o desenvolvimento - desdobramento dos preparativos para a Conferência das Nações Unidas sobre Meio Ambiente e Desenvolvimento, que se realizaria no Rio de Janeiro (1992) -, além da constituição do Mercosul (1991), que seria compatível com o projeto de integração hemisférica proposto pelo Presidente Bush (1990) -

---

[643] Lafer, "A Identidade Internacional do Brasil e a Política Externa Brasileira", ob. cit., p. 60.

[644] Idem, p. 60-1.

[645] Idem, p. 55.

a Iniciativa para as Américas.[646] Em abril de 1992, no espectro de uma reforma ministerial que pudesse dar maior respaldo político ao Presidente Collor, assume a Chancelaria Celso Lafer, retomando o projeto de reinserção internacional do Brasil para promoção do desenvolvimento interno.[647] Lafer, em seu discurso de posse no Palácio do Itamaraty, enfatizava a idéia de que toda diplomacia requer uma combinação de tradição e inovação, e de que seria preciso criar o novo a partir do existente. Nas palavras do Chanceler,

"Entendo que o realismo é o ponto de partida da formação da política externa, mas não pode ser seu ponto de chegada, pois isso representaria mera acomodação ao peso dos fatos e dos condicionamentos. Uma política externa para um país como o nosso requer uma 'visão de futuro'. É essa que dá sentido à atuação diplomática. Permite combinar a vontade de transformar e a razão moderadora, a luta em prol de objetivos éticos e o sentido de realidade, de maneira a ensejar para o Brasil um papel afirmativo no processo de reforma, ora em curso, da ordem mundial".[648]

Retomando a idéia de que o papel da política externa deve ser compatibilizar as necessidades internas com as possibilidades externas, e de que as demandas da sociedade devem ser, dentro de critérios objetivos e consensuais, satisfeitas com o aproveitamento das oportunidades oferecidas pela conjuntura internacional, Celso Lafer desenvolve duas dimensões que serviriam de substrato à atuação internacional do Brasil: a primeira refere-se à própria estrutura do sistema internacional, suas regras gerais e específicas; a segunda dimensão da ação diplomática relaciona-se com o âmbito da política externa brasileira, focalizando suas parceiras no cenário internacional.[649]

6.8.2.1. Adaptação criativa e visão de futuro

Na dimensão estrutural do sistema internacional, Celso Lafer propõe duas diretrizes conceituais para orientação da diplomacia: adaptação criativa e visão de futuro, o que confirmaria, para Lampreia, que a negociação com ânimo de compromisso e barganha não é alienação de soberania, mas soberania em exercício ativo e construtivo.[650] Para Lafer, embora a diplomacia seja a arte de traduzir necessidades internas em possibilidades externas, essa tradução não

---

[646] Para uma transcrição dos discursos do Presidente Collor perante a XLV (1990) e a XLVI (1991) AGNU, v. FUNAG, ob. cit., p. 507-36.

[647] Sobre o assunto, v. Lafer, Celso, *Desafios: Ética e Política*, São Paulo, Siciliano, 1995, p. 181-98.

[648] Lafer, *A Inserção Internacional do Brasil*, ob. cit., p. 33.

[649] Lafer, *Política Externa Brasileira*, ob. cit., p. 33.

[650] Lampreia, "O Brasil e o Atual Ordenamento Político e Econômico Mundial", ob. cit., p. 14.

Comércio internacional e política externa brasileira

é literal, mas *criativa* uma vez que, como observa Hannah Arendt, o poder não é um dado do mundo fático, mas deve ser construído pelo agir conjunto, a partir de um complexo e abrangente processo de negociação.[651]

Esta *adaptação criativa*, por outro lado, deve ser inspirada por uma *visão de futuro*, um mínimo de utopia sem o qual o peso dos fatos e dos condicionamentos não pode ser superado - numa palavra, a política externa brasileira, não obstante tenha por ponto de partida o realismo, dele não faz seu ponto de chegada.[652] Como aponta Celso Lafer, a tradução criativa das necessidades internas em possibilidades externas, inspirada por uma visão de futuro, permite transformar a realidade em que atua, ampliando o universo possível do posicionamento exterior brasileiro, pois para um país como o Brasil não faz sentido a acomodação dos interesses nacionais ao estrito realismo do permissível da conjuntura internacional.[653] Discursando por ocasião da XLVII (1992) AGNU, esclarecia o Chanceler que,

"Adaptação criativa significa que estamos dispostos a trabalhar dentro da realidade internacional vigente, com todas as suas limitações, para encontrar novos patamares de convivência, superiores aos existentes. Visão de futuro é o elemento que nos inspira a ir além da ação pragmática e agir sobre ela para aproximar a realidade dos ideais que nos movem. O consenso é um processo que requer construção contínua. Não se enquadra dentro da teoria do contratualismo clássico, como se a organização social representasse uma conquista acabada. Ao contrário, o contrato social nacional e internacional necessita de constante atualização. Daí a relevância da visão de futuro".[654]

6.8.2.2. Parcerias estratégicas e nichos de oportunidade

Na dimensão do âmbito de nosso relacionamento diplomático, e da adequada inserção do País no cenário internacional, sobres-

---

[651] Arendt, Hannah, *Crises da República*, trad. José Volkmann, São Paulo, Perspectiva, 1973, p. 123; Lafer, Celso, *Hannah Arendt - Pensamento, Persuasão e Poder*, Rio de Janeiro, Paz e Terra, 1979, p. 35 e ss.

[652] Lafer, *Política Externa Brasileira*, ob. cit., p. 33 e 39.

[653] Idem, p. 44 e 46-7. Como afirma Lafer, "a atividade diplomática não implica a mera submissão dos interesses nacionais ao permissível de cada época histórica da vida mundial. Se é irrealista prescindir de uma análise objetiva da conjuntura internacional a cada momento de sua evolução, seria por outro lado imobilismo imperdoável para um país como o Brasil não ter em mente que o trabalho diplomático transforma, por sua ação, a realidade em que atua, criando sempre novas possibilidades que não estavam dadas." Lafer, *A Inserção Internacional do Brasil*, ob. cit., p. 286.

[654] FUNAG, ob. cit., p. 544.

saem, na formulação de Lafer, as noções de parcerias estratégicas e nichos de oportunidade, que se relacionam com a inserção competitiva do Brasil nos vários espaços de nossa atuação diplomática - multilateral, continental, regional, sub-regional e bilateral - com vistas ao aproveitamento das potencialidades do relacionamento internacional do Brasil.[655] A diversificação do comércio exterior brasileiro, seja quanto aos parceiros, seja em relação à pauta de produtos transacionados, evidencia a vocação nitidamente universalista e não-excludente que inspira nossa atuação diplomática também no plano do comércio internacional. Nas palavras de Rubens Ricupero,

"No comércio como na vida, ganha-se mais jogando em todos os tabuleiros do que limitando-se a um só. Para o Brasil, cujo comércio exterior tem estrutura diversificada, sem nenhum parceiro que absorve mais de um quarto de suas exportações, essa verdade é ainda mais evidente".[656]

6.9. A GESTÃO DO MINISTRO LAMPREIA NO ITAMARATY: CONTINUIDADE NO PROJETO DE REINSERÇÃO INTERNACIONAL DO BRASIL

O vetor do relacionamento externo brasileiro, de reinserção internacional do Brasil, retomado com Lafer à frente da Chancelaria, iria pautar a atuação do Itamaraty a partir de então, perdurando nos governos dos presidentes Itamar Franco (1992-4) e Fernando Henrique Cardoso (1995-).[657] Como aponta o Chanceler Luiz Felipe Lampreia, a maior permeabilidade das fronteiras nacionais, que enfatizou a impossibilidade da ação individual no trato de questões que são ontologicamente transnacionais, tornou imperativo o relacionamento externo.[658] Esse relacionamento procura implementar o desenvolvimento do espaço nacional pela participação ativa na conformação da ordem internacional através de um complexo e abrangente processo de elaboração das normas que circunscrevem o

---

[655] Lafer, *Política Externa Brasileira*, ob. cit., p. 36.

[656] Ricupero, Rubens, *O Ponto Ótimo da Crise*, Rio de Janeiro, Revan, 1998, p. 236.

[657] Para uma transcrição dos discursos do Chanceler Celso Amorin perante a XLVIII (1993) e XLVIX (1994) AGNU, v. FUNAG, ob. cit., p. 555-79. Para uma reprodução dos discursos do Chanceler Luiz Felipe Lampreia por ocasião da L (1995), LI (1996), LII (1997) e LIII (1998) AGNU, v. Lampreia, *Diplomacia Brasileira*, ob. cit., p. 331-82. Para uma síntese da política externa no governo Fernando Henrique Cardoso, v. Lampreia, Luiz Felipe, "A Política Externa do Governo FHC: Continuidade e Renovação", *Revista Brasileira de Política Internacional*, 42 (2): 5-17, 1998.

[658] Lampreia, *Diplomacia Brasileira*, ob. cit., p. 78.

desenvolvimento das relações internacionais. Por isso, o Ministro Lampreia, não obstante uma reticência na rotulação da política exterior de Fernando Henrique Cardoso - por acreditar sempre reducionista a utilização de um *slogan* - aponta como síntese de sua gestão no Itamaraty a *autonomia pela participação*, sendo o grande desafio da diplomacia dos nossos dias saber conciliar, em atenção aos interesses do País, a soberania com a interdependência.[659]

6.9.1. Autonomia pela participação

Gelson Fonseca Jr. observa, com propriedade, que a diplomacia brasileira ao longo da guerra fria pode ser caracterizada como a busca da *autonomia pela distância*, vale dizer, a política exterior acabava por aceitar um alinhamento/distância do mundo ocidental de forma qualificada, procurando moldar o posicionamento externo brasileiro pelas vantagens concretas que o País conseguisse nas brechas do conflito bipolar Leste-Oeste.[660] A política externa independente (PEI) de Affonso Arinos, San Tiago Dantas e Araújo Castro, e o pragmatismo responsável de Azeredo da Silveira emblematizam esta autonomia pela distância. Entretanto, no mundo pós-guerra fria, ao mesmo tempo em que a autonomia só pode ser alcançada pela *participação* no universo das relações internacionais - daí o conceito de *autonomia pela participação* -, a solução simplista alinhamento/não-alinhamento não procede pela fragmentação da agenda internacional, que reclama coligações de geometria variável nos processos de gestão da vida internacional. Como assinala Fonseca Jr.,

"A autonomia, hoje, não significa mais 'distância' dos temas polêmicos para resguardar o país de alinhamentos indesejáveis. Ao contrário, a autonomia se traduz por 'participação', por um desejo de influenciar a agenda aberta com valores que exprimem tradição diplomática e capacidade de ver os rumos da ordem internacional com olhos próprios, com perspectivas originais".[661]

6.9.2. O Brasil na conformação da ordem internacional

Neste cenário, os interesses *específicos* do País, como aponta Lafer, encontram-se atrelados aos seus interesses *gerais* na dinâmica de funcionamento das relações internacionais, e o Brasil, líder natu-

---

[659] Lampreia, *Diplomacia Brasileira*, ob. cit., p. 89-90; Lampreia, "O Brasil e o Atual Ordenamento Político e Econômico Mundial", ob. cit., p. 9.

[660] Fonseca Jr., *A Legitimidade e Outras Questões Internacionais*, ob. cit., p. 359-61.

[661] Idem, p. 368.

ral dos países em desenvolvimento, tem um papel fundamental na tessitura desta nova ordem, através da articulação de consensos por coligações de geometria variável.[662] Para tanto, muito contribui a ampliação de seu *soft power* da credibilidade e da confiabilidade no trato de temas globais como meio ambiente, democracia, direitos humanos e não-proliferação,[663] que o habilita como instância mediadora e articulador de consensos - consensus builder - no plano internacional. O papel do Brasil, neste particular, é relevante na construção de uma ordem mais democrática, que reflita as aspirações dos países em desenvolvimento.[664] Para voltar a Lafer, num mundo marcado pela competição econômica, e não mais pelo reducionismo da confrontação bipolar político-ideológico-militar, o poder passa a assumir novas feições.[665] Como aponta Rubens Antônio Barbosa,

> "Por ser um país de contrastes, desenvolveu a capacidade de compreender pontos de vista diferentes, tanto dos países em desenvolvimento como dos desenvolvidos, e de criar pontes de entendimento entre eles".[666]

---

[662] Lafer, "A Identidade Internacional do Brasil e a Política Externa Brasileira", ob. cit., p. 63-4. Nas palavras do Chanceler Luiz Felipe Lampreia, estas coligações de geometria variável "agregam países em torno de um objetivo comum único. Alcançado o objetivo, a coalizão é suspensa. Tais grupos acrescentam um enorme dinamismo às relações internacionais contemporâneas e constituem um campo novo para a prática diplomática." Lampreia, "O Brasil e o Atual Ordenamento Político e Econômico Mundial", ob. cit., p. 27-8.

[663] Na questão do meio ambiente, é de se notar a ativa participação do País na Conferência das Nações Unidas sobre Meio Ambiente e Desenvolvimento (Rio de Janeiro, 1992). A atuação positiva em prol da democracia aparece quer no âmbito hemisférico sob os auspícios da OEA, quer no sub-regional, com a inclusão da chamada *cláusula democrática* no Mercosul. Nos direitos humanos, além da ratificação, no início da década de noventa, de importantes instrumentos regionais e multilaterais - Convenção Interamericana (1969) e Pactos da ONU sobre Direitos Civis e Políticos e Direitos Econômicos, Culturais e Sociais (1966), por exemplo - o Brasil teve uma importante participação na Convenção de Viena (1993). Quanto à não-proliferação, uma alteração de posicionamento diplomático com vistas à ampliação de seus ativos pelo *soft power* levou o Brasil a assinar e ratificar o Tratado de não-Proliferação de Armas Nucleares (TNP, de 1968) e o Tratado de Proibição Completa de Testes Nucleares (CTBT, de 1996).

[664] Nas palavras de Ronaldo Mota Sardenberg, "o processo de reestruturação e reacomodação da macroestrutura de poder oferece oportunidade ímpar para a participação criativa na formulação da nova agenda internacional. É necessário ter presente que essas acomodações são muito infreqüentes, como demonstra o fato de que o último momento importante que tivemos de reordenamento sistêmico da vida internacional ocorreu ao final da Segunda Guerra Mundial." Sardenberg, Ronaldo Mota, *Inserção Estratégica do Brasil no Cenário Internacional*, São Paulo, IEA, 1995, p. 13-4.

[665] Lafer, *Política Externa Brasileira*, ob. cit., p. 30.

[666] Barbosa, Rubens Antônio, *Panorama Visto de Londres - Política Externa e Economia*, São Paulo, Aduaneiras, 1998, p. 20.

Comércio internacional e política externa brasileira

6.10. A OPÇÃO BRASILEIRA PELO MULTILATERALISMO

A diversidade e a amplitude da agenda internacional do Brasil respondem por sua atuação global. Por um lado, como um pequeno *global player*, é um dos poucos países em desenvolvimento com presença efetivamente universal e interesses globais. Daí por que o Chanceler Luiz Felipe Lampreia identifica como uma das diretrizes da política externa brasileira o universalismo não-excludente.[667] Um país com as dimensões e as características do Brasil deve ter uma política externa naturalmente universal, aberta e não-excludente, não se atrelando a nenhum centro de poder mundial que justifique opções estanques.[668] De outra sorte, tendo uma economia, uma população e um território que representam quase a metade da América do Sul, tem um importante papel de *regional player*.[669] Para voltar a Rubens Antônio Barbosa,

> "A Europa é seu berço, as Américas sua circunstância. A África é sua vizinhança atlântica e uma das suas matrizes culturais. Nela há identidade lingüística com cinco países e relações diplomáticas com todos. (...) Os vínculos com a Ásia são muito fortes e a cada dia mais prioritários. O Brasil abriga a segunda maior comunidade de origem japonesa depois do Japão. Constrói satélites em conjunto com a China, num programa de cooperação em tecnologia de ponta que é considerado o mais importante entre países em desenvolvimento".[670]

6.10.1. O Brasil enquanto *global trader*

O Brasil, como um *global trader*, mantém relações comerciais com as regiões mais diversas e importantes do planeta - nossa pauta de exportação não se resume a poucos produtos ou poucos mercados. Dados do início de 2000, disponibilizados pelo Ministério do Desenvolvimento, Indústria e Comércio,[671] apontavam como principais parceiros comerciais: União Européia (26,7%), ALADI (22,6%) - sendo que, destes, 14,1% foram destinados aos países do Mercosul,

---

[667] Lampreia, "O Brasil e o Atual Ordenamento Político e Econômico Mundial", ob. cit., p. 31.

[668] Idem, ibidem.

[669] Barbosa, ob. cit., p. 19.

[670] Idem, ibidem.

[671] As informações mencionadas estão disponíveis no *site* do Ministério do Desenvolvimento, Indústria e Comércio na internet, no endereço www.mdic.gov.br. Para maiores informações sobre a política brasileira de comércio exterior, v. *site* do Ministério das Relações Exteriores, em www.mre.gov.br.

e 8,6%, aos demais participantes da ALADI - e Estados Unidos (25,4%).[672] Na pauta abrangente de suas exportações, a distribuição por valor agregado compreende produtos básicos (22,6%), semimanufaturados (19,5%) e manufaturados (56,1%).[673] Enquanto *global trader*, nossos interesses em parcerias estratégicas passam pela vizinhança sul-americana e africana, e incluem como sócios necessários os países do G-7 - em especial os Estados Unidos, que constituem nosso principal sócio individual -, a União Européia - principal parceira enquanto bloco -, bem como a Ásia - com destaque para a China, pelo seu potencial mercado consumidor, e para o Japão, uma vez que o Brasil abriga a segunda maior comunidade nipônica do mundo - e o Oriente Médio.[674]

Por esta razão, a defesa do multilateralismo decorre do próprio perfil da economia brasileira, que faz de todas as regiões do globo parceiros reais ou potenciais do País. Como um *global trader*, o Brasil joga em vários tabuleiros não-excludentes, o que prioriza, na sua atuação diplomática, o fortalecimento do sistema multilateral de comércio.[675] Como já mencionamos noutras partes deste trabalho, o mercado não opera no vazio, reclamando um esforço de construção jurídica, a partir de um complexo e abrangente processo de negociações, que cristalize um ordenamento estável e previsível, sem o qual as práticas discriminatórias do unilateralismo favoreceriam os grandes.[676] Como observava o então Chanceler Fernando Henrique Cardoso,

> "A abrangência e a multiplicidade de nossos interesses no plano internacional apontam para a necessidade constante de mantermos sempre abertas as nossas opções. Não podemos nos limitar a parcerias excludentes ou a critérios reducionistas de atuação internacional. Temos que atuar em diferentes tabuleiros, lidar com diferentes parcerias, estar em diferentes foros".[677]

---

[672] Os demais parceiros mencionados pelo Ministério seriam os países do leste europeu (2,2%), africanos (2,1%) e do Oriente Médio (2,5%).

[673] Dentre os produtos básicos, destacam-se: minério de ferro, café em grão, carne de frango, farelo de soja, fumo em folhas e carne bovina *in natura*. Os principais semimanufaturados exportados relacionam-se com celulose, ferro/aço, alumínio, açúcar, couros e peles. Os manufaturados abrangem aeronaves, calçados, aparelhos transmissores e receptores, suco de laranja, autopeças, laminados, automóveis, dentre outros.

[674] Barbosa, ob. cit., p. 24 e 39.

[675] Lampreia, "O Brasil e o Atual Ordenamento Político e Econômico Mundial", ob. cit., p. 31-3.

[676] Lafer, *Política Externa Brasileira*, ob. cit., p. 36.

[677] Cardoso, Fernando Henrique, "Política Externa: Fatos e Perspectivas", *Política Externa*, 2 (1): 3-10, 1993, p. 9.

Comércio internacional e política externa brasileira

6.10.2. América Latina: a nossa circunstância

Não obstante a defesa do multilateralismo, o fator da localização geográfica tem um papel fundamental no processo de inserção do Brasil no cenário das relações internacionais.[678] Se é verdade que *il faut faire la politique de sa géographie*, como dizia Napoleão referindo-se à França, no contexto contíguo das relações externas brasileiras, o relacionamento com a América Latina não é mera opção diplomática, mas constitui a nossa própria circunstância.[679] A matriz orientadora de nossa ação diplomática é, no contexto sul-americano, a transformação das fronteiras-separação em fronteiras-cooperação, abandonando seu significado primeiro de elemento divisor de soberanias diversas para traduzir as vantagens econômicas e sociais do mercado ampliado.[680] A integração física sub-regional, a partir de vetores como transporte-logística, energia e telecomunicações, pode responder pela ampliação das vantagens comparativas da sub-região no processo de inserção competitiva de suas economias.[681] Por isso, na visão do Itamaraty, o Mercosul é uma grande conquista de todos os países participantes - um patrimônio dos povos que o integram -, que precisa ser preservada e fortalecida, embora esteja descartada, pelo menos até a conformação do mercado comum, a criação de entidades supranacionais, nos moldes europeus.[682]

O envolvimento do Brasil nos esquemas integracionistas que presenciou o subcontinente a partir da década de sessenta, além das condicionantes conjunturais que mencionamos no Capítulo 4 deste livro, insere-se na tendência diplomática orientada pelo vetor de nossa *circunstância*, propiciada pela bem-sucedida atuação do Rio Branco no processo de equacionamento de nossas questões de fronteira. A ALALC (1960), a ALADI (1980) e os entendimentos bilaterais Brasil-Argentina, que posteriormente seriam estendidos ao Uruguai e ao Paraguai na conformação do Mercosul figuram, portanto, como modos de adensamento da cooperação sub-regional.[683] A cooperação sub-regional no entorno do cone sul, embora constitua dimensão

---

[678] Para uma ampla análise sobre a importância do agrupamento sub-regional do cone sul para os países envolvidos, v. Azambuja, Marcos de, "Um Decálogo para o Mercosul", *Política Externa*, 8 (3): 15-25, 1999-2000.

[679] Lafer, *A Inserção Internacional do Brasil*, ob. cit., p. 130; Reis, ob. cit., p. 13-6.

[680] Lafer, *Política Externa Brasileira*, ob. cit., p. 19. Celso Lafer observa que a fronteira-cooperação é aquela conformada pelos mecanismos de integração. O integracionismo, longe de reduzir o dissenso regional, gera contenciosos versando sobre conflitos de interesses, que deverão ser solucionados pela *diplomacia de integração*. Lafer, *Desafios*, ob. cit., p. 192.

[681] Lafer, *A OMC e a Regulamentação do Comércio Internacional*, ob. cit., p. 87.

[682] Lampreia, *Diplomacia Brasileira*, ob. cit., p. 296, 305 e 320.

[683] Lafer, "A Identidade Internacional do Brasil e a Política Externa Brasileira", ob. cit., p. 28-9.

fundamental do relacionamento exterior do Brasil, atua no quadro mais amplo do *desenvolvolvimento do espaço nacional*, que aparece como vetor primeiro da atuação diplomática brasileira, pois como já afirmamos alhures, a política externa tem por objetivo a tradução das necessidades internas em possibilidades externas.

6.10.3. Alargamento e aprofundamento da integração na sub-região do Cone Sul

No processo de consolidação do Mercosul, além do perfazimento da união aduaneira, pelo fim das chamadas "listas de exceção", que contemplam produtos colocados à margem da tarifa externa comum (TEC), o que é do interesse dos países envolvidos - e, em especial, do Brasil[684] -, as tendências de alargamento - *shallow integration* - e aprofundamento - *deep integration* - podem ser observadas nas negociações para ampliação *ratione personae* do esquema sub-regional de integração - que tende a conformar uma Área de Livre Comércio Sul-Americana (ALCSA), e na regulação de temas como o comércio de serviços, compras governamentais, defesa do consumidor, concorrência, proteção e promoção de investimentos, previdência social, dentre outros. O projeto da ALCSA - apresentado no governo Itamar Franco como Iniciativa Amazônica - estenderia o livre comércio aos demais países sul-americanos, a partir de negociações bilaterais (4 + 1) sob os auspícios da Associação Latino-Americana de Integração (ALADI) e, neste sentido, o Mercosul já concluiu acordos com o Chile e a Bolívia (1996), que se tornaram membros associados do bloco, e estão em curso negociações com a Comunidade Andina.[685]

---

[684] Como observa o Chanceler Luiz Felipe Lampreia, a conformação do livre comércio representa basicamente um interesse dos demais países participantes, uma vez que significa a ampliação de seu mercado interno - de quarenta milhões, como a Argentina, ou doze milhões como o Uruguai - para duzentos milhões, que é o universo de consumidores do Mercosul. A união aduaneira, por outro lado, tende a nos favorecer, já que temos a maior indústria da região, e historicamente desenvolvemos nossa indústria ao amparo de uma relativa proteção tarifária. Os demais sócios, cujo parque industrial é relativamente menor, praticavam tarifas mais baixas, que foram elevadas no processo de unificação da política aduaneira do bloco frente a terceiros mercados. Lampreia, *Diplomacia Brasileira*, ob. cit., p. 306-7.

[685] O Mercosul concluiu, em abril de 1998, um Acordo-Quadro com a Comunidade Andina para liberalização do comércio entre os países das duas sub-regiões. Como observa Rubens Antônio Barbosa, a conformação da ALCSA contribui para "reforçar o conceito de América do Sul - que tem suporte na geografia e em vínculos políticos e econômicos sedimentados pela convivência de vizinhança - em contraposição ao termo América Latina, que tem origem em projetos de expansão européia do século passado e que acabou se desgastando na percepção internacional." Barbosa, ob. cit., p. 30-1.

Comércio internacional e política externa brasileira

6.10.4. A organização do espaço sul-americano

O Mercosul, não obstante as dificuldades recentes - que sempre se fazem presentes em qualquer esquema de integração econômica[686] - pode ser caracterizado como símbolo de uma nova presença da América do Sul no cenário internacional do pós-Guerra Fria, representando um fator decisivo nas negociações hemisféricas, inter-regionais e multilaterais.[687] Como observa o Ministro Lampreia, a conformação do Mercosul, embora responda por uma inegável subordinação do nacional no processo coletivo de tomada de decisões - caso, por exemplo, da política comercial -, esta relativa diminuição da autonomia externa tem por contraponto, em primeiro lugar, os benefícios econômicos - como a ampliação do comércio intra-regional e o aumento dos fluxos de investimentos diretos, uma vez que o entorno regional é um importante mercado de destino para produtos manufaturados e semimanufaturados brasileiros - e, por outro lado, a ampliação do peso dos países envolvidos no complexo e abrangente processo de tessitura da nova ordem internacional.[688] Daí a importância, como assinala o Presidente Fernando Henrique Cardoso, da *organização do espaço sul-americano* no processo de desenvolvimento do espaço nacional.[689] Nas palavras de Lampreia,

> "O Mercosul é hoje um poderoso fator de identidade e projeção internacional dos países que o integram, um catalisador da integração na América do Sul, um parceiro procurado nas relações internacionais e um foco de atração de investimentos e de iniciativas diplomáticas que apenas comprovam o seu êxito e o acerto do seu projeto".[690]

---

[686] É o caso, por exemplo, dos impasses na questão do açúcar, que continua fora do livre comércio. Como o Brasil é um dos mais importantes produtores de açúcar do mundo, a preços competitivos - pela capacitação tecnológica adquirida e suas condições naturais -, os produtores argentinos têm pressionado para o que a mercadoria fique fora do livre comércio. Atualmente, o açúcar figura como *única exceção* ao livre comércio entre Brasil e Argentina. É de se notar, por outro lado, a recorrente aplicação de direitos antidumping, por parte do governo argentino, na importação de produtos brasileiros que concorrem com similares locais menos competitivos - caso da siderurgia, papel e celulose, têxteis, frango etc. Lampreia, *Diplomacia Brasileira*, ob. cit., p. 301-3.

[687] Lafer, "A Identidade Internacional do Brasil e a Política Externa Brasileira", ob. cit., p. 31.

[688] Lampreia, *Diplomacia Brasileira*, ob. cit., p. 90-1 e 300.

[689] Cardoso, Fernando Henrique, *O Presidente Segundo o Sociólogo - Entrevista de Fernando Henrique Cardoso a Roberto Pompeu de Toledo*, São Paulo, Companhia das Letras, 1998, p. 127.

[690] Lampreia, *Diplomacia Brasileira*, ob. cit., p. 320.

6.10.5. A idéia-força de regionalismo aberto

O Mercosul, na visão do Itamaraty, é precipuamente uma instância de internacionalização da economia brasileira.[691] Por isso não é um fim em si mesmo, e pode ser visto como um *second best* na inserção internacional do Brasil, enquanto animado pela idéia de regionalismo aberto, ou *building bloc*. A conformação do agrupamento sub-regional do Mercosul reflete o vetor diplomático brasileiro que tem por objetivo criar espaços que facilitem a competição das empresas nacionais ou, para voltar a Gelson Fonseca Jr., significa essencialmente uma plataforma que possibilita maior competitividade para nossos produtos no mercado internacional.[692] Neste sentido, como assinala Rubens Antônio Barbosa,

"O Brasil vê a regionalização como uma espécie de globalização em miniatura, que reproduz num espaço limitado certas características da globalização, como a multinacionalização dos processos produtivos, a interpenetração das economias e a convergência de valores e padrões culturais. A diferença e vantagem da regionalização em relação à globalização é que ela permite acompanhamento e controle político muito mais efetivo.[693]

A idéia-força de um regionalismo aberto, que desde o início esteve presente na conformação do agrupamento sub-regional no cone sul, possibilitou as conversações com outros países ou grupos de países. Neste quadro, inserem-se as negociações em curso com a União Européia, que se iniciaram com o Tratado de Madri (1995), para criação de uma área de livre comércio transatlântica, bem como as iniciativas para conformação de uma área de livre comércio hemisférica, a Área de Livre Comércio das Américas (ALCA), que se estenderia do Alasca à Terra do Fogo.

6.10.5.1. Uma parceria transatlântica: as relações com a União Européia

As relações Mercosul-União Européia ingressaram numa nova fase com a assinatura do Acordo-Quadro Inter-Regional de Integração, em Madri (1995), que passou a conformar o relacionamento transatlântico. Até então, o *status* da sub-região para os europeus, como assinala Vera Thorstensen, era de *non priority*.[694] O objetivo básico do Acordo firmado é fortalecer as relações recíprocas e esta-

---

[691] Lampreia, *Diplomacia Brasileira*, ob. cit., p. 310.

[692] Fonseca Jr., *A Legitimidade e Outras Questões Internacionais*, ob. cit., p. 371.

[693] Barbosa, ob. cit., p. 27.

[694] Thorstensen, Vera, "Desenvolvimento da Cooperação Econômica e das Relações Comerciais entre a UE e o Mercosul: Interesses Comuns e Desafios", *Política Externa*, 5 (1): 36-82, 1996, p. 40.

belecer condições adequadas para a criação de uma associação inter-regional de cunho político e econômico. Não se trata de criar uma área de livre comércio imediatamente entre os dois agrupamentos regionais, mas tão-somente propiciar o diálogo e a cooperação em diversos campos, que possam levar, no futuro, à conformação do livre cambismo inter-regional.[695]

Um aprofundamento das negociações transatlânticas pelo início das conversações para conformação da área de livre comércio Mercosul-União Européia era esperado por ocasião da Cimeira do Rio de Janeiro, realizada em julho de 1999, que congregou países europeus, latino-americanos e caribenhos. Não obstante as afinidades políticas reafirmadas pelos quarenta e oito participantes, os resultados econômicos ficaram aquém do esperado, sobretudo pela recalcitrância francesa na questão dos subsídios à produção agrícola européia, através da Política Agrícola Comum (PAC).[696]

O relacionamento do Mercosul com a União Européia enfrenta problemas decorrentes de barreiras tarifárias e não-tarifárias que impedem o acesso dos produtos exportados pelo agrupamento sub-regional do cone sul ao mercado europeu. São normas técnicas, padrões ambientais (selo verde) e, principalmente, subsídios à produção e à exportação agrícola européia, através da Política Agrícola Comum (PAC), que dificultam o acesso dos produtos da sub-região ao mercado do Velho Continente. A concorrência com produtos exportados pelos países do leste europeu - que devem vir a fazer parte da União num futuro próximo, de acordo com as negociações de Nice (2001) -, e de ex-colônias européias da África, Caribe e Pacífico (ACP), reunidas na Convenção Lomé - que gozam de preferências não-recíprocas -, entravam o desenvolvimento do comércio transatlântico, e reclamam uma maior atuação da diplomacia no processo de negociação Mercosul-União Européia.[697]

6.10.5.2. A Área de Livre Comércio das Américas (ALCA)

O projeto de conformação da ALCA, a Área de Livre Comércio das Américas, de outra sorte, teve origem na Cúpula de Miami

---

[695] Dauster, Jório, "Mercosul-União Européia: Rumo à Associação Inter-Regional", *in* Casella, Paulo Borba & Mercadante, Araminta de Azevedo (org.), *Guerra Comercial ou Integração Mundial pelo Comércio? - A OMC e o Brasil*, São Paulo, LTr, 1998, p. 143. Sobre o assunto, v. também Graça Lima, José Alfredo, "O Processo de Associação Mercosul-União Européia", *Política Externa*, 8 (1): 49-56, 1999.

[696] Para uma análise da Cimeira do Rio de Janeiro (1999), v. Neves, Luiz Augusto de Castro, "A Cimeira do Rio de Janeiro e as Perspectivas das Relações entre a América Latina e o Caribe e a União Européia", *Política Externa*, 8 (2): 15-23, 1999.

[697] Barbosa, ob. cit., p. 55-7.

(1994), quando chefes de Estado e de governo das trinta e quatro democracias do continente americano acordaram negociar uma área de livre comércio hemisférica até 2005.[698] Nas reuniões ministeriais[699] e na II Cúpula das Américas (1998), realizada em Santiago do Chile, os países envolvidos acordaram, com a participação ativa do Brasil, alguns princípios que devem nortear o processo de negociação: a) o consenso no processo decisório, a fim de resguardar os interesses de todos os atores envolvidos; b) o *single undertaking*, pelo qual o resultado das negociações deve ser considerado um pacto único e indivisível, sinalizando com clareza o conjunto global equilibrado e abrangente de direitos e obrigações; c) a compatibilidade da ALCA com a Organização Mundial do Comércio (OMC), devendo a conformação da área de livre comércio hemisférica contribuir para o fortalecimento do sistema multilateral de comércio; d) a coexistência com acordos sub-regionais e bilaterais preexistentes - como o Mercosul, Comunidade Andina e NAFTA, por exemplo - cuja identidade deve persistir; e, por fim, e) as negociações não excluirão, *a priori*, nenhum setor produtivo, a fim de que se possa esperar um abrangente livre comércio nas Américas.[700]

O fortalecimento das relações hemisféricas, através do comércio intra-regional, é, na perspectiva da Chancelaria, uma etapa indispensável no processo de nossa plena inserção na economia internacional. Esta meta, entretanto, como bem assinala o Ministro Lampreia, não pode ser vista como um fim em si mesma, e não representa uma busca apressada e irrefletida de acordos comerciais a qualquer custo, que devem ser concluídos sob a luz da reciprocidade de interesses.[701] O Mercosul deve, com efeito, relacionar-se amplamente com os diversos esquemas sub-regionais mas, ao mesmo tempo, preservar sua identidade e seu capital de conquistas no cone sul.[702] Para voltar ao Chanceler Luiz Felipe Lampreia,

"A ALCA pode ser muito atrativa se efetivamente abrir mercados para favorecer a todos e a cada um dos nossos países. Será,

---

[698] Sobre o assunto, v. Lampreia, Luiz Felipe, "O Consenso Brasileiro em torno da ALCA", *Política Externa*, 6 (1): 3-11, 1997; Serra, José, "ALCA, Mercosul e Abertura Externa Brasileira", *Política Externa*, 7 (1): 15-30, 1998; Simões, Antônio José Ferreira, "O Brasil e a ALCA no Limiar do Novo Milênio - Algumas Reflexões", *Política Externa*, 8 (2): 24-39, 1999.

[699] Foram realizadas seis reuniões dos ministros responsáveis pelo comércio dos países envolvidos, que tiveram lugar em Denver (EUA, 1995), Cartagena (Colômbia, 1996), Belo Horizonte (1997), San José (Costa Rica, 1998), Toronto (Canadá, 1999) e Buenos Aires (2001). Para maiores informações, v. *site* da futura organização na internet www.alca-ftaa.org.

[700] Lampreia, *Diplomacia Brasileira*, ob. cit., p. 316-7.

[701] Idem, p. 313.

[702] Almeida, Paulo Roberto de, *Mercosul - Fundamentos e Perspectivas*, 2ª ed., São Paulo, LTr, 1998, p. 79.

porém, muito desfavorável se for apenas uma avenida de mão única em que nós façamos concessões, sem a reciprocidade adequada".[703]

---

[703] Lampreia, *Diplomacia Brasileira*, ob. cit., p. 313.

Conclusões

A título de conclusão, gostaríamos apenas de tecer algumas considerações sobre as quais já nos detivemos com maior acuidade ao longo do texto.

A origem do direito internacional público, cujo centro de preocupações é regular as relações entre os Estados, relaciona-se com a Paz Vestfália (1648) que, ao retomar as idéias desenvolvidas por Grócio (1625), oficializa a centralização do poder político na figura do Estado Moderno e laico. Este, além de constituir-se de três elementos - povo, território e governo - tem por atributo a soberania que, no seu aspecto externo, significa a não-submissão do Estado, sujeito por excelência das relações internacionais, a qualquer autoridade que lhe seja superior no plano internacional. Estas regras iniciais, que estruturalmente consubstanciavam uma mútua abstenção - um comportamento negativo, um *non facere* - tinham por finalidade última manter a paz e evitar a guerra numa sociedade internacional ontologicamente descentralizada, caracterizada por uma multiplicidade de soberanias que se pretendiam auto-suficientes - daí por que conformavam um direito internacional público da coexistência pacífica. As normas desta primeira fase, como diria Bobbio,[704] procuram traçar os limites da atuação do poder político exercido no plano internacional através da atuação diplomática, e podem ser associadas ao paradigma realista de funcionamento das relações internacionais de matriz maquiavélico-hobbesiana.

A partir do século XIX, e notadamente durante a *belle époque*, a difusão do livre-cambismo e a internacionalização da economia tornaram irreal a auto-suficiência dos Estados, respondendo por normas cujo conteúdo passa a ser um comportamento positivo na busca por uma administração compartilhada da interdependência. O pós-Segunda Guerra, origem das revoluções tecnológica e científica nos domínios do tempo e do espaço, acentua o fenômeno da interdepen-

---

[704] Bobbio, Norberto, *Stato, Governo, Società - Frammenti di un Dizionario Politico*, 2ª ed., Torino, Einaudi, 1995, p. 90 e ss.

dência pela diluição das fronteiras entre o interno e o externo, e torna a cooperação internacional inescapável. Nesta segunda fase, o direito internacional público da cooperação, para lembrar Friedmann,[705] busca congregar os Estados na solução de problemas comuns através da mútua colaboração, cuja institucionalização origina as organizações internacionais, o método mais aperfeiçoado de cooperação intergovernamental. Esta dimensão positiva da regulação da gênese internacional pode ser associada ao paradigma racionalista de funcionamento das relações internacionais, cuja matriz é a idéia grociana de que existe, no plano internacional, um potencial de solidariedade e sociabilidade capaz de engendrar uma governança comum.[706]

A cooperação internacional responde, como observa Celso Lafer, pelo fenômeno da integração política internacional, que privilegia o sistema coletivo de tomada de decisões entre os Estados em substituição aos meios e processos exclusivamente nacionais, e cujo produto são as normas positivas de mútua colaboração.[707] Uma das dimensões desta integração política internacional é a política internacional econômica, que conforma, no agir conjunto - como diria Hannah Arendt[708] -, as normas de direito internacional econômico que podem ter por substrato o intervencionismo ou o liberalismo. Estas normas, que incluem a regulação do comércio internacional, são necessárias porque o mercado não opera no vazio - vale dizer, não constitui um arranjo espontâneo[709] -, e podem ser conformadas tanto no nível multilateral quanto no regional.

O término da bipolaridade, com o fim da guerra fria, e a alteração do paradigma de funcionamento das relações internacionais, que Lafer e Fonseca Jr. caracterizam como polaridades indefinidas, ampliaram a importância das relações internacionais econômicas a partir do arrefecimento da confrontação estratégico-militar e ideológica Leste-Oeste.[710] A diluição dos conflitos de concepção sobre como

---

[705] Friedmann, Wolfgang, *The Changing Structure of International Law*, New York, Columbia University Press, 1964, p. 60 e ss.

[706] Lafer, Celso, *O Brasil e a Crise Mundial - Paz, Poder e Política Externa*, São Paulo, Perspectiva, 1984, p. 48 e ss.

[707] Lafer, Celso, *O Convênio do Café de 1976 - Da Reciprocidade no Direito Internacional Econômico*, São Paulo, Perspectiva, 1979, p. 13.

[708] Arendt, Hannah, *Crises da República*, trad. José Volkmann, São Paulo, Perspectiva, 1973, p. 123; Lafer, Celso, *Hannah Arendt - Pensamento, Persuasão e Poder*, Rio de Janeiro, Paz e Terra, 1979, p. 35 e ss.

[709] Lafer, Celso, *A OMC e a Regulamentação do Comércio Internacional - Uma Visão Brasileira*, Porto Alegre, Livraria do Advogado, 1998, p. 24-5.

[710] Lafer, Celso & Fonseca Jr., Gelson, "Questões para a Diplomacia no Contexto das Polaridades Indefinidas - notas analíticas e algumas sugestões", *in* Fonseca Jr., Gelson & Castro, Sérgio Henrique Nabuco de (org.), *Temas de Política Externa II*, vol. I, 2ª ed., São Paulo, Paz e Terra, 1997, p. 54 e ss.

organizar a dinâmica internacional cedeu lugar aos conflitos de interesse num cenário informado pelo liberalismo de mercado. A crescente importância da regulação multilateral e regional pode ser verificada pelas tendências ao alargamento - *shallow integration* - e aprofundamento - *deep integration* -, que ampliam *ratione personae* e *ratione materiae* a regulação das relações internacionais econômicas.

No pós-Segunda Guerra, a ordem internacional econômica promovida pelos norte-americanos tinha por fonte de inspiração o liberalismo, com vistas a evitar uma nova crise das relações internacionais econômicas semelhante à verificada no entreguerras. Neste particular, propuseram a criação das instituições de Bretton Woods (1944) - o Fundo Monetário Internacional (FMI) e o Banco Mundial (BIRD) -, e a Organização Internacional do Comércio (OIC), prevista na Carta de Havana (1948), que acabou por perder seu respaldo político pela recalcitrância do Congresso norte-americano. O GATT (1947), que nascera como um documento provisório que seria anexado à Carta de Havana, passa a regular as relações comerciais multilaterais no vazio deixado pela OIC. Por não se tratar de organização internacional, mas um simples acordo geral, o GATT buscava ampliar *ratione materiae* e *ratione personae* a regulação do comércio internacional através de rodadas de negociação, destacando-se a Rodada Uruguai (1986-93) pela criação da Organização Mundial do Comércio (OMC, 1994), que sucedeu ao Acordo Geral na disciplina multilateral das relações internacionais comerciais.

As normas de direito internacional econômico conformadas no plano regional buscam reproduzir os desafios da internacionalização para as economias nacionais num espaço restrito, a partir das economias de escala e das vantagens comparativas, além de ampliar o peso relativo dos países da região na conformação da ordem internacional que permite o desenvolvimento das relações internacionais econômicas. As revoluções tecnológica e científica operadas nos domínios do tempo e do espaço, como já fizemos referência acima, acentuaram a diluição das fronteiras entre o interno e o externo, favorecendo projetos de desenvolvimento de base regional como alternativa ao isolamento autárquico com fulcro no mercado interno. No mundo em desenvolvimento, o esgotamento de modelo de desenvolvimento por substituição de importações, patente a partir das crises do petróleo e da dívida nos anos oitenta - a década perdida, caracterizada pela "estagflação" -, colocou o regionalismo no centro do debate político nacional como alternativa ao desenvolvimento.

O continente latino-americano presenciou o regionalismo em dois períodos distintos. Num primeiro momento, caracterizado por

Comércio internacional e política externa brasileira   **217**

Rubens Antônio Barbosa como *romântico*, o integracionismo limitou-se à retórica de projetos hemisféricos ambiciosos, de inspiração bolivariana, como a Área de Livre Comércio Latino-Americana (ALALC, de 1960) e a Associação Latino-Americana de Integração (ALADI, de 1980), que buscavam instrumentalizar o paradigma de desenvolvimento por substituição de importações num mercado regional ampliado.[711] A partir dos anos oitenta, alterações na dinâmica das relações internacionais econômicas, o esgotamento do modelo cepalino de desenvolvimento por substituição de importações e o gradual retorno da democracia aos países da região responderam pela retomada do regionalismo em escala minilateral, iniciando uma *fase pragmática* no integracionismo latino-americano. A iniciativa brasileiro-argentina de criação do Mercado Comum do Sul, ao qual posteriormente se juntaram Paraguai e Uruguai, insere-se neste novo quadro de cooperação sub-regional de vertente pragmática.

O multilateralismo e o regionalismo, embora aparentemente contraditórios, são fenômenos complementares que contribuem, ambos, para a liberalização do comércio em nível mundial. Esta compatibilidade pode ser verificada a partir de três perspectivas principais: inicialmente, do ponto de vista jurídico, as próprias regras da OMC prevêem *standards* para a conformação de acordos regionais de comércio cujo propósito seja a ampliação da liberdade comercial; em segundo lugar, economicamente, o regionalismo contribui para o livre-cambismo em nível mundial desde que a estrutura do acordo seja responsável pela criação de comércio com o mínimo de desvio possível - vale dizer, constituam *building blocs* na construção do sistema internacional de comércio; por fim, do ponto de vista político, cabe aos Estados envolvidos na integração, informados pela idéia de regionalismo aberto, a elaboração de um arcabouço jurídico cujo propósito seja favorecer o livre comércio, e não o protecionismo em nível regional. Além destas considerações, é preciso lembrar que o multilateralismo não pode ser, *ratione materiae*, tão ambicioso quanto o regionalismo, vigendo neste particular, como aponta Lafer, o princípio da subsidiariedade: há matérias que, por sua complexidade ou sensibilidade política, reclamam a regulação no plano associativo diminuto da região ou sub-região.[712]

A política externa de um país, entendida como uma política pública voltada para o exterior, busca traduzir, de forma criativa, necessidades internas em possibilidades externas, presentes nos de-

---

[711] Barbosa, Rubens Antônio, *América Latina em Perspectiva - A Integração Regional da Retórica à Realidade*, São Paulo, Aduaneiras, 1991, p. 58.

[712] Lafer, *A OMC e a Regulamentação do Comércio Internacional*, ob. cit., p. 96-7.

safios/paradoxos e oportunidades do cenário internacional. Esta transcrição do singular no universal, que faz da diplomacia um exercício diário de representação da identidade coletiva do país, é criativa por não operar uma simples inserção do país na ordem internacional existente, servindo ao mesmo tempo de veículo para a transformação desta ordem através da articulação de consensos sobre a regulação da gênese internacional.[713] No caso brasileiro, as necessidades internas a serem traduzidas no plano internacional permitem vislumbrarmos três grandes momentos do nosso posicionamento diplomático: o primeiro período, iniciado na Colônia, estende-se até a gestão de Rio Branco no Itamaraty (1902-12), e tem por nota característica a defesa e consolidação do território nacional; o segundo, que medeia a gestão de Rio Branco e o governo Kubitschek (1956-60), tem por peculiaridade, nas palavras de Hélio Jaguaribe, uma atuação ornamental e aristocrática, não obstante a liberação de forças operada por Rio Branco pelo bem-sucedido encaminhamento das questões de fronteiras;[714] e, por fim, um terceiro período inicia-se com o governo JK, alterando o eixo principal da política externa brasileira para privilegiar o desenvolvimento do espaço nacional.

A política externa colocada a serviço do desenvolvimento, que conforma uma verdadeira *diplomacia para o desenvolvimento*, por outro lado, buscou implementar o vetor do desenvolvimento de duas maneiras distintas: pela distância e pela participação. No período das polaridades definidas, a política externa brasileira optou por distanciar-se do jogo internacional adotando uma posição defensiva através da *autonomia pela distância* em relação aos constrangimentos do jogo internacional.[715] Este posicionamento refletia o projeto de desenvolvimento calcado na substituição de importações de inspiração cepalina e serviu de substrato às políticas públicas de desenvolvimento em isolamento autárquico - ou, por assim dizer, *voltado para dentro* - implementadas no quadro do nacionalismo de fins.

Os anos noventa trouxeram modificações profundas tanto no plano interno quanto no plano internacional que motivaram a alteração do modo de implementação do desenvolvimento nacional, antes baseado na distância, para privilegiar uma participação ativa no cenário das relações internacionais econômicas - daí a idéia de

---

[713] Lafer, Celso, "A Identidade Internacional do Brasil e a Política Externa Brasileira - Passado, Presente, Futuro", mimeo, 1999, p. 2; Lafer, Celso, *Política Externa Brasileira: Três Momentos*, São Paulo, Konrad-Adenauer-Stiftung, 1993, p. 3.

[714] Jaguaribe, Hélio, *O Nacionalismo na Atualidade Brasileira*, Rio de Janeiro, MEC/ISEB, 1958, p. 227.

[715] Fonseca Jr., Gelson, *A Legitimidade e outras Questões Internacionais*, São Paulo, Paz e Terra, 1998, p. 359 e ss.

Comércio internacional e política externa brasileira

reinserção internacional do Brasil. No plano internacional, como já dissemos, o término da bipolaridade, que diluiu os conflitos de concepção e ampliou os conflitos de interesse, consolidou o papel da cooperação internacional no desenvolvimento dos países. As revoluções científica e tecnológica, neste passo, ao colocarem termo à dicotomia forte *interno vs. externo*, tornou irreal o entendimento do mundo como uma externalidade no desenvolvimento do espaço nacional. No plano interno, o esgotamento do modelo de desenvolvimento por substituição de importações, patente após as crises do petróleo e da dívida - que responderam pela década perdida dos anos oitenta -, reclamava soluções alternativas. A impossibilidade de fundamentar o desenvolvimento em bases exclusivamente nacionais motivou o projeto, a partir dos anos noventa, de reinserção competitiva da economia brasileira no universo das relações internacionais econômicas.

Este projeto de reinserção competitiva da economia brasileira no plano internacional teve por matriz a condição de *global trader* do país, que mantém uma extensa pauta de produtos negociáveis, e mercados de destino e origem diversificados. Enquanto comerciante global, estão no universalismo e no multilateralismo os nossos maiores interesses - daí a defesa, pelo país, do sistema de regras sob os auspícios da Organização Mundial do Comércio. O sub-regionalismo do cone sul, do qual participa ativamente o Brasil na consolidação do Mercosul, aparece como um complemento natural do processo de sua reinserção internacional ao reproduzir num espaço menor os desafios da internacionalização. O Mercosul, nesta perspectiva, não pode ser considerado um fim em si mesmo, mas um degrau em direção ao multilateralismo. Por fim, é preciso lembrar que não temos o recurso de poder dos grandes, e por esta razão preferimos uma política exterior *rule-oriented* a uma diplomacia *power-oriented*. A regra nos favorece e, para voltar mais uma vez à lição dos clássicos, insere elementos grocianos num cenário em que a anomia leva, no mais das vezes, ao realismo anárquico hobbesiano-maquiavélico.[716]

---

[716] Jackson, John H., *The World Trading System - Law and Policy of International Economic Relations*, 2nd ed, Cambridge, MIT, 1997, p. 109-10; Lafer, Celso, *Globalização da Economia - O Papel das Organizações Multilaterais*, São Paulo, FIESP/CIESP, 1996, p. 12.

Bibliografia

Abreu, Marcelo de Paiva. "O Brasil e o GATT: 1947-1990", *in* Albuquerque, José Augusto Guilhon (org.), *Sessenta Anos de Política Externa Brasileira (1930-1990) - Diplomacia para o Desenvolvimento*, vol. II. São Paulo: Cultura, 1996, p. 201-18.

———; Fritsch, Winston. "Aspectos Estratégicos da Política Comercial Brasileira", *in* Albuquerque, José Augusto Guilhon (org.), *Sessenta Anos de Política Externa Brasileira (1930-1990) - Diplomacia para o Desenvolvimento*, vol. II. São Paulo: Cultura, 1996, p. 47-64.

Albuquerque, José Augusto Guilhon. "Mercosul: Integração Regional Pós-Guerra Fria", *Política Externa*, 1 (2): 112-21, 1992.

Almeida, Paulo Roberto de. *O Brasil e o Multilateralismo Econômico*. Porto Alegre: Livraria do Advogado, 1999.

———. "A Diplomacia do Liberalismo Econômico", *in* Albuquerque, José Augusto Guilhon (org.), *Sessenta Anos de Política Externa Brasileira (1930-1990) - Crescimento, Modernização e Política Externa*, vol. I. São Paulo: Cultura, 1996, p. 173-210.

———. "O Fim de Bretton-Woods? - A Longa Marcha da Organização Mundial do Comércio", *Contexto Internacional*, 16 (2): 249-82, 1994.

———. "O Legado do Barão: Rio Branco e a Moderna Diplomacia Brasileira", *Revista Brasileira de Política Internacional*, 39 (2): 125-35, 1996.

———. *Mercosul - Fundamentos e Perspectivas*, 2ª ed. São Paulo: LTr, 1998.

———. *Relações Internacionais e Política Externa do Brasil - Dos Descobrimentos à Globalização*. Porto Alegre: UFRGS, 1998.

Álvares, Vera Cíntia, "Reflexões sobre o Surgimento da Política Externa Independente na Gestão de Jânio Quadros", *in* Danese, Sérgio França (org.), *Ensaios de História Diplomática do Brasil (1930-1986)*. Brasília: IPRI, 1989, p. 79-87.

Amado, Rodrigo. "A Política Externa de João Goulart", *in* Albuquerque, José Augusto Guilhon (org.), *Sessenta Anos de Política Externa (1930-1990) - Crescimento, Modernização e Política Externa*, vol. I. São Paulo: Cultura, 1996, p. 283-97.

Amaral Jr., Alberto. "Mercosul - Questões Políticas e Institucionais", *in* Mourão, Fernando Augusto Albuquerque & Oliveira, Henrique Altemani (org.), *Mercosul - Desafios a Vencer*. São Paulo: CBRI, 1994, p. 13-26.

Amorim, Celso. "A OMC Pós-Seattle", *Política Externa*, 8 (4): 100-15, 2000.

Araújo, Braz José. "A Política Externa no Governo Jânio Quadros", *in* Albuquerque, José Augusto Guilhon (org.), *Sessenta Anos de Política Externa (1930-1990) - Crescimento, Modernização e Política Externa*, vol. I. São Paulo: Cultura, 1996, p. 253-81.

Arendt, Hannah. *Crises da República*, trad. José Volkmann. São Paulo: Perspectiva, 1973.

Aristóteles. *La Politique*, 2e éd., trad. J. Tricot. Paris: Librairie Philosophique J. Vrin, 1970.

Aron, Raymond. *Études Politiques*. Paris: Gallimard, 1972.

——. *Paix et Guerre entre les Nations*, 6ᵉ éd. Paris: Calmann-Lévy, 1962.

Arslanian, Regis P. *O Recurso à Seção 301 da Legislação de Comércio Norte-Americana e a Aplicação de seus Dispositivos contra o Brasil*. Brasília: Instituto Rio Branco, 1994.

Azambuja, Marcos de. "Um Decálogo para o Mercosul", *Política Externa*, 8 (3): 15-25, 1999-2000.

Balassa, Bela. *The Theory of Economic Integration*. Homewood: Richard Irwin, 1961.

Baptista, Luiz Olavo. "Impacto do Mercosul sobre o Sistema Legislativo Brasileiro", *in* Baptista, Luiz Olavo; Mercadante, Araminta de Azevedo; Casella, Paulo Borba (org.). *Mercosul - Das Negociações à Implantação*, 2ª ed. São Paulo: LTr, 1998, p. 19-24.

——. *O Mercosul, suas Instituições e Ordenamento Jurídico*. São Paulo: LTr 1998.

——. *A Organização Mundial do Comércio e suas Repercussões sobre o Ordenamento Jurídico Interno*. São Paulo: FIESP/CIESP, 1997.

——. "A Solução de Divergências no Mercosul", *in* Basso, Maristela (org.). *Mercosul - Seus Efeitos Jurídicos, Econômicos e Políticos nos Estados-Membros*, 2ª ed. Porto Alegre: Livraria do Advogado, 1997, p. 157-86.

Barbosa, Rubens Antônio. *América Latina em Perspectiva - A Integração Regional da Retórica à Realidade*. São Paulo: Aduaneiras, 1991.

——. *Panorama Visto de Londres - Política Externa e Economia*. São Paulo: Aduaneiras, 1998.

——; César, Luís Fernando Panelli. "O Brasil como *Global Trader*", *in* Fonseca Jr., Gelson; Castro, Sérgio Henrique Nabuco de (org.). *Temas de Política Externa II*, vol. I, 2ª ed. São Paulo: Paz e Terra, 1997, p. 305-24.

Barral, Welber. "Subsídios e Medidas Compensatórias na OMC", *in* Casella, Paulo Borba; Mercadante, Araminta de Azevedo (org.). *Guerra Comercial ou Integração Mundial pelo Comércio? - A OMC e o Brasil*. São Paulo: LTr, 1998, p. 371-82.

Basso, Maristela. "Apresentação", *in* Basso, Maristela (org.). *Mercosul - Seus Efeitos Jurídicos, Econômicos e Políticos nos Estados-Membros*, 2ª ed. Porto Alegre: Livraria do Advogado, 1997, p. 15-29.

——. *Direito Internacional da Propriedade Intelectual*. Porto Alegre: Livraria do Advogado, 2000.

——. "O Direito e as Relações Internacionais no Novo Cenário Mundial: O Fenômeno Crescente das Organizações Internacionais", *Estudos Jurídicos*, (25) 65: 107-28, 1992.

Batista, Paulo Nogueira. "A Política Externa de Collor: Modernização ou Retrocesso?", *Política Externa*, 1 (4): 106-35, 1993.

Berle, Adolf Augustus; Means, Gardiner C. *A Moderna Sociedade Anônima e a Propriedade Privada*, trad. Dinah de Abreu Azevedo. São Paulo: Abril Cultural, 1984.

Bobbio, Norberto. *A Era dos Direitos*, 9ª ed., trad. Carlos Nelson Coutinho. Rio de Janeiro: Campus, 1999.

——. *O Futuro da Democracia - Uma Defesa das Regras do Jogo*, 6ª ed. trad. Marco Aurélio Nogueira. São Paulo: Paz e Terra, 1997.

——. *Locke e o Direito Natural*, 2ª ed., trad. Sérgio Bath. Brasília: UNB, 1998.

——. "O Modelo Jusnaturalista", *in* Bobbio, Norberto & Bovero, Michelangelo, *Sociedade e Estado na Filosofia Política Moderna*, 3ª ed., trad. Carlos Nelson Coutinho. São Paulo: Brasiliense, 1991, p. 13-100.

——. *Stato, Governo, Società - Frammenti di un Dizionario Politico*, 2ª ed. Torino: Einaudi, 1995.

——. *Teoria Generale della Politica*. Torino: Einaudi, 1999.

——. "La Teoria dello Stato e del Potere", *in* Rossi, Pietro (cura), *Max Weber e l'Analisi del Mondo Moderno.* Torino: Einaudi, 1981.

Boulouis, Jean. *Droit Institutionnel de l'Union Européenne*, 5e éd. Paris: Montchrestien, 1995.

Braillard, Philippe. *Théories des Relations Internationales.* Paris: PUF, 1977.

Bueno, Clodoaldo. *Passado e Presente nas Relações Brasil-Argentina.* São Paulo: IEA, 1997.

——. "A Política Multilateral Brasileira", *in* Cervo, Amado Luiz (org.), *O Desafio Internacional - A Política Exterior do Brasil de 1930 a nossos Dias.* Brasília: UNB, 1994, p. 59-144.

Bull, Hedley. *The Anarchical Society - A Study of Order in World Politics.* London: Mac Millan, 1990.

——. "The Importance of Grotius in the Study of International Relations", *in* Bull, Hedley *et al.* (editors), *Hugo Grotius and International Relations.* Oxford: Clarendon, 1992.

Burns, E. Bradford. *The Unwritten Alliance - Rio Branco and Brazilian-American Relations*, New York: Columbia University Press, 1966.

Caldas, Ricardo Wahrendorff. *A Política Externa do Governo Kubitschek.* Brasília: Thesaurus, 1996.

Campos, João Mota de. *Direito Comunitário - O Direito Institucional*, vol. I, 6ª ed. Lisboa: Calouste Gulbenkian, 1989.

Campos, Roberto. "Bretton Woods, FMI, BIRD, Havana e GATT: a Procura da Ordem Econômica do Após-Guerra", *Boletim de Diplomacia Econômica*, (19): 1-17, 1995.

Cardoso, Fernando Henrique. "Política Externa: Fatos e Perspectivas", *Política Externa*, 2 (1): 3-10, 1993.

——. "Prefácio", *in* Lampreia, Luiz Felipe. *Diplomacia Brasileira - Palavras, Contextos e Razões.* Rio de Janeiro: Lacerda, 1999, p. 9-13.

——. *O Presidente Segundo o Sociólogo - Entrevista de Fernando Henrique Cardoso a Roberto Pompeu de Toledo.* São Paulo: Companhia das Letras, 1998.

——; Faletto, Enzo, *Dependência e Desenvolvimento na América Latina - Ensaio de Interpretação Sociológica*, 7ª ed. Rio de Janeiro: LTC, s.d.

Carreau, Dominique; Juillard, Patrick. *Droit International Economique*, 4e éd. Paris: LGDJ, 1998.

Carvalho, Delgado de. *História Diplomática do Brasil.* São Paulo: Companhia Editora Nacional, 1959.

Casella, Paulo Borba. *Comunidade Européia e seu Ordenamento Jurídico.* São Paulo: LTr, 1994.

Castro, Amílcar de. *Direito Internacional Privado*, 5ª ed. Rio de Janeiro: Forense, 1997.

Cervo, Amado Luiz; Bueno, Clodoaldo. *História da Política Exterior do Brasil.* São Paulo: Atlas, 1992.

Colliard, Claude-Albert. *Institutions des Relations Internationales*, 9e éd. Paris: Dalloz, 1990.

Comparato, Fábio Konder. *A Afirmação Histórica dos Direitos Humanos.* São Paulo: Saraiva, 1999.

——. *O Poder de Controle na Sociedade Anônima*, 3ª ed. Rio de Janeiro: Forense, 1983.

Costa, Ligia Maura. "Código Aduaneiro do Mercosul", *in* Basso, Maristela (org.), *Mercosul - Seus Efeitos Jurídicos, Econômicos e Políticos nos Estados-Membros*, 2ª ed. Porto Alegre: Livraria do Advogado, 1997, p. 340-55.

Comércio internacional e política externa brasileira

——. *OMC - Manual Prático da Rodada Uruguai*. São Paulo: Saraiva, 1996.

Croome, John. *Reshaping the World Trading System - A History of the Uruguay Round*, Geneva: WTO, 1995.

Cruz, José Humberto de Brito. "Aspectos da Evolução da Diplomacia Brasileira no Período da Política Externa Independente (1961-1964)", *in* Danese, Sérgio França (org.). *Ensaios de História Diplomática do Brasil (1930-1986)*. Brasília: IPRI, 1989, p. 65-78.

Dam, Kenneth W. *The GATT - Law and International Economic Organization*. Chicago: University of Chicago, 1970.

Dantas, San Tiago. *Política Externa Independente*. Rio de Janeiro: Civilização Brasileira, 1962.

Dauster, Jório. "Mercosul-União Européia: Rumo à Associação Iter-Regional", *in* Casella, Paulo Borba; Mercadante, Araminta de Azevedo (org.). *Guerra Comercial ou Integração Mundial pelo Comércio? - A OMC e o Brasil*. São Paulo: LTr, 1998, p. 137-48.

Dell, Sidney. *A Latin American Common Market?*. New York: Oxford University Press, 1966.

Departamento de Comércio Internacional e Manufaturas (DCIM), "GATT 1994: Avaliação dos Resultados da Rodada Uruguai", *Boletim de Diplomacia Econômica*, (18): 21-5, 1994.

Dolinger, Jacob. *Direito Internacional Privado (Parte Geral)*, 5ª ed. Rio de Janeiro: Renovar, 2000.

Dunne, Timothy. "Liberalism", *in* Baylis, John; Smith, Steve (editors). *The Globalization of World Politics - An Introduction to International Relations*. Oxford: Oxford University Press, 1997, p. 147-63.

——. "Realism", *in* Baylis, John; Smith, Steve (editors). *The Globalization of World Politics - An Introduction to International Relations*. Oxford: Oxford University Press, 1997, p. 109-24.

Dupuy, René-Jean. *Le Droit International*, 7e éd. Paris: PUF, 1986.

Fabri, Hélène Ruiz. "Le Règlement des Différends dans le Cadre de l'Organisation Mondiale du Commerce", *Journal du Droit International*, 124 (3): 709-55, 1997.

Falk, Richard Anderson. "International Jurisdiction: Horizontal and Vertical Conceptions of Legal Order", *Temple Law Quarterly*, (32): 295-320, 1959.

Fausto, Boris. *História do Brasil*, 4ª ed. São Paulo: Edusp, 1996.

Fawcett, Louise. "Regionalism in Historical Perspective", *in* Fawcett, Louise; Hurrell, Andrew (editors). *Regionalism in World Politics - Regional Organization and International Order*. Oxford: Oxford University Press, 1995, p. 9-36.

——; Hurrell, Andrew. "Introduction", *in* Fawcett, Louise; Hurrell, Andrew (editors). *Regionalism in World Politics - Regional Organization and International Order*. Oxford: Oxford University Press, 1995, p. 1-6.

Ferraz Jr., Tércio Sampaio. *Teoria da Norma Jurídica - Ensaio de Pragmática da Comunicação Normativa*, 3ª ed. Rio de Janeiro: Forense, 1999.

Flecha de Lima, Paulo Tarso. "Dados para uma Reflexão sobre a Política Comercial Brasileira", *in* Fonseca Jr., Gelson; Leão, Valdemar Carneiro (org.). *Temas de Política Externa Brasileira*. Brasília: Ática, 1989, p. 11-37.

——. *Caminhos Diplomáticos - 10 Anos de Agenda Internacional*. Rio de Janeiro: Francisco Alves, 1997.

Flory, Thiébaut. *Le GATT - Droit International et Commerce Mondial*. Paris: LGDJ, 1968.

——, "Remarques à Propos du Nouveau Système Commercial Mondial issu des Accords du Cycle d'Uruguay", *Journal du Droit International*, 122 (4): 877-91, 1995.

Fonseca, José Roberto Franco da. "Estrutura e Funções da Corte Internacional de Justiça", *in* Baptista, Luiz Olavo; Fonseca, José Roberto Franco da (org.). *O Direito Internacional no Terceiro Milênio - Estudos em Homenagem ao Professor Vicente Marotta Rangel*. São Paulo: LTr, 1998, p. 750-62.

Fonseca Jr., Gelson. "Anotações sobre as Condições do Sistema Internacional no Limiar do Século XXI: A Distribuição dos Pólos de Poder e a Inserção Internacional do Brasil", *Política Externa*, 7 (4): 36-57, 1999.

——. *A Legitimidade e Outras Questões Internacionais*. São Paulo: Paz e Terra, 1998.

——. "Notas sobre os Processos de Integração e a Ordem Internacional", *in* Mourão, Fernando Augusto Albuquerque; Oliveira, Henrique Altemani (org.). *Mercosul - Desafios a Vencer*. São Paulo: CBRI, 1994, p. 69-78.

Foot, Rosemay. "Pacific Asia: The Development of Regional Dialogue", *in* Fawcett, Louise; Hurrell, Andrew (editors). *Regionalism in World Politics - Regional Organization and International Order*. Oxford: Oxford University Press, 1995, p. 228-49.

Friedmann, Wolfgang. *The Changing Structure of International Law*. New York: Columbia University Press, 1964.

Fukuyama, Francis. *The End of History and the Last Man*. New York: Free Press, 1992.

Fundação Alexandre de Gusmão (FUNAG). *A Palavra do Brasil nas Nações Unidas (1945-1995)*. Brasília: FUNAG, 1995.

Garcia, Eugênio Vargas. *O Brasil e a Liga das Nações (1919-1926): Vencer ou não Perder*. Porto Alegre: UFRGS, 2000.

García, Romualdo Bermejo; Muniáin, Laura San Martín Sánchez de. "Del GATT a la Organización Mundial del Comercio: Análisis y Perspectivas de Futuro", *Anuario de Derecho Internacional*, (12): 147-200, 1996.

Giovan, Ileana di. *Derecho Internacional Economico*. Buenos Aires: Abeledo-Perrot, 1992.

Goes Filho, Synesio Sampaio. *Navegantes, Bandeirantes, Diplomatas - Um Ensaio sobre a Formação das Fronteiras do Brasil*. São Paulo, Martins Fontes, 1999.

Goldman, Berthold. "Frontières du Droit et *Lex Mercatoria*", *Archives de Philosophie du Droit*, (9): 177-92. Paris: Sirey, 1964.

Gonçalves, Reinaldo *et al. A Nova Economia Internacional - Uma Perspectiva Brasileira*. Rio de Janeiro: Campus, 1998.

——; Prado, Luiz Carlos. "GATT, OMC e a Economia Política do Sistema Mundial de Comércio", *Contexto Internacional*, 18 (1): 45-63, 1996.

Gonidec, P.-F. *Relations Internationales*. Paris: Montchrestien, 1974.

Graça Lima, José Alfredo. "O Processo de Associação Mercosul-União Européia", *Política Externa*, 8 (1): 49-56, 1999.

——. "Rodada Uruguai: Compromissos, Resultados, Impasses e Proposições", *in* Marcovitch, Jacques (org.). *O Futuro do Comércio Internacional - De Marrakesh à Cingapura*. São Paulo: USP, 1996, p. 25-37.

Grilli, Enzo. "Regionalismo e Multilateralismo: Conflitto o Coesistenza?", *in* Sacerdoti, Giorgio; Alessandrini, Sergio (cura). *Regionalismo Economico e Sistema Globale degli Scambi*. Milano: Giuffrè, 1994, p. 25-58.

Hassner, Pierre. "De la Crise d'une Discipline à celle d'une Époque ?", *in* Smouts, Marie-Claude (dir.). *Les Nouvelles Relations Internationales - Pratiques et Théories*. Paris: Presses de Sciences Po, 1998, p. 377-96.

Henrikson, Alan K. "The Growth of Regional Organizations and the Role of the United Nations", *in* Fawcett, Louise; Hurrell, Andrew (editors). *Regionalism in World Politics - Regional Organization and International Order*. Oxford: Oxford University Press, 1995, p. 122-68.

Comércio internacional e política externa brasileira

Hobsbawn, Eric. *Era dos Extremos - O Breve Século XX (1914-1991)*, trad. Marcos Santarrita. São Paulo: Companhia das Letras, 1995.

Hudec, Robert E. *The GATT Legal System and World Trade Diplomacy*. New York: Praeger, 1975.

Huntington, Samuel P. "The Clash of Civilizations", *Foreign Affairs*, 72 (3): 22-49, 1993.

Hurrell, Andrew. "Regionalism in Theoretical Perspective", Fawcett, Louise; Hurrell, Andrew (editors). *Regionalism in World Politics - Regional Organization and International Order*. Oxford: Oxford University Press, 1995, p. 37-73.

Imhoof, Rodolphe S. *Le GATT et les Zones de Libre-Échange*. Genève: Librairie de l'Université Georg, 1979.

Jaguaribe, Hélio. "Introdução Geral", *in* Albuquerque, José Augusto Guilhon (org.). *Sessenta Anos de Política Externa Brasileira (1930-1990) - Crescimento, Modernização e Política Externa*, vol. I. São Paulo: Cultura, 1996, p. 23-33.

———. *O Nacionalismo na Atualidade Brasileira*. Rio de Janeiro: MEC/ISEB, 1958.

———. *O Novo Cenário Internacional - Conjunto de Estudos*. Rio de Janeiro: Guanabara, 1986.

Jackson, John H. *World Trade and the Law of the GATT - A Legal Analysis of the General Agreement on Tariffs and Trade*. Indianapolis: Bobbs-Merrill, 1969.

———. *The World Trading System - Law and Policy of International Economic Relations*, 2nd ed. Cambridge: MIT, 1997.

Kant, Immanuel. *A Paz Perpétua e Outros Opúsculos*, trad. Artur Morão. Lisboa: Edições 70, 1995.

Kahn, Philippe. "Droit International Économique, Droit du Développement, *Lex Mercatoria*: Concept Unique ou Pluralisme des Ordres Juridiques?", *Le Droit des Relations Économiques Internationales - Études Offertes à Berthold Goldman*. Paris: Librairies Techniques, 1982, p. 97-107.

Kissinger, Henry. *Diplomacy*. New York: Simon & Schuster, 1994.

Krasner, Stephen D. "Blocos Econômicos Regionais e o Fim da Guerra Fria". *Política Externa*, (1) 2: 61-78, 1992.

Krueger, Anne O. (editor). *The WTO as an International Organization*. Chicago: University of Chicago Press, 1998.

Krugman, Paul R.; Obstfeld, Maurice. *Economia Internacional - Teoria e Política*, 4ª ed., trad. Celina Martins Ramalho Laranjeira. São Paulo: Makron, 1999.

Lafer, Celso. *O Brasil e a Crise Mundial - Paz, Poder e Política Externa*. São Paulo: Perspectiva, 1984.

———. "O Cenário Mundial e o Relacionamento União Européia/Mercosul", *Política Externa*, 9 (1): 88-91, 2000.

———. *Comércio, Desarmamento, Direitos Humanos - Reflexões sobre uma Experiência Diplomática*. São Paulo: Paz e Terra, 1999.

———. *Comércio e Relações Internacionais*. São Paulo: Perspectiva, 1977.

———. *O Convênio do Café de 1976 - Da Reciprocidade no Direito Internacional Econômico*. São Paulo: Perspectiva, 1979.

———. *Desafios: Ética e Política*. São Paulo: Siciliano, 1995.

———. "Direito e Poder na Reflexão de Miguel Reale", *Revista do Serviço Público*, 39 (110): 33-47, 1982.

———. *Ensaios Liberais*. São Paulo: Siciliano, 1991.

———. "O GATT, a Cláusula da Nação Mais Favorecida e a América Latina", *Revista de Direito Mercantil*, 10 (3): 41-56, 1971.

———. *Globalização da Economia - O Papel das Organizações Multilaterais*. São Paulo: FIESP/CIESP, 1996.

———. *Hannah Arendt - Pensamento, Persuasão e Poder*. Rio de Janeiro: Paz e Terra, 1979.

———. "A Identidade Internacional do Brasil e a Política Externa Brasileira - Passado, Presente, Futuro", mimeo, 1999.

———. *A Inserção Internacional do Brasil - A Gestão do Ministro Celso Lafer no Itamaraty*. Brasília: MRE, 1993.

———. "Uma Interpretação do Sistema das Relações Internacionais do Brasil", *in* Lafer, Celso; Peña, Félix. *Argentina e Brasil no Sistema das Relações Internacionais*. São Paulo: Duas Cidades, 1973, p. 83-119.

———. "Introdução. Horácio Lafer - Um Artífice da Modernidade do Brasil", *in Horácio Lafer - Discursos Parlamentares*. Brasília: Câmara dos Deputados, 1988, p. 55-68.

———. *A OMC e a Regulamentação do Comércio Internacional - Uma Visão Brasileira*. Porto Alegre: Livraria do Advogado, 1998.

———. *Paradoxos e Possibilidades - Estudos sobre a Ordem Mundial e sobre a Política Exterior do Brasil num Sistema Internacional em Transformação*. Rio de Janeiro: Nova Fronteira, 1982.

———. *The Planning Process and the Political System in Brazil - A Study of Kubitschek's Target Plan (1956-1961)*. Cornell University, Latin American Studies Program, Dissertation Series nº 16, 1970.

———. *Política Externa Brasileira: Três Momentos*. São Paulo: Konrad-Adenauer-Stiftung, 1993.

———. "Prefácio", *in* Fonseca Jr., Gelson. *A Legitimidade e Outras Questões Internacionais*, São Paulo: Paz e Terra, 1998, p. 9-25.

———. *A Reconstrução dos Direitos Humanos - Um Diálogo com o Pensamento de Hannah Arendt*. São Paulo: Companhia das Letras, 1988.

———. "Sentido Estratégico do Mercosul", *in* Mourão, Fernando Augusto Albuquerque; Oliveira, Henrique Altemani (org.). *Mercosul - Desafios a Vencer*. São Paulo: CBRI, 1994, p. 9-11.

———. *O Sistema Político Brasileiro - Estrutura e Processo*. 2ª ed., São Paulo: Perspectiva, 1978.

———; Fonseca Jr., Gelson. "Questões para a Diplomacia no Contexto das Polaridades Indefinidas - notas analíticas e algumas sugestões", *in* Fonseca Jr., Gelson; Castro, Sérgio Henrique Nabuco de (org.). *Temas de Política Externa II*, vol. I, 2ª ed. São Paulo: Paz e Terra, 1997, p. 49-77.

———; Peña, Félix. "Contribuição para uma Perspectiva Latinoamericana do Sistema das Relações Internacionais", *in* Lafer, Celso; Peña, Félix. *Argentina e Brasil no Sistema das Relações Internacionais*. São Paulo: Duas Cidades, 1973, p. 15-60.

Lagarde, Paul. "Approche Critique de la *Lex Mercatoria*", *Le Droit des Relations Économiques Internationales - Études Offertes à Berthold Goldman*. Paris: Librairies Techniques, 1982, p. 125-50.

Lampreia, Luiz Felipe. "O Brasil e o Atual Ordenamento Político e Econômico Mundial". *Cadernos do IPRI*, (7): 5-39, 1993.

———. "O Consenso Brasileiro em torno da ALCA". *Política Externa*, 6 (1): 3-11, 1997.

———. *Diplomacia Brasileira - Palavras, Contextos e Razões*. Rio de Janeiro: Lacerda, 1999.

———. "A Política Externa do Governo FHC: Continuidade e Renovação", *Revista Brasileira de Política Internacional*, 42 (2): 5-17, 1998.

Lawrence, Robert Z. *Regionalism, Multilateralism and Deeper Integration*. Washington: The Brookings Institution, 1996.

Comércio internacional e política externa brasileira

Lessa, Antônio Carlos. "A Diplomacia Universalista do Brasil: a Construção do Sistema Contemporâneo de Relações Bilaterais", *Revista Brasileira de Política Internacional*, 41 (número especial): 29-41, 1998.

Locke, John. *Segundo Tratado sobre o Governo Civil*, 5ª ed., trad. E. Jacy Monteiro. São Paulo: Nova Cultural, 1991.

Long, Oliver. *Law and its Limitations in the GATT Multilateral Trade System*. Dordrecht: Martinus Nijhoff, 1987.

Maciel, George Álvares. "A Dimensão Multilateral - O Papel do GATT na Expansão da Economia - A Rodada Uruguai e a Criação da OMC em 1994". *Boletim de Diplomacia Econômica*, (19): 130-46, 1995.

——. "O Brasil e o GATT", *Contexto Internacional*, 3 (2): 81-91, 1986.

Magnoli, Demétrio *et al*. "Em Busca do Interesse Nacional", *Política Externa*, 9 (1): 33-50, 2000.

——. *O Corpo da Pátria - Imaginação Geográfica e Política Externa no Brasil (1808-1912)*. São Paulo: Moderna/UNESP, 1997.

Marques, Frederico do Valle Magalhães. "O *Dumping* na Organização Mundial do Comércio e no Direito Brasileiro - Decreto nº 1602/95", *in* Casella, Paulo Borba; Mercadante, Araminta de Azevedo (org.). *Guerra Comercial ou Integração Mundial pelo Comércio? - A OMC e o Brasil*. São Paulo: LTr, 1998, p. 293-329.

Mattia, Fábio Maria de; Barbagalo, Erica Brandini. "A Organização Mundial do Comércio e o Acordo sobre a Agricultura", *in* Casella, Paulo Borba. Mercadante, Araminta de Azevedo (org.). *Guerra Comercial ou Integração Mundial pelo Comércio? - A OMC e o Brasil*. São Paulo: LTr, 1998, p. 267-92.

McRae, Donald M. "The Contribution of International Trade Law to the Development of International Law", *Recueil des Cours*, (260): 99-237, 1996-IV.

Mello, Celso D. de Albuquerque. *Direito Internacional Econômico*. Rio de Janeiro: Renovar, 1993.

Mercadante, Araminta de Azevedo. "Acordo Geral sobre o Comércio de Serviços", *in* Casella, Paulo Borba; Mercadante, Araminta de Azevedo (org.). *Guerra Comercial ou Integração Mundial pelo Comércio? - A OMC e o Brasil*. São Paulo: LTr, 1998, p. 413-59.

Moisés, Cláudia Perrone. *Direito ao Desenvolvimento e Investimentos Estrangeiros*. São Paulo: Oliveira Mendes, 1998.

Montesquieu. *De l'Esprit des Lois*, tome II. Paris: Garnier, 1956.

Moreira, Marcílio Marques. "O Brasil e o Novo Contexto Econômico Internacional", *in* Albuquerque, José Augusto Guilhon (org.). *Sessenta Anos de Política Externa Brasileira (1930-1990) - Diplomacia para o Desenvolvimento*, vol. II. São Paulo: Cultura, 1996, p. 13-46.

Morgenthau, Hans J. *Politics Among Nations - The Struggle for Power and Peace*, 3rd ed., New York: Alfred A. Knopf, 1961.

Moura, Gerson. *Autonomia na Dependência - A Política Externa Brasileira de 1935 a 1942*. Rio de Janeiro: Nova Fronteira, 1980.

Muñoz, Heraldo. *A Nova Política Internacional*. São Paulo: Alfa Omega, 1996.

Neves, Luiz Augusto de Castro. "A Cimeira do Rio de Janeiro e as Perspectivas das Relações entre a América Latina e o Caribe e a União Européia", *Política Externa*, 8 (2): 15-23.

Nusdeo, Fábio. *Curso de Economia - Introdução ao Direito Econômico*. São Paulo: Revista dos Tribunais, 1997.

Ohlin, Göran. "O Sistema Multilateral de Comércio e a Formação de Blocos", *Política Externa*, 1 (2): 55-60, 1992.

Panebianco, Massimo. "O Grupo Sub-Regional Andino", trad. Anna Maria Villela, *Revista de Informações Legislativa - Suplemento*, 21 (81): 93-110, 1984.

Pinheiro, Silvia; Guedes, Josefina. "Salvaguardas no Comércio Internacional", *in* Casella, Paulo Borba; Mercadante, Araminta de Azevedo (org.). *Guerra Comercial ou Integração Mundial pelo Comércio? - A OMC e o Brasil*. São Paulo: LTr, 1998, p. 330-9.

Piovesan, Flávia. *Direitos Humanos e o Direito Constitucional Internacional*. São Paulo: Max Limonad, 1996.

——. *Temas de Direitos Humanos*. São Paulo: Max Limonad, 1998.

Pocar, Fausto. *Diritto dell'Unione e delle Comunità Europee*, 6ª ed. Milano: Giuffrè, 2000.

Porto, Manuel Carlos Lopes. *Teoria da Integração e Políticas Comunitárias*, 2ª ed. Coimbra: Almedina, 1997.

Prado Jr. Caio, *História Econômica do Brasil*, 41ª ed. São Paulo: Brasiliense, 1994.

Prates, Alcides G. R. "Comentários sobre o Acordo Constitutivo da OMC", *in* Casella, Paulo Borba; Mercadante, Araminta de Azevedo (org.) *Guerra Comercial ou Integração Mundial pelo Comércio? - A OMC e o Brasil*. São Paulo: LTr, 1998, p. 94-125.

Quadros, Fausto de. *Direito das Comunidades Européias e Direito Internacional Público - Contributo para o Estudo da Natureza Jurídica do Direito Comunitário Europeu*. Lisboa: Almedina, 1991.

Ramonet, Ignacio. *Geopolítica do Caos*, trad. Guilherme João de Freitas Teixeira. Rio de Janeiro: Vozes, 1998.

Rangel, Vicente Marotta. *Do Conflito entre a Carta das Nações Unidas e os Demais Acordos Internacionais*. São Paulo: Saraiva, 1954.

——. *Direito e Relações Internacionais*, 6ª ed. São Paulo: Revista dos Tribunais, 2000.

——. "Marraqueche 94 e os Dois GATT - Breve Apresentação", *in* Casella, Paulo Borba; Mercadante, Araminta de Azevedo (org.). *Guerra Comercial ou Integração Mundial pelo Comércio? - A OMC e o Brasil*. São Paulo: LTr, 1998, p. 126-36.

Rêgo, Elba Cristina Lima. *Do GATT à OMC: o que mudou, como funciona e para onde caminha o sistema multilateral de comércio*. Rio de Janeiro: BNDES, 1996.

Reis, Fernando Guimarães. "O Brasil e a América Latina", *in* Fonseca Jr., Gelson; Castro, Sérgio Henrique Nabuco de (org.). *Temas de Política Externa II*, vol. II, 2ª ed. São Paulo: Paz e Terra, 1997, p. 9-42.

Reuter, Paul. *Institutions Internationales*, 8ᵉ éd. Paris: PUF, 1975.

——. *Organisations Européennes*. Paris: Thémis, 1966.

Ricupero, Rubens. *O Brasil e o Futuro do Comércio Mundial*. Brasília: Fundação Alexandre de Gusmão, IPRI, 1988.

——. "Comércio Exterior Brasileiro: Competitividade e Perspectivas", *in* Fonseca Jr., Gelson; Leão, Valdemar Carneiro (org.). *Temas de Política Externa Brasileira*, Brasília: Ática, 1989, p. 39-52.

——. "Os Estados Unidos da América e o Reordenamento do Sistema Internacional", *in* Fonseca Jr., Gelson; Castro, Sérgio Henrique Nabuco de (org.). *Temas de Política Externa II*, vol. I, 2ª ed. São Paulo: Paz e Terra, 1997, p. 79-107.

——. *O Ponto Ótimo da Crise*. Rio de Janeiro: Revan, 1998.

——. "Prefácio", *in* Braga, Carlos Alberto Primo *et al. O Brasil, o GATT e a Rodada Uruguai*. São Paulo: IPE-USP, 1994, p. i-ix.

——. *Rio Branco: o Brasil no Mundo*. Rio de Janeiro: Contraponto, 2000.

——. *Visões do Brasil - Ensaios sobre a História e a Inserção Internacional do Brasil*. Rio de Janeiro: Record, 1995.

Comércio internacional e política externa brasileira

Rodrigues, José Honório. *Interesse Nacional e Política Externa*. Rio de Janeiro: Civilização Brasileira, 1966.

Sacerdoti, Giorgio. "Nuovi Regionalismi e Regole del GATT Dopo l'Uruguay Round", *in* Sacerdoti, Giorgio; Alessandrini, Sergio (cura). *Regionalismo Economico e Sistema Globale degli Scambi*. Milano: Giuffrè, 1994, p. 3-23.

———. "A Transformação do GATT na Organização Mundial do Comércio", *in* Casella, Paulo Borba; Mercadante, Araminta de Azevedo (org.). *Guerra Comercial ou Integração Mundial pelo Comércio? - A OMC e o Brasil*. São Paulo: LTr, 1998, p. 50-69.

Sardenberg, Ronaldo Mota. "Estudo das Relações Internacionais", *Curso de Relações Internacionais*, vol. IV. Brasília: UNB, 1982.

———. *Inserção Estratégica do Brasil no Cenário Internacional*. São Paulo: IEA, 1995.

Sato, Eiiti. "40 Anos de Política Externa Brasileira, 1958-1998: Três Inflexões", *Revista Brasileira de Política Internacional*, 41(número especial): 8-28, 1998.

Schwarzenberger, Georg. "The Principles and Standards of International Economic Law", *Recueil des Cours*, (117): 1-98, 1966-I.

Seixas Corrêa, Luiz Felipe de. "O Brasil e o Mundo no Limiar do Novo Século: Diplomacia e Desenvolvimento", *Revista Brasileira de Política Internacional*, 42 (1): 5-29, 1999.

———. "O Discurso da Diplomacia Brasileira na Assembléia Geral da ONU: Cinco Décadas de Política Externa e de Contribuições ao Direito Internacional", *in* Casella, Paulo Borba (org.). *Dimensão Internacional do Direito - Estudos em Homenagem a G. E. do Nascimento e Silva*. São Paulo: LTR, 2000, p. 89-118.

———. Luiz Felipe de, "Diplomacia e História: Política Externa e Identidade Nacional Brasileira", *Política Externa*, 9 (1): 22-32, 2000.

———. "A Política Externa de José Sarney", *in* Albuquerque, José Augusto Guilhon (org.). *Sessenta Anos de Política Externa (1930-1990) - Crescimento, Modernização e Política Externa*, vol. I. Cultura, 1996, p. 361-85.

Serra, Jaime *et al*. *Reflections on Regionalism - Report of the Study Group on International Trade*. Washington: Carnegie Endowment for International Peace, 1997.

Serra, José. "ALCA, Mercosul e Abertura Externa Brasileira", *Política Externa*, 7 (1): 15-30, 1998.

Sette, Luis Lindenberg. "A Diplomacia Econômica Brasileira no Pós-Guerra (1945-1964)", *in* Albuquerque, José Augusto Guilhon (org.). *Sessenta Anos de Política Externa Brasileira (1930-1990) - Diplomacia para o Desenvolvimento*, vol. II. São Paulo: Cultura, 1996, p. 239-66.

Setúbal, Olavo Egydio. *Diplomacia para Resultados - A Gestão Olavo Setúbal no Itamaraty*. Brasília: MRE, 1986.

Silva Neto, Antônio Francisco da Costa e. "A Evolução do Conceito de Desenvolvimento e seu Reflexo na Política Externa Brasileira", *in* Danese, Sérgio França (org.), *Ensaios de História Diplomática do Brasil (1930-1986)*. Brasília: IPRI, 1989, p. 131-42.

Simões, Antônio José Ferreira. "O Brasil e a ALCA no Limiar do Novo Milênio - Algumas Reflexões", *Política Externa*, 8 (2): 24-39, 1999.

Simon, Denys. *Le Système Juridique Communautaire*. Paris: PUF, 1997.

Smouts, Marie-Claude. "La Mutation d'une Discipline", *in* Smouts, Marie-Claude (dir.), *Les Nouvelles Relations Internationales - Pratiques et Théories*. Paris: Presses de Sciences Po, 1998, p. 11-33.

Soares, Guido Fernando da Silva. "O Tratamento da Propriedade Intelectual no Sistema da Organização Mundial do Comércio - Uma Descrição Geral do Acordo TRIPs", *in* Casella, Paulo Borba; Mercadante, Araminta de Azevedo (org.). *Guerra*

Comercial ou Integração Mundial pelo Comércio? - A OMC e o Brasil. São Paulo: LTr, 1998, p. 660-79.

Souto Maior, Luis Augusto. "A Diplomacia Econômica Brasileira no Pós-Guerra (1964-1990)", *in* Albuquerque, José Augusto Guilhon (org.), *Sessenta Anos de Política Externa Brasileira (1930-1990) - Diplomacia para o Desenvolvimento*, vol. II. São Paulo: Cultura, 1996, p. 267-96.

——. "O Pragmatismo Responsável", *in* Albuquerque, José Augusto Guilhon (org.). *Sessenta Anos de Política Externa (1930-1990) - Crescimento, Modernização e Política Externa*, vol. I. Cultura, 1996, p. 337-60.

Souza, Rodrigo do Amaral. "Da Política Externa Independente à Política Externa Interdependente: o Governo Castello Branco", *in* Danese, Sérgio França (org.). *Ensaios de História Diplomática do Brasil (1930-1986)*. Brasília: IPRI, 1989, p. 89-100.

Stern, Brigitte. "International Economic Relations and the MAI Dispute Settlement System", mimeo, 1999.

——. *Un Nouvel Ordre Economique International?* Paris: Economica, 1983.

Strenger, Irineu. *Direito Internacional Privado*, 3ª ed. São Paulo: LTr, 1996.

Susco, Elvira M. Battaglia de. "Una Aproximación a la Hipótesis Hobbesiana del 'Estado de Naturaleza' Aplicada al Area de las Relaciones Internacionales", *Revista Occidental - Estudios Latinoamericanos*, 9 (1): 77-101, 1991.

Thorstensen, Vera. "Os Acordos Regionais de Comércio e as Regras da OMC", *Política Externa*, 9 (1): 59-87, 2000.

——. "Desenvolvimento da Cooperação Econômica e das Relações Comerciais entre a UE e o Mercosul: Interesses Comuns e Desafios", *Política Externa*, 5 (1): 36-82, 1996.

——. *Organização Mundial do Comércio - As Regras do Comércio Internacional e a Rodada do Milênio*. São Paulo: Aduaneiras, 1999.

Tooze, Roger. "International Political Economy in an Age of Globalization", *in* Baylis, John; Smith, Steve (editors). *The Globalization of World Politics - An Introduction to International Relations*. Oxford: Oxford University Press, 1997, p. 212-30.

Troyano, Flávia Andraus. "Medidas de Investimento Relacionadas ao Comércio", *in* Casella, Paulo Borba; Mercadante, Araminta de Azevedo (org.). *Guerra Comercial ou Integração Mundial pelo Comércio? - A OMC e o Brasil*. São Paulo: LTr, 1998, p. 562-75.

Venâncio Filho, Alberto. *A Intervenção do Estado no Domínio Econômico - O Direito Público Econômico no Brasil*, ed. fac-similar. Rio de Janeiro: Renovar, 1998.

Vianna, Hélio. *História Diplomática do Brasil*. São Paulo: Melhoramentos, s.d.

Vicuña, Francisco Orrego (sel.). *Derecho Internacional Economico - América Latina y la Cláusula de la Nación Más Favorecida*. México: Fondo de Cultura Económica, 1974.

Viner, Jacob. *The Customs Union Issue*. New York: Carnegie Endowment for International Peace, 1950.

Visscher, Charles de. *Théories et Réalités en Droit International Public*, 4e éd. Paris: Pedone, 1970.

Vizentini, Paulo Fagundes. "A Política Externa do Governo JK (1956-61)", *in* Albuquerque, José Augusto Guilhon (org.). *Sessenta Anos de Política Externa (1930-1990) - Crescimento, Modernização e Política Externa*, vol. I, Cultura, 1996, p. 231-51.

Walter, Andrew Wyatt. "Regionalism, Globalization, and World Economic Order", *in* Fawcett, Louise; Hurrell, Andrew (editors), *Regionalism in World Politics - Regional Organization and International Order*. Oxford: Oxford University Press, 1995, p. 74-121.

Comércio internacional e política externa brasileira

Weil, Prosper. "Le Droit International Economique - Mythe ou Réalité ?", *Aspects du Droit International Economique - Colloque d'Orléans*. Paris: Pedone, 1972, p. 3-34.

Wight, Martin. *International Theory - The Three Traditions*. London: Leicester University Press, 1994.

World Trade Organization (WTO). *Regionalism and the World Trading System*. Geneva: WTO, 1995.

Sites na Internet

Acordo de Livre Comércio da América do Norte (NAFTA) - www.nafta.net

Área de Livre Comércio das Américas (ALCA) - www.alca-ftaa.org

Banco Mundial (BIRD) - www.worldbank.org

Comunidade Andina (CAN) - www.comunidadandina.org

Conferência das Nações Unidas para o Comércio e o Desenvolvimento (UNCTAD) - www.unctad.org

Fórum de Cooperação Econômica para a Ásia-Pacífico (APEC) - www.apecsec.org.sg

Fundo Monetário Internacional (FMI) - www.imf.org

Ministério do Desenvolvimento, Indústria e Comércio (MDIC) - www.mdic.gov.br

Ministério das Relações Exteriores (MRE) - www.mre.gov.br

Organização para a Cooperação e o Desenvolvimento Econômico (OCDE) - www.oecd.org

Organização Mundial do Comércio (OMC) - www.wto.org

União Européia (UE) - europa.eu.int

Anexos

I - Artigo XXIV do GATT

Article XXIV

Territorial Application - Frontier Traffic - Customs Unions and Free-trade Areas

1. The provisions of this Agreement shall apply to the metropolitan customs territories of the contracting parties and to any other customs territories in respect of which this Agreement has been accepted under Article XXVI or is being applied under Article XXXIII or pursuant to the Protocol of Provisional Application. Each such customs territory shall, exclusively for the purposes of the territorial application of this Agreement, be treated as though it were a contracting party; *Provided* that the provisions of this paragraph shall not be construed to create any rights or obligations as between two or more customs territories in respect of which this Agreement has been accepted under Article XXVI or is being applied under Article XXXIII or pursuant to the Protocol of Provisional Application by a single contracting party.

2. For the purposes of this Agreement a customs territory shall be understood to mean any territory with respect to which separate tariffs or other regulations of commerce are maintained for a substantial part of the trade of such territory with other territories.

3. The provisions of this Agreement shall not be construed to prevent:

(*a*) Advantages accorded by any contracting party to adjacent countries in order to facilitate frontier traffic;

(*b*) Advantages accorded to the trade with the Free Territory of Trieste by countries contiguous to that territory, provided that such advantages are not in conflict with the Treaties of Peace arising out of the Second World War.

4. The contracting parties recognize the desirability of increasing freedom of trade by the development, through voluntary agreements, of closer integration between the economies of the countries parties to such agreements. They also recognize that the purpose of a customs union or of a free-trade area should be to facilitate trade between the constituent territories and not to raise barriers to the trade of other contracting parties with such territories.

5. Accordingly, the provisions of this Agreement shall not prevent, as between the territories of contracting parties, the formation of a customs union or of a free-trade area or the adoption of an interim agreement necessary for the formation of a customs union or of a free-trade area; *Provided* that:

(*a*) with respect to a customs union, or an interim agreement leading to a formation of a customs union, the duties and other regulations of commerce imposed at the institution of any such union or interim agreement in respect of trade with contracting parties not parties to such union or agreement shall not

Comércio internacional e política externa brasileira

on the whole be higher or more restrictive than the general incidence of the duties and regulations of commerce applicable in the constituent territories prior to the formation of such union or the adoption of such interim agreement, as the case may be;

(b) with respect to a free-trade area, or an interim agreement leading to the formation of a free-trade area, the duties and other regulations of commerce maintained in each of the constituent territories and applicable at the formation of such free-trade area or the adoption of such interim agreement to the trade of contracting parties not included in such area or not parties to such agreement shall not be higher or more restrictive than the corresponding duties and other regulations of commerce existing in the same constituent territories prior to the formation of the free-trade area, or interim agreement as the case may be; and

(c) any interim agreement referred to in sub-paragraphs (a) and (b) shall include a plan and schedule for the formation of such a customs union or of such a free-trade area within a reasonable length of time.

6. If, in fulfilling the requirements of sub-paragraph 5 (a), a contracting party proposes to increase any rate of duty inconsistently with the provisions of Article II, the procedure set forth in Article XXVIII shall apply. In providing for compensatory adjustment, due account shall be taken of the compensation already afforded by the reduction brought about in the corresponding duty of the other constituents of the union.

7.

(a) Any contracting party deciding to enter into a customs union or free-trade area, or an interim agreement leading to the formation of such a union or area, shall promptly notify the Contracting Parties and shall make available to them such information regarding the proposed union or area as will enable them to make such reports and recommendations to contracting parties as they may deem appropriate.

(b) If, after having studied the plan and schedule included in an interim agreement referred to in paragraph 5 in consultation with the parties to that agreement and taking due account of the information made available in accordance with the provisions of sub-paragraph (a), the Contracting Parties find that such agreement is not likely to result in the formation of a customs union or of a free-trade area within the period contemplated by the parties to the agreement or that such period is not a reasonable one, the Contracting Parties shall make recommendations to the parties to the agreement. The parties shall not maintain or put into force, as the case may be, such agreement if they are not prepared to modify it in accordance with these recommendations.

(c) Any substantial change in the plan or schedule referred to in paragraph 5 (c) shall be communicated to the Contracting Parties, which may request the contracting parties concerned to consult with them if the change seems likely to jeopardize or delay unduly the formation of the customs union or of the free-trade area.

8. For the purposes of this Agreement:

(a) A customs union shall be understood to mean the substitution of a single customs territory for two or more customs territories, so that

(i) duties and other restrictive regulations of commerce (except, where necessary, those permitted under Articles XI, XII, XIII, XIV, XV and XX) are eliminated with respect to substantially all the trade between the constituent territories of the union or at least with respect to substantially all the trade in products originating in such territories, and,

(ii) subject to the provisions of paragraph 9, substantially the same duties and other regulations of commerce are applied by each of the members of the union to the trade of territories not included in the union;

(b) A free-trade area shall be understood to mean a group of two or more customs territories in which the duties and other restrictive regulations of commerce (except, where necessary, those permitted under Articles XI, XII, XIII, XIV, XV and XX) are eliminated on substantially all the trade between the constituent territories in products originating in such territories.

9. The preferences referred to in paragraph 2 of Article I shall not be affected by the formation of a customs union or of a free-trade area but may be eliminated or adjusted by means of negotiations with contracting parties affected. This procedure of negotiations with affected contracting parties shall, in particular, apply to the elimination of preferences required to conform with the provisions of paragraph 8 (a) (i) and paragraph 8 (b).

10. The Contracting Parties may by a two-thirds majority approve proposals which do not fully comply with the requirements of paragraphs 5 to 9 inclusive, provided that such proposals lead to the formation of a customs union or a free-trade area in the sense of this Article.

11. Taking into account the exceptional circumstances arising out of the establishment of India and Pakistan as independent States and recognizing the fact that they have long constituted an economic unit, the contracting parties agree that the provisions of this Agreement shall not prevent the two countries from entering into special arrangements with respect to the trade between them, pending the establishment of their mutual trade relations on a definitive basis.

12. Each contracting party shall take such reasonable measures as may be available to it to ensure observance of the provisions of this Agreement by the regional and local governments and authorities within its territories.

Ad *Article XXIV*

Paragraph 9

It is understood that the provisions of Article I would require that, when a product which has been imported into the territory of a member of a customs union or free-trade area at a preferential rate of duty is re-exported to the territory of another member of such union or area, the latter member should collect a duty equal to the difference between the duty already paid and any higher duty that would be payable if the product were being imported directly into its territory.

Paragraph 11

Measures adopted by India and Pakistan in order to carry out definitive trade arrangements between them, once they have been agreed upon, might depart from particular provisions of this Agreement, but these measures would in general be consistent with the objectives of the Agreement.

Comércio internacional e política externa brasileira

235

II - Entendimento sobre o artigo XXIV do GATT

Understanding on the Interpretation of Article XXIV
of the General Agreement on Tariffs and Trade 1994

Members,
Having regard to the provisions of Article XXIV of GATT 1994;
Recognizing that customs unions and free trade areas have greatly increased in number and importance since the establishment of GATT 1947 and today cover a significant proportion of world trade;
Recognizing the contribution to the expansion of world trade that may be made by closer integration between the economies of the parties to such agreements;
Recognizing also that such contribution is increased if the elimination between the constituent territories of duties and other restrictive regulations of commerce extends to all trade, and diminished if any major sector of trade is excluded;
Reaffirming that the purpose of such agreements should be to facilitate trade between the constituent territories and not to raise barriers to the trade of other Members with such territories; and that in their formation or enlargement the parties to them should to the greatest possible extent avoid creating adverse effects on the trade of other Members;
Convinced also of the need to reinforce the effectiveness of the role of the Council for Trade in Goods in reviewing agreements notified under Article XXIV, by clarifying the criteria and procedures for the assessment of new or enlarged agreements, and improving the transparency of all Article XXIV agreements;
Recognizing the need for a common understanding of the obligations of Members under paragraph 12 of Article XXIV;
Hereby *agree* as follows:

1. Customs unions, free-trade areas, and interim agreements leading to the formation of a customs union or free-trade area, to be consistent with Article XXIV, must satisfy, *inter alia*, the provisions of paragraphs 5, 6, 7 and 8 of that Article.

Article XXIV:5
2. The evaluation under paragraph 5(a) of Article XXIV of the general incidence of the duties and other regulations of commerce applicable before and after the formation of a customs union shall in respect of duties and charges be based upon an overall assessment of weighted average tariff rates and of customs duties collected. This assessment shall be based on import statistics for a previous representative period to be supplied by the customs union, on a tariff-line basis and in values and quantities, broken down by WTO country of origin. The Secretariat shall compute the weighted average tariff rates and customs duties collected in accordance with the methodology used in the assessment of tariff offers in the Uruguay Round of Multilateral Trade Negotiations. For this purpose, the duties and charges to be taken into consideration shall be the applied rates of duty. It is recognized that for the purpose of the overall assessment of the incidence of other regulations of commerce for which quantification and aggregation are difficult, the examination of individual measures, regulations, products covered and trade flows affected may be required.

3. The "reasonable length of time" referred to in paragraph 5(c) of Article XXIV should exceed 10 years only in exceptional cases. In cases where Members parties to an interim agreement believe that 10 years would be insufficient they shall provide a full explanation to the Council for Trade in Goods of the need for a longer period.

Article XXIV:6

4. Paragraph 6 of Article XXIV establishes the procedure to be followed when a Member forming a customs union proposes to increase a bound rate of duty. In this regard Members reaffirm that the procedure set forth in Article XXVIII, as elaborated in the guidelines adopted on 10 November 1980 (BISD 27S/26-28) and in the Understanding on the Interpretation of Article XXVIII of GATT 1994, must be commenced before tariff concessions are modified or withdrawn upon the formation of a customs union or an interim agreement leading to the formation of a customs union.

5. These negotiations will be entered into in good faith with a view to achieving mutually satisfactory compensatory adjustment. In such negotiations, as required by paragraph 6 of Article XXIV, due account shall be taken of reductions of duties on the same tariff line made by other constituents of the customs union upon its formation. Should such reductions not be sufficient to provide the necessary compensatory adjustment, the customs union would offer compensation, which may take the form of reductions of duties on other tariff lines. Such an offer shall be taken into consideration by the Members having negotiating rights in the binding being modified or withdrawn. Should the compensatory adjustment remain unacceptable, negotiations should be continued. Where, despite such efforts, agreement in negotiations on compensatory adjustment under Article XXVIII as elaborated by the Understanding on the Interpretation of Article XXVIII of GATT 1994 cannot be reached within a reasonable period from the initiation of negotiations, the customs union shall, nevertheless, be free to modify or withdraw the concessions; affected Members shall then be free to withdraw substantially equivalent concessions in accordance with Article XXVIII.

6. GATT 1994 imposes no obligation on Members benefiting from a reduction of duties consequent upon the formation of a customs union, or an interim agreement leading to the formation of a customs union, to provide compensatory adjustment to its constituents.

Review of Customs Unions and Free-Trade Areas

7. All notifications made under paragraph 7(a) of Article XXIV shall be examined by a working party in the light of the relevant provisions of GATT 1994 and of paragraph 1 of this Understanding. The working party shall submit a report to the Council for Trade in Goods on its findings in this regard. The Council for Trade in Goods may make such recommendations to Members as it deems appropriate.

8. In regard to interim agreements, the working party may in its report make appropriate recommendations on the proposed time-frame and on measures required to complete the formation of the customs union or free-trade area. It may if necessary provide for further review of the agreement.

9. Members parties to an interim agreement shall notify substantial changes in the plan and schedule included in that agreement to the Council for Trade in Goods and, if so requested, the Council shall examine the changes.

10. Should an interim agreement notified under paragraph 7(a) of Article XXIV not include a plan and schedule, contrary to paragraph 5(c) of Article XXIV, the working party shall in its report recommend such a plan and schedule. The parties shall not maintain or put into force, as the case may be, such agreement if they are not prepared to modify it in accordance with these recommendations.

Comércio internacional e política externa brasileira

Provision shall be made for subsequent review of the implementation of the recommendations.

11. Customs unions and constituents of free-trade areas shall report periodically to the Council for Trade in Goods, as envisaged by the CONTRACTING PARTIES to GATT 1947 in their instruction to the GATT 1947 Council concerning reports on regional agreements (BISD 18S/38), on the operation of the relevant agreement. Any significant changes and/or developments in the agreements should be reported as they occur.

Dispute Settlement

12. The provisions of Articles XXII and XXIII of GATT 1994 as elaborated and applied by the Dispute Settlement Understanding may be invoked with respect to any matters arising from the application of those provisions of Article XXIV relating to customs unions, free-trade areas or interim agreements leading to the formation of a customs union or free-trade area.

Article XXIV:12

13. Each Member is fully responsible under GATT 1994 for the observance of all provisions of GATT 1994, and shall take such reasonable measures as may be available to it to ensure such observance by regional and local governments and authorities within its territory.

14. The provisions of Articles XXII and XXIII of GATT 1994 as elaborated and applied by the Dispute Settlement Understanding may be invoked in respect of measures affecting its observance taken by regional or local governments or authorities within the territory of a Member. When the Dispute Settlement Body has ruled that a provision of GATT 1994 has not been observed, the responsible Member shall take such reasonable measures as may be available to it to ensure its observance. The provisions relating to compensation and suspension of concessions or other obligations apply in cases where it has not been possible to secure such observance.

15. Each Member undertakes to accord sympathetic consideration to and afford adequate opportunity for consultation regarding any representations made by another Member concerning measures affecting the operation of GATT 1994 taken within the territory of the former.

III - Cláusula de habilitação

Differential and More Favourable Treatment, Reciprocity
and Fuller Participation of Developing Countries

Decision of 28 November 1979
(L/4903)

Following negotiations within the framework of the Multilateral Trade Negotiations, the Contracting Parties *decide* as follows:

1. Notwithstanding the provisions of Article I of the General Agreement, contracting parties may accord differential and more favourable treatment to developing countries,[1] without according such treatment to other contracting parties.

2. The provisions of paragraph 1 apply to the following:[2]

(a) Preferential tariff treatment accorded by developed contracting parties to products originating in developing countries in accordance with the Generalized System of Preferences,[3]

(b) Differential and more favourable treatment with respect to the provisions of the General Agreement concerning non-tariff measures governed by the provisions of instruments multilaterally negotiated under the auspices of the GATT;

(c) Regional or global arrangements entered into amongst less-developed contracting parties for the mutual reduction or elimination of tariffs and, in accordance with criteria or conditions which may be prescribed by the Contracting Parties, for the mutual reduction or elimination of non-tariff measures, on products imported from one another;

(d) Special treatment on the least developed among the developing countries in the context of any general or specific measures in favour of developing countries.

3. Any differential and more favourable treatment provided under this clause:

(a) shall be designed to facilitate and promote the trade of developing countries and not to raise barriers to or create undue difficulties for the trade of any other contracting parties;

(b) shall not constitute an impediment to the reduction or elimination of tariffs and other restrictions to trade on a most-favoured-nation basis;

(c) shall in the case of such treatment accorded by developed contracting parties to developing countries be designed and, if necessary, modified, to respond positively to the development, financial and trade needs of developing countries.

---

[1] The words "developing countries" as used in this text are to be understood to refer also to developing territories.

[2] It would remain open for the Contracting Parties to consider on an *ad hoc* basis under the GATT provisions for joint action any proposals for differential and more favourable treatment not falling within the scope of this paragraph.

[3] As described in the Decision of the Contracting Parties of 25 June 1971, relating to the establishment of "generalized, non-reciprocal and non discriminatory preferences beneficial to the developing countries" (BISD 18S/24).

Comércio internacional e política externa brasileira

4. Any contracting party taking action to introduce an arrangement pursuant to paragraphs 1, 2 and 3 above or subsequently taking action to introduce modification or withdrawal of the differential and more favourable treatment so provided shall:[4]

> (a) notify the Contracting Parties and furnish them with all the information they may deem appropriate relating to such action;

> (b) afford adequate opportunity for prompt consultations at the request of any interested contracting party with respect to any difficulty or matter that may arise. The Contracting Parties shall, if requested to do so by such contracting party, consult with all contracting parties concerned with respect to the matter with a view to reaching solutions satisfactory to all such contracting parties.

5. The developed countries do not expect reciprocity for commitments made by them in trade negotiations to reduce or remove tariffs and other barriers to the trade of developing countries, i.e., the developed countries do not expect the developing countries, in the course of trade negotiations, to make contributions which are inconsistent with their individual development, financial and trade needs. Developed contracting parties shall therefore not seek, neither shall less-developed contracting parties be required to make, concessions that are inconsistent with the latter's development, financial and trade needs.

6. Having regard to the special economic difficulties and the particular development, financial and trade needs of the least-developed countries, the developed countries shall exercise the utmost restraint in seeking any concessions or contributions for commitments made by them to reduce or remove tariffs and other barriers to the trade of such countries, and the least-developed countries shall not be expected to make concessions or contributions that are inconsistent with the recognition of their particular situation and problems.

7. The concessions and contributions made and the obligations assumed by developed and less-developed contracting parties under the provisions of the General Agreement should promote the basic objectives of the Agreement, including those embodied in the Preamble and in Article XXXVI. Less-developed contracting parties expect that their capacity to make contributions or negotiated concessions or take other mutually agreed action under the provisions and procedures of the General Agreement would improve with the progressive development of their economies and improvement in their trade situation and they would accordingly expect to participate more fully in the framework of rights and obligations under the General Agreement.

8. Particular account shall be taken of the serious difficulty of the least-developed countries in making concessions and contributions in view of their special economic situation and their development, financial and trade needs.

9. The contracting parties will collaborate in arrangements for review of the operation of these provisions, bearing in mind the need for individual and joint efforts by contracting parties to meet the development needs of developing countries and the objectives of the General Agreement.

---

[4] Nothing in these provisions shall affect the rights of contracting parties under the General Agreement.